说吧，记忆

SPEAK, MEMORY　Vladimir Nabokov

弗拉基米尔·纳博科夫

王家湘——译

上海译文出版社

图书在版编目(CIP)数据

说吧,记忆 /(美)弗拉基米尔·纳博科夫(Vladimir Nabokov)著;王家湘译.
—上海:上海译文出版社,2019.5(2024.2重印)
(纳博科夫精选集.I)
书名原文:Speak, Memory: An Autobiography Revisited
ISBN 978-7-5327-8070-9

I.①说… II.①弗… ②王… III.①纳博科夫
(Nabokov, Vladimir 1899-1977)—回忆录 IV.
① K837.125.6

中国版本图书馆CIP数据核字(2019)第053103号

Vladimir Nabokov
SPEAK, MEMORY: AN AUTOBIOGRAPHY REVISITED

图字:09-2005-111号

说吧,记忆:自传追述 Speak, Memory: An Autobiography Revisited	Vladimir Nabokov 弗拉基米尔·纳博科夫 著 王家湘 译	出版统筹 赵武平 责任编辑 邹 滢 装帧设计 山 川 版式设计 @broussaille私制

上海译文出版社有限公司出版、发行
网址:www.yiwen.com.cn
201101 上海市闵行区号景路159弄B座
杭州宏雅印刷有限公司印刷

开本787×1092 1/32 印张14.5 插页5 字数235,000
2019年5月第1版 2024年2月第5次印刷

ISBN 978-7-5327-8070-9/I·4958
定价:79.00元

献给薇拉

前言

　　这部作品是由系统的、相关的个人回忆录汇集起来的，地域上，从圣彼得堡到圣纳泽尔[1]，时间跨度是三十七年，从一九〇三年八月到一九四〇年五月，只有几次进入了后来的时空。引发了这个系列的那篇文章相当于现在的第五章，那是三十年前，我在巴黎用法文写的，标题是《O小姐》，让·波扬把它发表在《尺度》一九三六年的第二期上。有一张照片纪念这件事（最近发表在吉塞勒·弗罗因德的《詹姆斯·乔伊斯在巴黎》中），只不过把我错认成"奥迪贝尔提"了（我在《尺度》的一群闲适地围着花园石桌的人之中）。

　　我于一九四〇年五月二十八日移居美国，在那里，现已去世的希尔达·沃德把《O小姐》翻译成了英文，经我修订，爱德华·威克斯将它发表在一九四三年一月份的《大西洋月刊》上（这也是第一家发表我在美国写的故事的杂志）。我和《纽约客》的联系（通过埃德蒙·威尔逊）开始于一九四二年四月的一首短诗，后来又发表了一些即兴的诗歌；但是我的第一篇散文作品只是到了一九四八年一月三日才发表在《纽约客》上：那就是《舅舅的肖像》（完整的作品中的第三章），我是在一九四七年六月在科罗拉多州埃斯蒂斯帕克的哥伦拜恩旅舍写的，如果不是哈罗德·罗斯如此喜欢我逝去了的往事，我和我的妻子、孩子是不可能在那里待多久的。《纽约客》还刊登了第四章（《我受的英国教育》，一九四八年三月二十七日），第六章（《蝴蝶》，一九四八年六月十二日），第七章（《科莱特》，一九四八年七月三十一日）以及第九章（《我受的俄国教育》，一九四八年九月十八日），以上几章都是在马萨诸塞州的坎布里奇，在承受着巨大的身心压力之下写出来的；还有写于纽约州伊萨卡的第十章（《序曲》，一九四九年一月一日），第二章（《母亲的肖像》，一九四九年四月九日），第十二章（《塔玛拉》，一九四九年十二月十日），第八章（《幻灯片》，一九五〇年二月十一日；哈罗德·罗斯的疑问："纳博科夫家是个一把胡桃夹子的家庭吗？"），第一章（《完美的过去》，一九五〇年四月十五日），以及第十五章（《花园和公园》，一九五〇年六月十七日）也都发表在《纽约客》上。

剩下的三章，第十一章和十四章发表在《党人评论》上（《第一首诗》，一九四九年九月；《流放》，一九五一年一至二月），而第十三章则发表在《哈珀杂志》上（《三一巷里的寄宿舍》，一九五一年一月）。

《O小姐》的英译后来重新收入《九个故事》（新方向出版公司，一九四七年）和《纳博科夫的"一打"》（达博迪出版公司，一九五八年；海涅曼出版公司，一九五九年；通俗文库，一九五九年；企鹅丛书，一九六〇年）中；在企鹅丛书版中我

1　Saint-Nazaire，法国海滨城市。

还收进了《初恋》，它后来成了文选编辑者的宠儿。

虽然我写作各章节的时候顺序是不规则的，这反映在以上初次发表的日期中，但它们整齐地填满了我心里按现在章节的顺序编好号的空白。这个顺序是在一九三六年安放奠基石时就确定了的，在石头隐秘的洞坑里有着各种各样的地图、时间表、一批收藏的火柴盒、一块深红色的玻璃片，甚至于还有——我现在意识到——从我的阳台上看到的日内瓦湖的景色，湖上的涟漪和片片水光，今天，在喝下午茶的时候，黑海番鸭和凤头鸭在水面上缀出星星点点的黑色。因此，收集成卷对我来说没有任何困难。纽约的哈珀兄弟出版公司在一九五一年出版了这本书，书名是《确证》；是我确实存在过的确证。不幸的是，这个短语使人联想起侦探故事，我计划把书的英国版改名为《说吧，摩涅莫辛涅[1]》，但是人家告诉我"小老太太们不会要求买一本连书名都读不出来的书的"。我也曾试想过用 *The Anthemion* 这个名字，这是一种忍冬形装饰，包括复杂精美的枝叶交织和扩展的花簇，可是没人喜欢；所以最后我们只得满足于《说吧，记忆》（戈兰茨出版公司，一九五一年；纽约环球文库，一九六〇年）。这本书的译本有：俄文版，作者自译（*Drugie Berega*，纽约，契诃夫出版公司，一九五四年）；法文版，伊冯娜·达夫特译（*Autres Rivages*，伽里玛出版公司，一九六一年）；意大利文版，布鲁诺·奥德拉译（*Parla*,

---

1　Mnemosyne，希腊神话中的记忆女神。

Ricordo，蒙达多里出版公司，一九六二年）；西班牙文版，海梅·皮内罗·冈萨雷斯译（*¡Habla, memoria!*，一九六三年出版）；以及德文版，迪特尔·E·齐默尔译（罗沃尔特出版公司，一九六四年）。以上详尽无遗地提供了必需数量的书目信息，对《纳博科夫的"一打"》书尾的注很不高兴的神经过敏的评论家，将会，我希望，迷迷糊糊地把放在现在这本书开头的信息接受下来。

在美国创作第一稿的时候，对我很不利的是，我几乎完全没有关于家庭历史的资料，因此，当我感到记忆可能有误的时候，没有办法进行核对。现在我父亲的传记已经扩充并修订了，并且做了无数次的修订和补充，特别是在前面的几章。某些放在括弧里的简洁的插入语被展开，说出了仍然起作用的内容。否则，只是随意选来虚设在那里，在一桩重要事件的叙述中没有事实上的意义的东西，在我每一次校对各个版本的校样重读那一段的时候不断地打搅我，直到最后我做出了巨大的努力，那任意选来的眼镜（摩涅莫辛涅一定比别人更需要这东西）变成了被清楚地回忆起来的一个牡蛎壳形状的香烟盒，在"被绞死者小路"的一棵山杨树脚下的湿草里闪闪发光，我在一九〇七年的那个六月天在那儿发现一只很少在西边这么远的地方看见的天蛾，在四分之一个世纪之前，我的父亲在那儿捉到了一只在我们北方的林地里极其稀有的孔雀蛱蝶。

在一九五三年的夏天，在亚利桑那州波特尔附近的一个牧场上，在俄勒冈州阿什兰城一所租住的房子里，以及在西部和中西部许多家汽车旅馆里，我在捉蝴蝶和写《洛丽塔》及《普宁》的间隙，在我的妻子的帮助下，抽空将《说吧，记忆》翻译成了俄文。鉴于重述我的 *Dar*（《天赋》）中已经详尽阐述了的主题会产生的心理问题，我删去了一整章（第十一章）。另一方面，我修订了许多段落，力图弥补一下原作中记忆缺失造成的缺陷——空白点，模糊的地方，朦胧的领域。我发现，有时候高度的集中有可能使模糊不清的灰蒙蒙的一片豁然明朗起来，因而这突然出现的景象能够得到识别，无名的仆人有了名字。对目前《说吧，记忆》这最后版本，我不仅对原来的英文文本作了重大的改动和大量的增补，而且利用了在将它翻译成俄文时所做的改正。先是用英文复述的俄国的记忆，经过用俄文的复原后又重新再度回到英文，结果证明这个任务是极端困难的，但是想到这样的多次变形，在蝴蝶身上虽然很普通，但却没有任何人尝试过，我就获得了一些安慰。

记忆反常的人和反常记忆的受害者根本不应该试图成为自传作者。在记忆的反常现象中，最糟的就是在回顾之时把我自己的年龄和世纪的年龄等同起来的倾向。这导致了在本书的第一稿中总是在时间顺序上出现一系列惊人的大错。我出生于一八九九年四月，自然，在比方说一九〇三年的头四个月，大体上我是三岁；但是在那年的八月，展现在我面前的那个刺眼的"三"（如在《完美的过去》中所描写的）应该是指世纪的年龄，而不是我的年龄，我的年龄应该是和橡皮枕头一样的四四方方和富有弹性的"四"。同样，在一九〇六年初夏——我开始收集蝴蝶的那个夏天——我是七岁，而不是像在最初第六章灾难性的第二段中所说的六岁。不得不承认，摩涅莫辛涅表明了自己是个非常粗心的女孩。

所有的日期都是按新历计算的：在十九世纪我们比文明世界的其他国家晚十二天，在二十世纪初期晚十三天。按旧历，我的生日是十九世纪的最后一年的四月十日的黎明时分，而那一天（如果能够立刻把我飞快地带过边界），比方说在德国，是四月二十二日；但是既然我所有的生日都是在二十世纪、隆重程度递减的情况下庆祝的，大家，包括我自己在内，由于革命和移居国外，从使用儒略历[1]改为使用格列高利历[2]，惯常是在四月十号上加十三天而不是十二天。这个错误是严重的。怎么办？我在最近的这本护照上看见，在"生日"后面是"四月二十三日"，这一天也是莎士比亚、我的侄子弗拉基米尔·西科尔斯基、秀兰·邓波儿和黑兹尔·布朗（而且她还和我合用一个护照）的生日。这，就是问题之所在。计算上的无能使我未能设法加以解决。

阔别二十年后我乘船回到欧洲，恢复了甚至在我离开前就已经割断的关系。在这些家庭团聚的场合下，《说吧，记忆》受到了批评。核对了日期和事件的细节，大家发现我在许多情

---

1 Julian Calendar，古罗马统帅恺撒开始采用的历法。

2 Gregorian Calendar，即公历，是教皇格列高利十三世对儒略历进行修订后于一五八二年颁行的历法，即目前全世界通用的阳历。

况下都搞错了，或者没有足够深入地审视一个模糊但却是能够弄清楚的回忆。给我提供意见的人认为有些事情仅仅是传说或流言而已，有的即使是真实的，也证明它们和我脆弱的记忆将它们归入的事件或时期无关，是属于别的事件或时期的。我的堂兄弟谢尔盖·谢尔盖耶维奇·纳博科夫给了我有关我们家庭历史的极为宝贵的资料。我的两个妹妹都生气地抗议我对前往比亚里茨[1]的旅途的描述（第七章的开始），她们不断向我提出具体的细节责问，说我不该把她们留在家里（"和保姆及姑姑们在一起"！）。由于缺乏具体的文献资料，那些仍然没有能够修订的部分，现在为了总体的真实我宁愿删去。另一方面，一些有关先辈和其他人物的事实已为人所知，我已经把这些纳入了《说吧，记忆》这个最终的文本。我希望有一天能够写《继续说下去吧，记忆》，涉及我在美国度过的一九四〇到一九六〇年：在我的盘形管和坩埚里，某些挥发物的挥发和某些金属的熔化过程仍在继续着。

在这部作品中，读者将会看到一些零星地提及我的小说的地方，不过总的来说，我感到创作它们时的苦恼已经足够了，应该让它们留在瘤胃之中。我在新近给一九三〇年的 *Zashchita Luzhina*（《防守》，普特南出版公司，一九六四年），一九三六年的 *Otchayanie*（《绝望》，普特南出版公司，

---

1 Biarritz，法国城市。

一九六六年），一九三八年的 *Priglashenie na kazn'*（《斩首之邀》，普特南出版公司，一九五九年），一九三七至一九三八年连载、一九五二年出版的 *Dar*（《天赋》，普特南出版公司，一九六三年）和一九三八年的 *Soglyadatay*（《眼睛》，菲德拉出版公司，一九六五年）各书的第一个英文译本所写的序言中，已经对有关过去我在欧洲的创作部分作了充分详细和生动的叙述了。对于那些想得到我的出版物的更为完整的书单的读者，可参考那本详尽的书目，是迪特尔·E·齐默尔编辑的（*Vladimir Nabokov Bibliographie des Gesamtwerks*[1]，罗沃尔特出版公司，一九六三年十二月第一版；一九六四年五月修订二版）。

在最后一章中描写的两手棋收入利普顿－马修斯－赖斯出版公司出版的《棋题》中（菲伯，伦敦，一九六三年，二五二页）。然而我最有趣的发明是一个我献给 E·A·兹诺斯科－博罗夫斯基的"白子悔着"棋题，他在三十年代（一九三四年？）将它发表在巴黎的流亡者日报（*Poslednie Novosti*）上。我记不清棋子的位置了，无法在这里把棋谱标出来，不过也许某位喜爱"玲珑棋"（它属于这类棋题）的人有朝一日会到一个把旧报纸做成缩微胶卷——我们所有的回忆都该做成缩微胶卷——的了不起的图书馆里去查找。评论家们读第一个版本时比较粗心，读现在这个新版本会仔细一些：他们中只有一个人注意到了我在第八章第二节第一段中对弗洛伊德的"凶恶的指

1　德文，《弗拉基米尔·纳博科夫作品总目》。

责",而且没有人发现在第十一章第二节的最后一句中一个伟大的漫画家的名字,以及我对他的称颂。对一个作家来说,不得不亲自指出这类东西是十分难堪的事情。

为了避免伤害生者或骚扰死者,一些专有名字作了改动。这些在索引中加上了引号。索引主要目的是为了我自己方便,把一些和我过去的年代有关联的人和主题开列出来。书后的索引会使庸人不快,但是会让有眼力的人感到高兴,哪怕仅仅是因为

通过那个索引的窗口
　　一株玫瑰爬了进来
有时一阵轻风
　　从黑海吹来。

弗拉基米尔·纳博科夫
一九六六年一月五日于蒙特勒

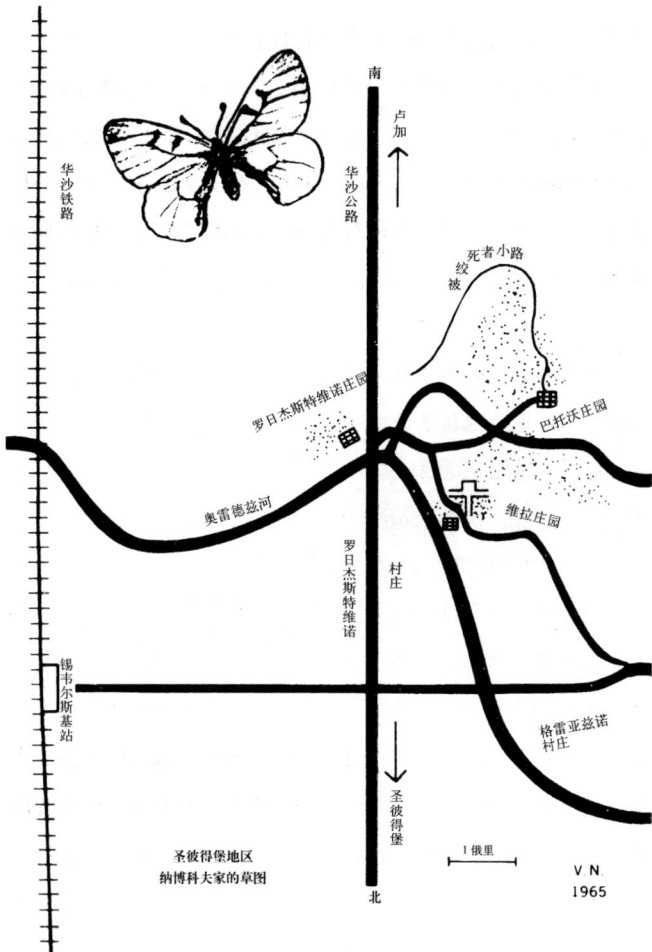

南

卢加

华沙公路

死者小路

绞被

华沙铁路

罗日杰斯特维诺庄园

巴托沃庄园

奥雷德兹河

维拉庄园

罗日杰斯特维诺

村庄

锡韦尔斯基站

格雷亚兹诺村庄

圣彼得堡

1 俄里

圣彼得堡地区
纳博科夫家的草图

V.N
1965

北

这幅照片是纳博科夫家在圣彼得堡（现列宁格勒）莫斯卡亚街（现赫尔岑街）四十七号的住宅，为粉红花岗石建筑，有壁画及其他意大利风格的装饰，是一位热心的美国旅游者于一九五五年所摄。亚历山大·伊万诺维奇·赫尔岑（一八一二——八七〇）是位著名的自由主义者（一个警察国家对他的这种纪念是不会令他高兴的），也是父亲喜爱的图书之一 *Biloe i Dumi*（可以翻译成《往事与随想》）一书的天才作者。我的房间在三层，在凸肚窗上方。当时并没有沿街的椴树。现在这些绿色的崛起者挡住了二楼我诞生的那个房间的东边角上的窗子。在国有化后，这所房子为丹麦使团所用，后来成了一所建筑学校。马路边上的小汽车想来属于照相人。

第一章

一

　　摇篮在深渊上方摇着，而常识告诉我们，我们的生存只不过是两个永恒的黑暗之间瞬息即逝的一线光明。尽管这两者是同卵双生，但是人在看他出生前的深渊时总是比看他要去的前方的那个（以每小时大约四千五百次心跳的速度）深渊要平静得多。然而，我认识一个年轻的时间恐惧者，当他第一次看着他出生前几个星期家里拍摄的电影时，体验到一种类似惊恐的感情。他看见了一个几乎没有任何变化的世界——同样的房子，同样的人——然后意识到在那里面他根本就不存在，而且没有人为缺少他而难过。他瞥见他的母亲在楼上的一扇窗口挥手，那个不熟悉的手势使他心神不安，仿佛那是种神秘的告别。但是特别使他害怕的是看到一辆放在门廊里的崭新的婴儿车，带着棺材所具有的自鸣得意、侵蚀一切的神气；就连那也是空的，仿佛，在事物的进程反向发展的过程中，他自己的身体已经分崩离析了。

　　这样的想象对于年轻人来说并不陌生。或者，换句话来说，想到最初和最后的事情常常带有青少年的特点——除非可能受到某种古老、严厉的宗教的指引。天性期望一个成年人接受这两个黑暗的虚空，和接受这两者之间的惊人景象时同样漠然。想象，是不朽和不成熟的人的极顶快乐，应该受到限制。

为了能够享受生活，我们不应过多地享受想象的快乐。

我讨厌这种事态。我感觉到了要表示我的厌恶并掩饰天性的强烈愿望。我的头脑一再做出巨大的努力，来看清在我生命的前后两侧的不具个人色彩的黑暗中最微弱的带个人性质的闪光。我相信，造成这个黑暗的仅仅是时间之墙，是它将我和我青肿的拳头与自由的永恒世界隔开，这是我乐于和身上画着最鲜艳的彩绘的野蛮人共享的信念。我在思想上回到了过去——思想令人绝望地渐行渐淡——遥远的地方，我在那里摸索某个秘密的通道，结果发现时间的监狱是球形的，没有出口。除了自杀，我尝试过一切。我曾抛弃自己的身份，以便能够充作一个传统的幽灵，偷偷进入孕育我之前就已经存在的国度。我曾在心理上忍受有损身份地和维多利亚时代的女作家以及退役上校们为伴，他们记得前世曾是古罗马大道上的奴隶信使，或者是拉萨柳树下的哲人。我翻遍旧梦，寻找钥匙和线索——让我马上说清楚，我完全拒绝弗洛伊德那庸俗、低劣、基本上是中世纪的世界，连同那对性象征的异想天开的探索（有点像在莎士比亚的作品中寻找培根式的离合诗），以及充满怨恨的小小的胚胎从他们天然的隐蔽深处对他们双亲性生活的窥探。

起初，我并没有意识到，乍看起来如此无边无际的时间竟会是一个监狱。在探究我的童年的时候（这仅次于探究你的永恒），我看到了意识的觉醒是一系列间隔开的闪现，间隔逐渐缩小，直到形成了鲜明的大块的感知，提供给记忆一个并不牢固的支撑点。我很小就几乎同时学会了数数和说话，但是内心里认知我就是我，我的父母是我的父母，似乎只是后来才确立起来的，是直接和我发现他们的年龄与我的年龄的关系相联系的。从我想到这一揭示时那立即侵入我的记忆的、带着片片透过交叠的绿叶的光影的强烈阳光来判断，那个场合可能是乡间的夏末，我母亲的生日，我问了些问题，估摸了得到的回答。根据重演论 [1]，这一切本应如此；我们远祖头脑中的反身意识的开始必定和时间意识的初现是同时发生的。

因此，当新揭露出来的、我自己新鲜利落的四岁年纪的配方面对父母的三十三及二十七岁年纪的配方时，我感到自己产生了一个变化。我受到了巨大的、令人鼓舞的震动。仿佛比五十个月以前那个号啕大哭的泡得半死的我（老习俗要求父母退到一扇门后，我的母亲透过这扇半关的门，设法纠正了笨拙失误的大长老康斯坦丁·维特韦尼斯基神父的错误）所经历的希腊天主教的浸泡要更为神圣的方式接受第二次洗礼，我感到自己突然投入了明亮的流动的传导体之中，这传导体不是别的，正是纯粹的时间元素。你和不是自己、但是被时间的共同流动和自己结合在一起的人们分享它——正如激动的洗海水浴的人们分享闪闪发亮的海水一样，这是和空间世界很不相同的环境，空间世界不仅是人，而且连猿猴和蝴蝶都是能够感知到的。在那一瞬间，我深切地意识到，那个二十七岁、穿着柔和的白色和粉红色衣服、拉着我的左手的人是我的母亲，而那

1　theory of recapitulation，认为生物个体经过的发育阶段与其所属类群的各种系统发育阶段相似的理论。

个三十三岁的、穿着刺眼的白色和金色衣服、拉着我的右手的人是我的父亲。我在他们两个人之间，在他们平稳地向前行进的时候，我大摇大摆地走一阵，小跑一阵，再大摇大摆地走一阵，沿着小路的中间走过片片光影，今天我很容易就认出，这条小路正是我们家在俄国原圣彼得堡省的叫维拉的乡村别墅的庭园里两旁长着观赏小栎树的小径。确实，从我目前偏远的、与世隔绝的、几乎是杳无人迹的时间之山脊上，我把一九〇三年那个八月天的微小的自己看做在庆祝有意识的生命的诞生。如果拉我左手的人和拉我右手的人在以前曾同时在我婴儿模糊的世界里出现过的话，也是在温柔的不知姓名身份的面具之下出现的；但是现在我父亲的穿着——那套骑兵卫队的华丽军装，半身铠甲的光滑的金灿灿的突起部在他的前胸和后背闪闪放光，像太阳一样呈现出来，而且在以后的好几年里我对父母的年龄一直保持着强烈的好奇，不断要人家告诉我他们的岁数，好像一个心情紧张的乘客为了对一只新表而询问时间一样。

我的父亲，请注意，在我出生前很久就已完成了军事训练，因此我想那天他穿上老军团的服饰是节日时的一个玩笑。那么，我第一个完整的意识的闪现要归功于一个玩笑——这也具有重演的含义，因为在地球上最先意识到时间的动物也是最先会笑的动物。

二

　　隐藏在我四岁时玩的游戏背后的是原始洞穴（而不是弗洛伊德式神秘主义者们可能设想的东西）。在我的脑子里出现的，宛如史前地质上地壳隆起的某种巨大无比的产物，是在维拉别墅的一个客厅里的一张大长沙发，沙发面是白底子上印有黑色三叶草的印花装饰布。历史在离这张长沙发的一端不远的地方开始（有公正的希腊人的保证），那儿有一大盆绣球花丛，开着浅蓝色和一些带绿色的花，在房间的一个角落里半掩着一尊狄安娜[1]大理石胸像的垫座。长沙发贴靠着的那面墙上，一张镶在乌木框里的灰色版画标志着历史的另一个时期——那是拿破仑战争的场景之一，画面上真正敌对方是具体事件和它的寓意，你看到的是一个受伤的鼓手，一匹死马，战利品，一个士兵正要用刺刀刺向另一个士兵，以及在将军们中间的那个刀枪不入的皇帝在定格了的冲突中摆着姿势，所有这一切都聚集在同一个视觉平面上。

　　某个大人帮助了我，他先用两只手，然后加上一条有力的腿，把长沙发从墙挪开几英寸，以便形成一个狭窄的通道，再进一步帮我用长沙发的长靠枕严实地封住顶上，两头拿几个垫子堵住。这样我就得到了爬过漆黑的隧道的难以置信的乐趣，

1　Diana，古罗马神话中月亮与狩猎女神，亦即希腊神话中的阿耳忒弥斯女神。

我在隧道里会逗留一小会儿，听自己嗡嗡的耳鸣声——小男孩们躲藏在满是尘土的地方时如此熟悉的那孤单的震动——然后，在一阵突然的美妙的惊慌下，手脚并用迅速噔噔爬到隧道头上，推开垫子，欢迎我的是一把维也纳藤椅下镶木地板上网状的太阳光和两只轮流停落下来的快乐的苍蝇。另外一个隧道游戏更柔和、更具梦幻感。清早醒来后，我用床上的东西做成帐篷，在雪崩般的床单的幽暗中、在似乎从遥远的距离之外穿透我半在阴影中的掩蔽所的微弱的亮光下，听任想象力朦胧地千般驰骋，我想象在那遥远的地方，奇异的白色动物在湖泊地带自由游荡。对我的侧面带有毛茸茸的棉线绳网的儿童床的回忆，也使我记起了把玩一个水晶蛋时的快乐：那是某个记不起来的复活节遗留下来的，是一个非常漂亮、坚实得可爱的深石榴红色的水晶蛋。我总是把床单的一角咬得湿透，然后把那个蛋紧紧包在里面，好欣赏并且再舔舔紧包起来的琢面的温暖闪烁的红色，它神奇完美的光泽和色彩透过湿布渗了过来。但是这还不是我最尽情享受美的一次。

宇宙是多么小啊（袋鼠的育儿袋就能够将它装下），和人的意识相比，和个人的一个回忆及语言对这个回忆的表达相比，又是多么微不足道啊！我可能过分地喜爱自己最早的印象，但是我对它们怀着感激之情是有原因的。它们将我引到了一个名副其实的视觉和触觉的极乐园。我回忆起一九〇三年秋天的一个夜晚，在国外旅行的时候，卧铺车厢里（可能是在早已消失了的地中海豪华列车上，它的六节车厢的下半部漆成红棕色，窗格是米黄色的），我跪在窗口的一个（略显扁平的）枕头上，怀着难解的极度痛苦，看见远处山坡上有几处神奇的灯光在向我召唤，然后悄悄地落进黑丝绒口袋里：那都是钻石，我后来在作品中将它们送给了我的人物，以减轻财富的重压。可能我设法把卧铺床头很紧的有压印图案的百叶窗松开推了上去，我的脚跟很冷，但是我仍然跪在那儿凝视着外面。没有任何东西比回想那些初始的激动更甜蜜或更奇异的了。它们属于一个完美的童年的和谐世界，这样一个世界在人的记忆中具有自然可塑的形态，几乎不用什么努力就能够写下来；只有在进行青春期的回忆的时候摩涅莫辛涅才开始挑剔，找起岔子来。不仅如此，我还认为，在储藏印象的能力方面，我这一代的俄国儿童经历了一段天才时期，仿佛是考虑到了将会使他们所熟悉的世界完全消失的大变革，命运通过给予他们比应得的一份更多的东西忠实地尽自己所能帮助他们。当一切都储藏好了以后，天才就不复存在了，正如发生在别的那些更为特殊的神童身上的那样——漂亮的、头发鬈曲的少年挥动指挥棒，或者驾御巨大的钢琴，他们最后变成了二流音乐家，有着哀怨的眼睛，莫名的疾病，以及隐约地有点畸形的没有男子汉气概的臀部。不过即使如此，个人的种种奥秘继续引逗着回忆录的作者。我既不能从环境中也不能从遗传中找到使我成形的具体工具，那在我生活上压下了某种复杂的水印图案的无名的滚轧机，它那独一无二的图案在艺术之灯被点燃、照亮了生命的全景之时变得清晰可见。

三

为了更准确地在时间上确定关于童年的一些记忆，我不得不根据彗星和日食来做出判断，如同历史学家在处理传奇的片段时所做的那样。但是在其他事情上我并不缺乏资料。例如，我看见自己费劲地在海边湿漉漉的黑色岩石上爬着，而诺科特小姐，一个忧郁的无精打采的家庭教师，以为我跟在她后面，便和弟弟谢尔盖沿着弯曲的海滩漫步走去。我戴着一只玩具手镯。当我在那些岩石上面爬的时候，我兴高采烈地、滔滔不绝地、饶有兴味地不断重复吟诵英语"童年"这个词，它听起来神秘而新鲜，随着它在我小小的、塞满了过多东西的、兴奋的脑子里和罗宾汉、小红帽以及驼背老仙女们的棕色帽子混在一起后，这个词变得越来越奇特。岩石上有浅洼，里面满是微温的海水，我的具有魔力的低语伴随着我在这些天蓝色的小水洼之间编织起某些咒语。

地点自然是亚德里亚海边的阿巴集亚。我手腕上的东西看上去像一只别致的餐巾环，是半透明的浅绿和粉红的赛璐珞制品，那是圣诞树上的产物，是和我同龄的漂亮的堂妹奥尼亚几个月前在圣彼得堡给我的。我一直深情地珍爱着它，直到它里面出现了黑色条纹，我像是在梦里一样认为，那是我去附近阜姆城的一家可恨的、让人害怕的理发店理发时剪下的头发，不知怎的和我的眼泪一起跑进了那光亮的物质之中。同一天，在一家海滨小餐馆，就在给我们上食物的时候，我的父亲恰巧注意到了附近一张桌子上坐着两个日本军官，我们马上就离开了——不过我还是匆匆一把抓起整个柠檬冻奶球，藏在发痛的嘴巴里带了出去。那是一九〇四年。我五岁。俄国在和日本打仗。诺科特小姐订阅的每周出版的英文画报饶有兴味地翻印了日本艺术家画的战争画面，表现了如果我们的军队试图在贝加尔湖充满危险的冰面上铺铁轨的话，俄国的火车头——日本的绘画风格使得它们活像玩具——将会怎样沉入湖中。

不过让我想一想。我甚至还有更早的有关那场战争的记忆。那一年年初的一个下午，在我们圣彼得堡的家中，我被人从儿童室带下楼到父亲的书房去向家里的一个朋友库罗帕特金将军问好。他粗壮的裹在军装里的身躯发出轻微的嘎吱声，他在他坐着的长沙发上摊开一把火柴和我玩，把十根火柴首尾相接连成一条横线，说道："这是无风天气时的海洋。"然后他把每两根火柴斜搭着靠起来，把直线变成了之字形——那是"风暴中的海洋"。他把火柴收拢在一起，我想，是要搞点更有趣的把戏，就在这时我们被打断了。他的副官进来，对他说了些什么。库罗帕特金激动地用俄语咕哝着，费劲地从座位上站起身来，他沉重的身体离开长沙发的时候，散放在上面的火柴弹了起来。那天，他接到命令，就任俄国远东部队的最高指挥官。

这一事件十五年后有个特殊的结局。在我父亲从布尔什维克占领下的圣彼得堡逃往俄罗斯南部的途中，在过一座桥的时候，一个老人前来和他搭讪，他穿着羊皮大衣，看上去像个灰胡子的老农。他向我父亲借火。紧接着他们互相认出了对方。我希望老库罗帕特金的乡下人的伪装使他成功地躲过被苏维埃囚禁的命运，但是这不是我想说的要点。使我感到高兴的是火柴主题的演变：他让我看的那些魔术火柴被轻视，放了不知道什么地方，他的军队也消失了，一切都成了泡影，就像我的玩具火车，在一九〇四和一九〇五年的冬天，在威斯巴登[1]时我试图将它驶过奥拉宁饭店庭院里的结冰的水坑时的遭遇一样。将你的一生循着这样的主题构思梳理，我想，应该是自传的真正目的。

1　Wiesbaden，德国一城市。

四

　　伴随俄国灾难性远东战役的终结的，是国内暴烈的动乱。我的母亲没有被吓倒，在国外度假式地生活了几乎一年之后，她带着三个孩子回到了圣彼得堡。这是一九〇五年初。国家事务需要我的父亲留在首都；立宪民主党——他是创始人之一——即将于次年在首届杜马中赢得多数席位。那年夏天，在一次和我们在乡间短暂相聚时，他怀着爱国的惊愕确知我和弟弟能够用英语读写，却不会用俄语读写（除了 KAKAO[1] 和 MAMA[2] 之外）。于是决定请村子里小学的校长每天下午来给我们上课，带我们散步。

　　随着我的第一套水手装上附带的哨子的一阵尖利而快乐的哨声，我的童年将我召回到那遥远的过去，叫我再一次和我那令人快乐的老师握手。瓦西里·马季诺维奇·热尔诺斯科夫有着蓬松的棕色胡子、正在变秃的头和青蓝色的眼睛，一个眼睛的上眼皮上长了个令人着迷的赘疣。他第一天来的时候，带来了一盒特别吊胃口的方木块，木块的每一面上印着一个不同的字母；他使用这些方块时就好像它们是无比珍贵的东西，说起来确实也是（而且还能够用来给玩具火车搭成绝妙的隧道）。

---

1 2　用拉丁字母转写的俄语，分别意为"可可"和"妈妈"。

他敬重我的父亲，父亲不久前才重建了村子里的学校，并且使学校现代化了。作为自由思想的老式象征，他引人注目地用一根松垂的黑领带随便地打了个蝴蝶结。当他和我，一个小男孩，说话的时候，使用第二人称的复数形式——不像仆人用时的拘谨，也不像母亲在充满柔情、比如说我发烧或者丢了一个小小的火车乘客（仿佛用单数形式太单薄，承载不了她爱的分量）的时候会用的样子，而是以一个人和另一个他没有熟悉到可以用"thou"[1]说话的人说话时所用的有礼貌的普通口吻。他是一个充满激情的革命者，在我们乡间漫步的时候他常常会急切地比画着，谈论人类、自由、战争之恶以及炸死暴君的不幸（可是我觉得有趣）需要，有时他会拿出当时很流行的和平主义的作品 Doloy Oruzhie!（译自伯萨·冯·祖特内尔[2]的《放下武器》），用冗长乏味的引文来款待我，一个六岁的孩子；我试图反驳：在那幼小好斗的年龄我为流血辩护，愤怒地保卫我的玩具手枪和亚瑟王骑士的世界。当所有激进分子被无情迫害的时候，热尔诺斯科夫被送到苦役营，但他设法逃到了国外，一九三九年在纳尔瓦去世。

在某种意义上，我能够继续沿着我个人的小路又前进了一段，要归功于他。这是和那乱世中的十年的大路平行的一条小路。当沙皇在一九○六年七月违反宪法解散了杜马以后，一些

1　古英语第二人称单数主格，现在一般为"you"所替代。

2　Bertha von Suttner（1843–1914），又译舒特纳，奥地利女小说家，早期著名的妇女和平主义者之一，一九○五年获诺贝尔和平奖。她的主要小说《放下武器》于一八八九年出版。

议员，包括我父亲在内，在维堡[1]召开了一次反抗的会议，发表了宣言，教促人民抵制政府。为此在一年半多以后他们被捕入狱。我的父亲被单独囚禁，和他的书、他的折叠澡盆及他的那本 J·P·穆勒写的家庭体操手册一起度过了虽说有些寂寞但却是宁静的三个月。母亲到死都保存着他设法让人偷偷带给她的信件——用铅笔写在手纸上的快活的书信（我于一九六五年把这些信发表在罗曼·吉赖恩堡在纽约编辑的俄语评论《空中道路》的第四期上）。他重获自由的时候我们都在乡下，是村里小学的校长指挥了庆祝活动，在父亲从火车站回家的路上安排彩旗（其中一些公然就是红的）和用松针做的拱门及矢车菊——父亲最喜欢的花——花冠欢迎他。我们小孩子们也到村子里去了，我是在回忆起具体的那一天的时候无比清楚地看到了那条闪烁着阳光的河流；那桥，还有某个渔民留在桥的木栏杆上的马口铁罐刺眼的反光；那椴树覆盖的小山和它玫瑰红的教堂及安葬着母亲家的亡者的大理石陵墓；那条通向村子的土路；那在土路和紫丁香丛之间、裸露出片片沙土、长着蓝绿色矮草的一条草地，紫丁香丛后面是摇摇晃晃排成一排的布满圆斑和青苔的木屋；离旧的木结构校舍不远处的新的石砌校舍；以及，当我们的马车很快驶过时从村舍间一声不响高速冲出来的牙齿极白的那只小黑狗，留着它的叫声，等它无声的冲刺将它最终带到疾驶的马车近旁时爆发，这是它最开心的。

---

1 Vyborg，俄罗斯西北部港市。

五

　　在我们这个世纪的第一个奇异的十年间,新与旧,开明的与家长式的作风,命定的贫穷与宿命的财富全都荒唐地交织在了一起。在一个夏季里会发生好几次这样的事情,当我们正在维拉庄园宅子里楼下明亮的、有许多窗户的、墙面镶嵌胡桃木板的餐厅里吃着午饭的时候,男管家阿列克谢会脸上带着愁苦的表情弯着身子低声(如果有客人,声音更是特别低)告诉父亲说,有群村民想在外面见见 barin(老爷)。父亲会轻快地拿下放在腿上的餐巾,向母亲打一声招呼。从餐厅西头的一扇窗户能够看到大门附近的部分车道,看见在门廊对面的忍冬树丛的顶部。从那个方向会传来看不见的人群和我的看不见的父亲打招呼时农民式的欢迎的殷勤的嗡嗡声。接下去的谈话以普通的口气进行,我们听不见,因为他们头顶上的那扇窗子为了不让热气进来是关着的。想来是请求他在当地人的某个纠纷中进行调停,或要求一些特殊的补贴,或请求允许收获我们某一小块地上的庄稼,或砍伐他们渴望得到的我们的树丛。如果,像通常发生的那样,父亲立刻同意了他们的要求,就会再一次听到那嗡嗡声,然后,为了表示感谢,这个好 barin 会经历被晃动然后抛起,并安全地被二十来条强健的胳膊接住这个具有民族特点的折磨。

在餐厅里，我和弟弟会被告知接着吃饭。我的母亲，拇指和食指间捏着一点好吃的，会看一眼桌子下面，看看她那条神经质的脾气不好的达克斯小猎狗在不在。戈莱小姐会说："Un jour ils vont le laisser tomber."[1] 她是一位古板悲观的老太太，曾是母亲的家庭教师，仍旧和我们住在一起（和我们自己的家庭教师关系特别糟）。从我坐的地方，我会突然透过西面的一扇窗子，看见升空的壮观实例。在那儿，有一小会儿，父亲身穿被风吹得飘起的白色夏季西服的身影会出现，在半空中壮观地伸展着身体，四肢呈奇怪的随意姿态，沉着英俊的面孔向着天空。随着看不见的人将他有力地向上抛，他会像这个样子三次飞向空中，第二次会比第一次高，在最后最高的一次飞行的时候，他会仿佛是永远斜倚着，背衬夏季正午钴蓝色的苍穹，就像那些自在地高飞在教堂穹形天花板上的、衣服上有那么多的褶子的天堂中的角色，而在它们下面，凡人手中的蜡烛一根根点燃，在烟雾蒙蒙中微小的火焰密集成一片，神父吟诵着永恒的安息，葬礼用的百合花在游弋的烛光下遮挡住躺在打开的灵柩中的不论什么人的脸。

1　法语，"总有一天他们会把他摔下来的"。

第二章

一

　　追溯到我自己有记忆的开始（怀着兴趣，怀着乐趣，很少
怀着敬佩或厌恶），我一直就容易产生轻微的幻觉。有的是听
觉上的，有的是视觉上的，我从中都没有得到过什么好处。遏
制了苏格拉底或鼓励了圣女贞德的预言性特点，在我身上退化
到了在拿起和放下占线的同线电话的听筒时恰巧听见了的什么
东西的水平上。在就要睡着之前，我常常意识到在我头脑中一
个毗连部分正在进行着某种单边的谈话，和我当时思想的实际
走向没有什么关系。这是一个不带感情的、超然的、无特色的
声音，我听到它说些对我毫不重要的话──一个英语或俄语的
句子，甚至都不是对我说的，而且琐碎到我几乎不敢举例的地
步，生怕我希望传达的索然寡味会被些微的含义所破坏。这个
愚蠢的现象似乎是某种入睡前似醒非醒状态下的幻象的听觉上
的对应，我对这种幻象也是非常熟悉的。我指的不是被欲望之
翅的扇动召唤来的脑海中的鲜明形象（比如说，早已去世的一
个挚爱的先辈的脸）；那是人的心灵能够进行的最为勇敢的活
动之一。我也不是在暗指所谓的飞蝇幻视──玻璃体中的微粒
投在视网膜杆上的阴影，看上去是飘过视野的透明线条。也许
更接近于我所想的入睡表象的，是你刚刚熄灭的灯给眼睑上的
黑暗造成的彩色斑点、一阵突然的残留影像。然而，并不真正

需要这样的冲击作为在我闭着的双眼前经过的缓慢而持续展开的幻象的起始点。它们出现又消失，没有昏昏欲睡的观察者的参与，但是和梦中景象有本质的不同，因为他仍然是自己感官的支配者。这些幻象常常是怪诞的。恶作剧的人影，五官粗俗、脸色红润、肿着一个鼻孔或耳朵的侏儒和我纠缠不休。不过有的时候，我的光幻觉会带上使人感到平静的 flou[1] 的特点，那时我会看见——可以说是投射在我眼皮内层——灰色的人影在蜂巢之间走动，或者是小小的黑色鹦鹉逐渐消失在雪山之中，或者是远方的紫色消融在移动着的船桅后面。

在这一切之外，还显示出我是一个有色听觉的好例子。也许用"听觉"不够准确，因为颜色的感觉似乎产生于我一面想象某一个字母的外形，一面口头发出它的声音的动作之时。英语字母表中的长音 a（除非另外说明，以后提到的都是英语字母表）对我来说具有风化的木头的色彩，但是法语的 a 唤起的是抛光的乌木。这个黑色组里还包括硬音 g（硫化橡胶）和 r（正在被撕开的满是煤灰的抹布）。白色组里有燕麦片 n、软面条 l 和镜背是象牙的小镜子 o。法文 on 让我感到迷惑，我看到的是一只倒满烈酒的小酒杯具有张力的液面。转到蓝色组，有钢铁般的 x、雷雨云 z 和蓝莓 k。既然在声音和形状之间存在着微妙的相互作用，我看到的 q 比 k 的棕色更深，而 s 不是 c 那样的浅蓝，而是天蓝色和珍珠色的奇特混合。前后相连的色

---

1 法语，朦胧。

彩不会融合，双元音没有自己特别的颜色，除非在某种别的语言中是一个单字符（就这样，代表 sh 的那个灰茸茸颜色的三词干俄语字母，一个和尼罗河奔流的河水同样古老的字母，影响了它在英语中的代表）。

我要在被打断之前赶紧列完我的单子。在绿色组有桤木叶 f、生苹果 p 和阿月浑子 t。对 w，我最多也就能想到多少加上了点紫色的暗绿色。黄色组里包括了各种 e 和 i、米黄的 d、亮金色的 y 和 u，它们字母上的明暗程度我只能用"带着橄榄青光泽的黄铜色"来表达。在棕色组里有软音 g 浓重而富有弹性的色调、较淡的 j 和浅褐色鞋带样的 h。最后，在红色组中，b 具有画家们称作焦赭色的色调，m 是粉红法兰绒的一个裥褶，而今天我终于将 v 和梅尔茨及保罗的《色彩词典》中的"蔷薇石英"完美地配上了。彩虹这个词，一条原色的但绝对是灰暗的彩虹在我自己的语言中是那几乎读不出来的 kzspygv。第一个讨论有色听觉的作者，据我所知，是一八一二年时埃朗根[1]一位白化病的医生。

一个有联觉者的坦白，对于那些受到比我的墙要坚固的墙保护，因而没有这类漏雨透风情况的人来说，听起来必定是乏味而做作的。不过对我的母亲，这一切似乎很正常。这件事引起注意是我七岁那年的一天，我正在用一大堆旧的字母积木块搭一座塔。我随口对她说，这些积木块的颜色都不对。这时我

1　Erlangen，德国一城市。

们发现，她的一些字母和我的字母的色彩一样，此外，她在视觉上还受音乐音符的影响。音符在我身上却不引起任何色听联觉。我很遗憾，音乐对我只是作为任意的一连串多少有点令人不快的声音而产生影响。在某些感情状态下，我能够忍受小提琴深沉的抽搐，但是音乐会演奏用的钢琴和所有的管乐器，少听使我厌烦，多听使我痛苦。虽然每年冬天我都要去看为数不少的歌剧（在六年的时间里我想必至少看过比这个数目多一倍的《鲁斯兰》和《黑桃皇后》的演出），我对音乐的微弱反应完全被淹没在视觉的折磨中了：我在皮曼身后没法阅读，或者想象不出在朱丽叶的花园里朦胧的花朵中的天蛾。

母亲尽一切可能加强我具有的对视觉刺激的总的敏感。她为我画了多少透明水彩画啊；当她让我看那棵蓝红混色长出来的丁香树时是一种怎样的启示啊！有时，在我们圣彼得堡家中，她会从她梳妆间（也是我出生的房间）墙上的一个秘密小间里拿出许多珠宝首饰来，供我睡前玩。那时我还非常小，对我来说，那些闪闪发光的冕状头饰、短项链和戒指，在神秘性和魅力上丝毫不比城市中帝国节日期间的灯彩逊色——在寒冷的夜晚声音被减弱后的寂静中，由宝石蓝、翡翠绿、红宝石色等颜色的彩色电灯泡组成的巨大的交织字母图案，王冠以及其他的纹章图案，带着一种陶醉的节制，在住宅区沿街房屋正面积雪的檐口上方闪烁着光芒。

二

　　童年无数次生病使母亲和我更亲了。很小的时候，我表现出了对数学反常的悟性，但在我简直毫无才能的青年时期完全失去了它。这个才能在我和扁桃体周脓肿及猩红热的搏斗中扮演了一个可怕的角色，我感到庞大的球体和巨大的数字在我疼痛的脑子里无情地膨胀。一个愚蠢的家庭教师过早地向我解释了对数，我还读到了（我想是在一本叫《少年自己的文章》的英国出版物中）某个印度计算者在正好两秒钟的时间里能够算出，比方说，3529471145760275132301897342055866171392 的 17 次根（我不能肯定我记对了这个数字，反正根是 212）。这些就是在我神志不清时大肆作怪的怪物，唯一能够阻止它们从我的头脑里把我自己挤出去的方法，就是挖出它们的心来将它们杀死。但是它们实在是太强大了，当我企图向母亲解释事情的时候，我会坐起来，费劲地说出混乱不清的句子。在我的谵语中，她听出了她自己也曾经有过的感觉，她的理解会把我膨胀的宇宙带回到牛顿学说的准则上来。

　　有像自我抄袭这类乏味的文学知识的未来的专家，会想要在我的小说《天赋》中将主人公的经历和原始事件进行核对。一天，在病了很久以后，我身体仍然很虚弱，躺在床上，发现自己沉浸在一种奇特的轻松和安详的愉快感之中。我知道母亲出去给我买每天的礼物了，它们使得病愈后的恢复期令人感到如此的愉快。我猜不出来这次的礼物会是什么，但是透过我奇怪的半透明状的水晶球，我眼前生动地出现了她沿莫斯卡亚街驶向涅夫斯基大道的情景。我辨认出了由栗色骏马拉的那轻便雪橇。我听到了它喷着鼻息的呼吸声，阴囊有节奏的啪嗒声，以及冻土块和积雪撞击雪橇前沿的砰砰声。在我的眼前以及母亲的眼前隐现出车夫的后背，穿着絮得厚厚的蓝袍子，放在皮套子里的表（两点过二十分）扣在腰带后面，腰带下现出他巨大的有着南瓜般褶皱的裹得很厚的臀部。我看见母亲的海豹皮衣，随着车速的增加越来越冷，她把手笼抬到脸前——一个圣彼得堡的贵妇冬季乘车的优雅姿势。巨大的熊皮摊开着一直盖到她的腰部，熊皮的两个角用环挂扣在她座位低矮的靠背侧面的球形把手上。在她身后，一个帽子上有帽章的男仆紧抓着这两个把手，站立在滑板后端上方狭窄的支撑物上。

当我仍在注视着雪橇的时候，我看见它在特罗曼商店（卖书写用具、青铜小玩意儿和牌）外停了下来。不久，母亲从这家商店出来，男仆跟在她身后。他拿着她买的东西，我看着像是一支铅笔。这么一件小东西她自己都不拿，我感到吃惊，这个有关尺寸的不愉快的问题重新引起了微弱的、我本希望它已经和发烧一起消失了的"头脑膨胀效果"，幸运的是时间很短。当她再一次坐上雪橇，让人掖好盖着的熊皮的时候，我看着大家，包括马在内，呼出来的水汽。我还看着她为了使那绷得太紧的、紧贴着脸的面纱的网松动一些而做的那熟悉的噘嘴动作。如今在我写下这些的时候，当年每当我吻她戴着面纱的面颊时，我的嘴唇所感到的网状的温柔又回到了我的记忆之中——伴随着一声快乐的叫喊，从雪蓝的蓝窗子（窗帘还没有拉上）的过去中飞出来，飞回到我的记忆之中。

几分钟以后，她走进了我的房间，怀里抱着一个大包裹。在我的幻觉中包裹被大大地缩小了——也许是因为我下意识地纠正了逻辑警告我仍然可能存在的高烧时膨胀的世界的可怕残留。现在发现这个东西是一支巨大的多边形的费伯牌铅笔，四英尺长，粗细度与之相称。它一直作为陈列品挂在商店的橱窗里，她认为我垂涎于它，因为我垂涎于一切不太可能购买得到的东西。店主不得不给一位代理商打电话，一个叫利博纳的“医生”（好像这交易确实具有某种病理学上的重要性似的）。在可怕的一瞬间，我心想不知笔尖是不是用真的石墨做的。是用石墨做的。几年后我在侧面钻了个孔，满意地看到铅贯穿在整支铅笔之中——这是费伯公司和利博纳医生方面为艺术而艺术的完美的例子，因为这支铅笔实在太长了，没法使用，而且也不是为了使用做的。

“啊，是的，”每当我提到这种或那种非同寻常的感觉的时候她就会这样说，“是的，这我都知道。”并且以有些令人感到怪异的坦率讨论诸如双重视觉、三脚桌的木结构里轻轻的敲击声、不祥预感以及似曾经历的错觉。她直系先辈中全都显示了些许宗派特点。她只在大斋节[1]的第一个星期日和复活节才去教堂。这种宗派心态在她对希腊天主教的仪典和神父相当程度的反感上表现了出来。她被福音书中的道德和理想化的一面深深吸引，但是并不感到需要支持任何的教义。死后生活可怕的无保障和缺乏私密性的想法从未在她的思想中出现过。她强烈和单纯的虔诚性表现在她既相信另一个世界的存在，又相信从尘世生活的观点不可能理解这个世界。人能做的仅仅是在朦胧和幻想中瞥见前面的真实的东西，正如天生具有在白昼能够超乎寻常地持续活动的大脑的人们，在最深沉的睡眠中，在错综纠缠和毫无理性的噩梦的痛苦以外，能察觉到醒时有秩序的现实。

1　Lent，复活节前为期四十天的斋戒和忏悔，以纪念耶稣在荒野禁食。

三

　　全心全意去爱，别的就交给命运，这是她遵循的简单规则。"Vot zapomni［现在记住］，"她会用密谋的口气这样说，一边要我注意在维拉的这样或那样可爱的东西———只云雀在春天某个阴沉的日子飞向酥酪般的天空，炽热的闪电照亮黑夜中远处一排树木，枫叶在棕褐色沙地上铺成了调色板，新雪上一只小鸟的楔形脚印。仿佛是感觉到几年后她的世界中这个有形部分将会消亡，对于分散在我们乡村别墅中的各种各样的时间的标记，她培养了一种非凡的意识。她怀着与我现在描绘她的形象及我的过去时同样的怀旧热情，珍视她自己的过去。这样，从某种意义上说，我继承了一个精美的幻影———无形财产、非不动产的美———后来证实这成了承受以后的损失的极佳训练。她特有的标记和特征对我和对她自己都同样珍贵和神圣。那儿有过去专门为她母亲的特殊爱好而保留的房间，一个化学实验室；那儿，在上坡通向格雷亚兹诺（重音在最后一个音节）村的路边，如我父亲———一个热诚的自行车爱好者爱说的那样，在人们喜欢"不畏艰险骑车"（bïka za roga）的最陡的一段，并且是他求婚的地方，有那棵标志着那个地点的椴树；还有，在那所谓的"老"庭园里的那个废弃了的网球场，现在是一片青苔、鼹鼠丘和蘑菇，在一八八〇和一八九〇年代曾是

29

欢乐的集会的场所（就连她严厉的父亲也会脱掉大衣，估量着舞动那把最重的球拍），但是到我十岁的时候，大自然已经抹去了原来的一切，彻底得就像用一块毡擦去了一道几何题。

那时候，在庭园的"新"区的尽头已经建起了一个极好的现代化网球场，是由专门从波兰请来的技术熟练的工人修建的。铁丝网把面积很大的黏土网球场的场地和四周开花的草地隔开。经过一夜的滋润之后，球场地面带上一层棕色的光泽，德米特里会用一个绿罐子里的液体白垩重画白线，他是我们的园丁中个子最小、年纪最大的一个，是一个温顺的、总穿着黑靴子和红衬衫的矮子，随着刷子沿着线往下画，他弓起身子，慢慢往后退。一道豌豆树篱（北俄罗斯的"黄色金合欢"）——中间开了个缺口，正对应着球场的网格门——和围住球场的网子以及一条叫做 tropinka Sfinksov（"天蛾路"）的小路平行——小路因为黄昏时分飞来拜访沿着面对树篱的路边长着的、同样在中间也有一道缺口的蓬松的丁香丛的天蛾而得名。这条小路形成了一个大 T 的一横，一竖是一条两旁有和母亲同龄的修长的椴树的小径，穿过（如前所说）整个新庭园。从车道附近 T 的底部沿着林荫路看过去，可以很清楚地辨认出五百米以外——或者说离我现在所处的地方五十年之遥的那明亮的小缺口。我们当时的家庭教师，或者是父亲，当他和我们一起待在乡间的时候，在我们兴奋激动的家庭双打中总是和我弟弟搭档。母亲把一只小脚向前踏一步，弯下戴着白帽子的头，一丝不苟地发出一个无力的球，按老样子叫喊道："打呀！"我很容易向她发脾气，而她很容易向拾球的球童发脾气，这是两个光脚的农家孩子（德米特里长着狮子鼻的孙子和马车夫领班的女儿、漂亮的波兰卡的孪生兄弟）。收获时节，北方的夏季变得十分炎热。一身大红的谢尔盖总是用两个膝盖把球拍一夹，吃力地擦眼镜。我看见自己捉蝴蝶的网子靠在球场的围网上——以备万一用得着。沃利斯·迈尔斯关于草地网球的书摊开在一张长椅上，每一次交锋之后，父亲（一个一流的网球手，能发弗兰克·赖斯里式的炮弹式发球和打漂亮的"提拉球"）会卖弄地询问弟弟和我，"随球动作"那优美的状态是否降临到我们头上了。有时候一场大暴雨会把我们挤到球场一角的躲避处，而老德米特里会被派到宅子里去取伞和雨衣。一刻钟后他会抱着山一样的一大堆衣服重新出现在长长的林荫路上，他往前走的时候，随着太阳重新照耀，林荫路上又会闪现出点点豹斑，也就不需要他的大包了。

她喜欢所有技巧性的和冒险性的游戏。在她灵巧熟练的手中，一千块的拼图逐渐形成一幅英国狩猎的景象；原来看上去像一条马腿的东西结果是榆树的枝干，一直找不到地方的一块会正合适地填进斑驳陆离的背景中的一个空缺里，给你一种抽象然而是可触知的满足带来的淡淡的兴奋。有一阵子，她非常喜欢扑克牌戏，这种牌戏是通过外交圈子传到圣彼得堡社交界的，因此其中一些组合有好听的法文名字——"三张对"是brelan，"同花"是couleur，等等。当时玩的是常规的"暗扑克"[1]，偶尔玩增加刺激的积累赌注[2]和用小丑做百搭的扑克游戏。在城里，她常常在朋友家里玩扑克，一玩玩到凌晨三点，这是第一次世界大战前的几年中的社交消遣；后来，在流亡期间，她常常会想象（怀着和回忆起老德米特里时同样的惊讶和不安）她的车夫皮洛戈夫似乎仍在无尽的长夜的无情的严寒中等着她，尽管，他的情况是，在一间热情好客的厨房里喝加了朗姆酒的茶，必定在缓和那些漫长的不眠夜的等待上起了很大的作用。

　　夏天她最大的快乐之一是极具俄国特点的消遣 hodit' po gribï（找蘑菇）。她的美味收获用黄油炸后再用酸奶油加浓，经常出现在晚餐桌上。并不是说味觉品尝的时刻有多么大的重要性，她主要的快乐是在寻找的过程之中，而这个寻找是有自己的规则的。据此，伞菌是不摘的；她摘的都是在菌类中可以食用的牛肝菌属那一类，被一些人称做"管状蘑菇"、被真菌学家客观地界定为"陆生，多肉，易腐，由中央柄支持的真菌类植物"的蘑菇（黄褐色的 edulis、棕色的 scaber、红色的 aurantiacus，以及其他几种近属）。它们小巧的帽子——在未成熟时坚实，成熟后则粗壮，引人垂涎——有着平滑（不是片状体）的背面和匀整结实的柄。牛肝菌蘑菇经典的简单结构使它们和有着荒唐的菌褶及软塌塌的柄环的"真正的蘑菇"有

1　draw poker，各发五张暗牌的扑克游戏，下注后可以要求换发手中不需要的牌。

2　jackpot，须有人持有一对 J 以上的强牌时方可开局下注的扑克游戏。

很大的不同。然而，拥有胆小的味蕾的国家把他们的知识和胃口都局限在后者，即那些平庸和丑陋的伞菌身上，因而，在英美外行的脑子里，贵族类的牛肝菌最多也只是变了样子的伞菌而已。

下雨天气会使这些美丽的植物在我们园林里的杉树、白桦树和山杨树下大量出现，特别是在把园林一分为二的车道东边的老园子里。那里背阴的幽深处会汇集使俄国人的鼻孔张大的牛肝菌特殊的浓烈气味——一种由潮湿的青苔、肥沃的土壤和腐烂的叶子混合在一起的令人感到满足的阴湿气味。但是你还是得在湿润的林下灌木丛中扒拉细看上好一阵子，才能找到真正好的东西，例如一丛戴着小帽子的嫩 edulis，或者有大理石花纹的那种 scaber，并小心地将它们从土里弄出来。

在阴云密布的下午，母亲会拿着一个篮子（篮子的里侧被什么人的黑浆果染上了蓝色的斑迹），在毛毛雨中独自开始漫长的采集之旅。晚餐前，能看见她从园子小径幽暗朦胧的深处出现，她娇小的身躯和头裹在带帽兜的绿棕色的羊毛披风中，上面无数的小水珠在她周围形成了一种薄雾。当她从滴水的树下走近看见我的时候，她的脸会现出一种古怪的阴郁表情，也许是表示运气不好，但是我知道，这其实是得胜的搜寻者紧张地抑制住、小心地呵护着的幸福感。就在她要到我跟前的时候，她的胳膊和肩膀会突然耷拉下来，并且发出夸大疲劳的"噗！"的一声，让篮子垂下，以强调它多么重和满得多么惊人。

她会在一条白色的花园长凳附近，把她的牛肝菌按同心圆摊放在花园里的一张铁圆桌上，挑拣数数。把老的、松软灰暗的去掉，留下嫩而脆生的。在仆人把它们包起拿到一个她一无所知的地方，去面对她不感兴趣的命运之前，有那么一小会儿，她会站在那里怀着默默满足的喜悦欣赏它们。而正像雨天傍晚常常会出现的那样，太阳在落山之前可能会闪出一道火红的光束，就在那儿，在湿漉漉的圆桌上，摆着她的蘑菇，色彩绚丽，有的带着外部植物———片草叶沾在黏黏的浅黄褐色的菌盖上，或者青苔仍旧包在带黑点的柄的球茎状根部。一只小小的尺蠖也会在那儿，像一个孩子的大拇指和食指，度量着圆桌的边缘，并且时不时地向上伸直身体，徒劳地寻找它从中跌落下来的那片灌木丛。

四

　　母亲不仅没有进过厨房和仆人区，而且这些地方在远离她的意识的地区，就像旅馆中相应的地区一样。父亲也没有管理宅第的意愿，不过他还是规定了三餐的食谱。他会轻轻叹口气，打开吃过甜品后男管家放在餐桌上的像个签名簿一样的大本子，用优美流畅的字迹写下次日的菜单。他有个奇怪的习惯，在他考虑下面一连串的文字的时候，总让铅笔或钢笔在纸的上方抖动。对他的建议母亲或是含糊地点头同意，或是做个怪相。名义上，是她过去的保姆在管家，那时她已经是一个老眼昏花、满脸是令人难以置信的皱纹的老妇了（一八三〇年左右出生，生来就是奴隶），她有一张忧郁的乌龟般的小脸，和一双走起路来拖着的大脚。她穿件修女式的棕色裙衣，散发出咖啡和腐败的虽微弱却难忘的气味。在我们的生日和命名日她令人畏惧的祝贺方式是农奴式的吻肩膀。由于年龄的增长她逐渐形成了病态的吝啬，特别是在糖和蜜饯果酱等上面，因而逐渐地，在我父母的认可之下，其他家务安排开始瞒着她悄悄地实行起来。在不知情的情况下（如果知道了会使她心碎的），她仿佛仍是悬挂在自己的钥匙圈上，而母亲则尽最大的努力用安慰的话语来打消不时在老人日益糊涂的脑子里闪过的怀疑。她是那遥远发霉的王国里唯一的女主人——她认为是个真实的王国（如果真是这样，我们就要饿肚子了）——在她坚定而吃力地穿过走廊，去把在盘子里发现的半个苹果或两块碎了的小黄油饼干收起来的时候，跟随她的是男女仆人嘲笑的目光。

与此同时，有着大约五十个固定仆人，并且毫无监督的我们城里和乡间的住宅是难以置信的走马灯般的偷窃现场。两个幕后策划者，按好管闲事的老姑姑们所说，是厨师长尼古拉·安德烈耶维奇和园丁头伊戈尔，两个都是样子稳重、戴眼镜、鬓角花白、深受信任的多年的老仆人，姑姑们的话没有人留意，但是后来证明终究是对的。面对惊人的不可思议的账单，或在园栽草莓和温室桃子突然绝迹的时候，我的父亲，这个法学家和政治家，因无法对付自己家庭的收支管理而感到职业上的恼火；但是每一次一个复杂的盗窃事件曝光后，某种法律上的疑虑或者顾忌使他不去采取任何措施。当根据常识需要开除一个无赖的仆人时，那人的小儿子八成会得重病，找城里最好的医生给他看病的决定就会冲掉其他一切的考虑。因此出于这样那样的原因，父亲宁肯听任整个家务管理处于不稳定的平衡状态（不乏某种悠然的幽默），母亲则从她的老保姆的幻想世界不会破灭的希望中得到相当大的安慰。

母亲知道，破灭了的幻想会使人多么痛苦。最最微不足道的失望对她来说犹如一场大灾难。在维拉，一个圣诞节的前夜，在她快要生第四个孩子的时候，不巧生了小病卧床，她要弟弟和我（一个五岁，一个六岁）答应，第二天早晨不要去看我们会发现挂在床柱上的圣诞袜里面的东西，而要拿到她的房间里去看，以便使她能够看着我们，分享我们的快乐。醒来以后，我和弟弟偷偷商量了一下，然后各自急切地用手触摸塞满小礼物、发出令人开心的轻微嗦啪声的圣诞袜；我们小心地把它们一件件地掏出来，解开丝带，打开薄绵纸，就着百叶窗缝里透进来的微光，察看了所有的东西，把这些小东西重新包好，塞回原处。然后我记得我们坐在母亲的床上，拿着鼓鼓囊囊的圣诞袜，尽最大努力做出她想看到的表演；但是我们把包装纸弄得这么乱，我们表现出的热切的惊异是这样没水平（我现在仍能看到弟弟把眼睛往上一翻，模仿我们新来的法国女家庭教师，惊呼道："Ah, que c'est beau!" [1]），结果在观察我们片刻以后，我们的观众突然哭了起来。十年过去了。第一次世界大战开始了。一群爱国人士和我舅舅卢卡一起向德国大使馆扔石头。违反了一切命名的优先规则，彼得堡沦落成了彼得格勒。贝多芬竟然是个荷兰人。新闻片演的是上镜头的爆炸，大炮的一阵阵发射，打着皮绑腿的庞加莱 [2]，荒凉的泥水坑，可怜的沙皇的小太子穿着切尔克斯人 [3] 的军装，佩着短剑和子弹带，他高大的姐姐们穿得如此遢遢，长长的火车上挤满了部队。母亲开设了一家私人

1　法语，"啊，这太漂亮了！"

2　Raymond Poincaré（1860—1934），一九一三至一九二〇年任法国总统，一九一二至一九一三年、一九二二至一九二四年、一九二六至一九二九年任法国总理。第一次世界大战期间为保民族团结，坚持进行战争。

3　Circassian，高加索人之一支。

医院收治伤员。我记得她穿着她极其厌恶的流行的灰白相间的护士服，流着同样孩子气的眼泪责备那些伤残农民冥顽不化的逆来顺受态度，以及非全心全意的同情之无效。再后来，在流亡期间，在回顾过去的时候，她常常指责自己（我现在认识到这是不公平的），说她对人的痛苦的感触，远不如她对人在无辜的自然——老树、老马、老狗——身上的感情发泄给予她的感触。

她对棕色的达克斯小猎狗的特殊喜爱使我挑剔的姑姑们不解。在装着她年轻时候的相片的家庭照相簿里，很少不包括一只这样的动物——通常是模糊的灵活柔软的身体的某一部分，但总有在快照中常见的达克斯小猎狗奇特的多疑的眼睛。我小的时候，仍有两只肥胖的老家伙，博克斯一号和鲁鲁，在门廊上懒洋洋地躺在阳光里。一九〇四年的某个时候，父亲在慕尼黑的一个狗展上买了一只小狗，它长大后成了一只脾气很坏但是非常漂亮的"火车儿"（这是我给他取的名字，因为他和卧车车厢一样是棕色的，也那么长）。我童年时代的音乐主调之一是"火车儿"的歇斯底里的声音，这是它在我们维拉宅的园林深处追踪从来没有抓到过的野兔时发出的，在黄昏时分它才从那儿叼着一只早已死了的鼹鼠的尸体、耳朵上粘满了牛蒡蒺藜回家（在我焦急的母亲站在枥树林荫路上长时间吹口哨以后）。一九一五年前后，它的后腿瘫痪了，在被用氯仿毒死前，它总是凄惨地像个无腿的残废人那样把身子拖过长长的光洁的镶木地板。后来有人给了我们另一只小狗，博克斯二号，它的祖父母是安东·契诃夫[1]医生家的奎娜和布洛姆。最后的这只达克斯小猎狗跟随我们流亡，直到一九三〇年，在布拉格的郊区（那是我的寡母依靠捷克政府提供的很少的养老金度过了她生命最后岁月的地方），仍然可以看到它不情愿地和女主人一起出去散步，落得远远地气喘吁吁地蹒跚着，老态龙钟，对戴着的长长的捷克金属丝口套异常恼怒———一只穿着打补丁的不合身的衣服的流亡狗。

　　我们在剑桥的最后两年，我和弟弟总在柏林度过我们的假期，我们的父母和两个妹妹以及十岁的基里尔在那儿，住在一套那种巨大、昏暗、明显是中产阶级的公寓里，在我的小说和短篇故事中，我把它租给那么多的流亡者家庭居住过。在一九二二年三月二十八日晚上十点钟左右，母亲和平时一样斜靠在角落里的红色长毛绒的长沙发上，我正巧在给她读勃洛克[2]关于意大利的诗歌———刚读到关于佛罗伦萨的这首小诗的最后，勃洛克把佛罗伦萨比做一朵娇嫩的烟青色的蝴蝶花，她一边织毛活一边说："是的，是的，佛罗伦萨看上去确实像一朵 dïmnïy iris[3]，太对了！我记得——"这时电话铃响了。

　　一九二三年以后她搬到布拉格，我住在德国和法国，无法经常去看望她；在第二次世界大战的前夕她去世的时候，我也

1　Anton Chekhov（1860—1904），俄国伟大的小说家和戏剧家。一八八四年毕业于莫斯科大学医学系，成为医生。

2　Alexander Blok（1880—1921），俄国诗人和戏剧家，象征派主要代表人物。

3　用拉丁字母转写的俄语，烟青色的蝴蝶花。

没有在她身边。每当我设法到布拉格去的时候，总在岁月出其不意地重新披上它熟悉的面具之前感到那最初的痛苦。在她和她最亲密的侍伴叶夫根尼娅·康斯坦丁诺夫娜·霍菲尔德（一八八四——一九五七）合住的那可怜的公寓房间里，在零星的破旧的二手家具上，到处放着大本子，在她生命的最后几年，她在上面抄下了她最喜爱的从马伊可夫到马雅可夫斯基的诗歌。叶夫根尼娅在一九一四年接替了格林伍德小姐（而后者接替的是拉文顿小姐）做我的两个妹妹（一九〇三年一月五日出生的奥尔加和一九〇六年三月三十一日出生的叶莲娜）的家庭教师。我父亲的一只手的模型、一幅现在属于东柏林的泰格尔希腊天主教的公墓里他的坟墓的水彩画，和流亡作家的作品放在同一个架子上，这些书的书皮用的是廉价纸，非常容易散开。一只用绿布蒙起来的肥皂箱上面，是她喜欢放在她的长沙发旁边的、在歪斜的框子里的发暗的小照片。她并不真正需要它们，因为一切都在她的记忆之中。就像一个巡回演出团的演员，虽然他们仍然记得他们的台词，却走到哪儿都怀带着一片任风吹刮的荒原，一座雾蒙蒙的城堡，一个具有魅力的岛屿，她也拥有她的心灵曾储存起来的一切。我现在仍能清楚地看到她坐在一张桌子旁边，安详地考虑着摆在面前的一局单人纸牌戏：她倚在左胳膊肘上，左手空闲的大拇指贴在面颊上，手里拿着一支香烟挨在嘴边，右手则伸向下一张牌。她的无名指上闪现的两道光是两枚结婚戒指——她自己的和我父亲的，后者她戴着太大，用一条黑线和她自己的系在了一起。

只要我在梦中见到了死去的人，他们总是一声不响，不安，奇怪地抑郁，和他们亲爱的、快活的本人很不一样。我毫不惊奇地感知到他们的存在，置身在他们在世间生活时从来没有到过的环境之中，在他们根本不认识的我的某个朋友的家里。他们分开坐着，对着地板皱眉，似乎死亡是个黑色的污点，一个可耻的家庭秘密。肯定不是在那个时候——不是在梦中——而是当你清醒的时候，在强烈的成功和欢乐的时刻，在意识的最高层次上，死亡的必然性才有机会从桅杆上，从往昔以及它城堡的塔顶上看到自己的极限以外。尽管透过迷雾看不见太多的东西，不知怎的总会有那看着正确的方向的极乐感觉。

第三章

一

　　一位没有经验的纹章学家很像一个中世纪的旅行家,他从东方带回的,是在他一直拥有的本国动物的知识的影响下形成的对该地区特有动物的想象,而不是直接进行动物学探究的结果。因此在本章的第一个文本中,当我描绘纳博科夫家族的纹章时(多年前在一些家庭琐物中不经意地看过一眼),不知怎的竟把它扭曲成两只摆着姿势、中间放着一个大棋盘的熊的炉边奇景。现在我查找了那个纹章,失望地发现它其实是两只狮子——微带棕色,也许是有着浓密粗毛的野兽,但是并不真正是熊——正跃立着扬起前爪,侧身后顾、怒目而视,傲慢地展示着那不幸的骑士的盾牌,盾牌只不过是西洋跳棋盘的十六分之一那么大,青红两色相间,每一个长方格中有一个臂端有三叶花的银白色十字架。在它上方可以看见一个骑士的剩余部分:他坚硬的头盔和不能充当食物的护喉甲胄,以及从青红色叶状装饰中伸出来的一条勇敢的胳膊,仍在挥舞着一柄短剑。铭文是 Za hrabrost'——"为了勇气"。

　　我在一九三〇年请教了父亲的表兄弟,热爱俄罗斯文物的弗拉基米尔·维克托罗维奇·戈卢布佐夫,据他说,我们家族的奠基人是纳博克·穆尔扎(全盛时期一八三〇年左右),一位摩斯科维的俄罗斯化了的鞑靼亲王。我自己的堂兄弟谢尔盖·谢尔盖耶维奇·纳博科夫是个博学的系谱学家，他告诉我，十五世纪的时候，我们的祖先在莫斯科公国拥有土地。他让我参考一份关于一四九四年伊凡三世[1]时代发生在乡绅库里亚金和他的邻居卢卡·纳博科夫的儿子们菲拉特、叶夫多基姆和弗拉斯之间的农村争执的文件（收入一八九九年尤什科夫在莫斯科出版的《十三至十七世纪的法案》中）。在后来的几个世纪中，纳博科夫家的人成了政府官员和军人。我的高祖父亚历山大·伊万诺维奇·纳博科夫将军（一七四九——八〇七）在保罗一世[2]统治时期是诺夫哥罗德卫戍团的团长，在官方文件中这个团被称做"纳博科夫团"。他最小的儿子，我的曾祖父尼古拉·亚历山德罗维奇·纳博科夫在一八一七年的时候是个年轻的海军军官，那时他和未来的海军上将冯·兰吉尔男爵及李特克伯爵一起，在海军上校（后来成了海军中将）瓦西里·米哈伊洛维奇·戈洛夫宁的领导下，参加了绘制新地岛（竟然偏偏是这个地方）地图的考察，那儿的"纳博科夫河"是以我的祖先的名字命名的。在相当一部分地名中留下了对考察团领队的纪念，其中之一是西阿拉斯加的苏厄德半岛的戈洛夫宁环礁湖，霍兰博士描述过那里的一种名为 *Parnassius phoebus golovinus*（应该加上个大大的"原文如此"）的蝴蝶；但是我的曾祖父除了那条非常蓝，几乎是靛蓝色，甚至是愤愤不

1　Ivan the Third（1440—1505），莫斯科大公国大公，俄罗斯国家的赫赫有名的缔造者。

2　Paul the First（1754—1801），俄国沙皇。

平的靛蓝色的，在湿漉漉的岩石间曲折流淌的小河之外，没有其他成就可言；因为他不久就离开了海军，n'ayant pas le pied marin[1]（告诉我关于他的情况的我的堂兄弟谢尔盖·谢尔盖耶维奇是这样说的），调到了莫斯科近卫团。他娶了安娜·亚历山德罗夫娜·纳济莫夫（十二月党人纳济莫夫的姐妹）为妻。我对他的军事生涯一无所知，不管他干的是什么，都无法和他哥哥伊万·亚历山德罗维奇·纳博科夫（一七八七——八五二）相比，他是抗拿破仑战争中的英雄之一，老年时是圣彼得堡彼得保罗要塞的司令，里面的一个囚犯是作家陀思妥耶夫斯基，《双重人格》等作品的作者，宽厚的将军把书借给他看。然而有意思得多的是这样一个事实，他的妻子是叶卡捷琳娜·普希钦，普希金的同学和亲密朋友伊万·普希钦的姐妹。印刷者们，注意了：两个是"钦"，一个是"金"。[2]

我的祖父德米特里·纳博科夫（一八二七——一九〇四）是伊万的侄子，尼古拉的儿子。他在两位沙皇手下当了八年的司法部长。他娶了在俄国部队服役的德国将军费迪南德·尼古劳斯·维克托·冯·科尔夫男爵（一八〇五——八六九）十七岁的女儿玛丽亚为妻（一八五九年九月二十四日）。

在坚韧的古老家族中，某些面部特征不断反复出现，成了标志和缔造者的印记。纳博科夫家的鼻子（例如我祖父的）是俄罗斯式的，软而圆的鼻尖向上翘起，侧面看去鼻梁稍稍

1　法语，我没有在颠簸的海船甲板上行走的本领。

2　普希钦的拼法是"Pushchin"，普希金的拼法是"Pushkin"。

往里斜；科尔夫家的鼻子（例如我的）是一个帅气的德国式器官，有着醒目的鼻梁和稍稍昂起、鼻沟清晰的肉乎乎的鼻尖。高傲或感到惊奇的纳博科夫们扬起仅仅在中心部分有毛、因而眉梢往太阳穴方向越来越淡的眉毛；科尔夫家的眉毛弧度更优雅，但同样是相当稀疏的。除此之外，随着他们在岁月的画廊中变成一片朦胧，纳博科夫们很快就加入到了模糊的卢卡维什尼科夫们之中，对于后者，我只认识我的母亲和她的弟弟瓦西里，样本太少，对我眼前的目的没有什么用。而另一方面，我清楚地看到科尔夫家系的女子，都是花容月貌的美丽姑娘，她们有高高的红彤彤的颧骨、浅蓝色的眼睛，以及一边脸颊上那颗小小的痣，像贴上的美人斑，我的祖母、父亲、他的三四个兄弟姐妹、我二十五个堂兄弟姐妹和表兄弟姐妹中的一些人、我的妹妹和我儿子德米特里都遗传到了，颜色深浅程度不同，但是多多少少仍然是同样印记的明显翻版。

我的德国曾外祖父费迪南德·冯·科尔夫男爵于一八〇五年出生在柯尼斯堡，他娶了尼娜·亚历山德罗夫娜·希什科夫（一八一九——八九五），度过了很有成就的军人生涯后，于一八六九年在萨拉托夫附近他妻子的沃尔甘领地上去世。他是冯·科尔夫男爵威廉·卡尔（一七三九——一七九九）和冯·德·奥斯滕-萨克恩女男爵埃莱奥诺尔·玛加丽塔（一七三一——一七八六）的孙子，普鲁士部队的少校尼古劳斯·冯·科尔夫（一八一二年去世）和安托瓦妮特·泰奥多拉·格劳恩（一八五九年去世）的儿子。安托瓦妮特·泰奥多拉·格劳恩是作曲家卡尔·海因里希·格劳恩[1]的孙女。

安托瓦妮特的母亲伊丽莎白（一七六〇年生）娘家姓菲舍尔，是出生在哈通家的雷金娜（一七三二——一八〇五）的女儿，雷金娜是柯尼斯堡一家著名出版社社长约翰娜·海因希·哈通（一六九九——一七六五）的女儿。伊丽莎白是个远近闻名的美女。她在一七九五年和第一任丈夫、那位作曲家的儿子Justizrat[2]格劳恩离婚后，和一个不甚著名的诗人克里斯蒂安·奥古斯特·冯·斯特奇曼结了婚，而且是一个有名得多的作家海因里希·冯·克莱斯特（一七七七——一八一一）的——按告诉我的德国人的说法——"慈母般的朋友"。克莱斯特三十三岁的时候热恋上了她十二岁的女儿黑德维希·玛丽（后来是冯·奥尔菲斯）。据说他在出发到万湖——和一个病弱的女士一起去执行自杀的约定——去之前到她家去告别，但是没有被准许进门，因为那天是斯特奇曼家洗衣服的日子。我的祖先和文学家之间的接触在数目和多样化上确实十分惊人。

我的曾外祖父费迪南德·冯·科尔夫的曾外祖父卡尔·海因里希·格劳恩于一七〇一年[3]出生在萨克森的瓦伦布吕克。他的父亲奥古斯特·格劳恩（一六七〇年生）是个

---

1 Carl Heinrich Graun（1704—1759），德国歌剧和圣乐作曲家。

2 德语，司法顾问。

3 根据大不列颠百科全书，格劳恩生于一七〇四年。

税务官（"Königlicher Polnischer und Kurfürstlicher Sächsischer Akziseneinnehmer"[1]——所论及的选帝侯，即波兰国王奥古斯特二世是他的同名人），来自牧师世家。他的高祖父沃尔夫冈·格劳恩一五七五年时是普劳恩（离瓦伦布吕克不远）的风琴手，如今，他的后代、那位作曲家的雕像装点着那儿的一座公园。卡尔·海因里希·格劳恩于一七五九年五十八岁时在柏林去世，十七年后，那里的新歌剧院以他的《恺撒和克娄巴特拉》作为开张的首场演出。他是那个时代最著名的作曲家之一，根据被他的皇室保护人[2]的悲伤所感动的当地的讣告撰写人所写，甚至是最伟大的作曲家之一。在门采尔[3]所作的腓特烈大帝[4]用长笛吹奏格劳恩的作品的画幅上（格劳恩已经去世），格劳恩双臂交叉抱在胸前，多少有点超然地站在那里；在我流亡的年代里，这幅画的复制品始终跟随着我走遍我待过的每一个德国公寓。据说在波茨坦的无忧宫里有一幅当代的绘画，表现的是格劳恩和他的妻子多萝西娅·雷克普坐在

1　德语，波兰皇帝及萨克森选帝侯的税务官。

2　卡尔·海因里希·格劳恩于一七三五年腓特烈大帝尚是王储时开始在宫内供职，在宫内服务期间共写了约三十部歌剧，其中两部由腓特烈作词。此处皇室保护人即指腓特烈大帝。

3　Adolf von Menzel（1815—1905），德国油画家，版画家，杰出的历史画家。他给讲述普鲁士历史的书籍（特别是腓特烈大帝二世统治时期的历史书籍）作插图。他的油画以生动地再现腓特烈大帝宫中的音乐会和国王威廉一世宫廷生活而一举成名。

4　Frederick the Great（1712—1786），普鲁士第三代国王（1740—1786），在摧毁神圣罗马帝国和领导统一的新德意志方面起过主要作用。喜欢同作家和艺术家们交往，伏尔泰也曾在他宫中待过一段时间。

同一架拨弦古钢琴前。音乐百科全书常常翻印柏林歌剧院里他的那幅画像，在画像中他看上去很像我的堂兄弟、作曲家尼古拉·德米特里耶维奇·纳博科夫。从往昔的流金岁月传回了一个有趣的小小的回声：在彩绘的穹顶下所有的那些音乐会的收入之中，二百五十美元之多的一笔钱于一九三六年在"嗨，希特勒"的柏林平淡地到达了我的手里。那时格劳恩家庭的限嗣继承的财产，主要是一批漂亮的鼻烟盒和其他珍贵的小摆设，在经历了普鲁士国家银行的许多变化之后，已经缩减到四万三千德国马克[1]（约一万美元），钱被分给了这位有远谋的作曲家的后代：冯·科尔夫、冯·维斯曼和纳博科夫家族的人（第四个家族，即阿西纳里·迪·圣马尔扎诺伯爵家族，已经灭绝了）。

两位冯·科尔夫男爵夫人在巴黎警察部门的刑事档案中留下了她们的痕迹。一个是一位瑞典银行家的女儿，做姑娘时名字叫安娜－克里斯蒂娜·施特格尔曼，是俄军上校弗罗姆霍尔德·克里斯蒂安·冯·科尔夫男爵的遗孀，他是我祖母的曾叔祖父。安娜－克里斯蒂娜也是另一个军人、著名的阿克塞尔·冯·费尔森伯爵的表妹或心上人或两者都是；正是她，一七九一年在巴黎把自己的护照和定做的簇新的旅行用四轮马车（一个有着高大的红色车轮的豪华东西，座位的靠垫都是乌得勒支[2]丝绒做的，有深绿色的窗帘和各种当时

---

1 reichsmark，一九二四至一九四八年间流通的德国马克。

2 Utrecht，荷兰中部城市，所产丝绒多为家具用丝绒。

很时髦的精巧装置，如 vase de voyage[1]）借给皇室供他们出逃到瓦雷讷[2]，皇后假冒是她，国王假冒两个小孩的家庭教师。另外一个与警察有关的故事牵涉到的伪装不具有这么大的戏剧性。

一个多世纪前在巴黎，随着狂欢节周的来临，莫尔尼伯爵邀请了"une noble dame que la Russie a prêtée cet hiver à la France"[3]（如亨利斯在一八五九年《画刊》第二百五十一页的"宫廷报道"部分中所报道的）参加在他家里举行的化装舞会。这位贵妇就是我在前面已经提到过的尼娜，冯·科尔夫男爵夫人；她五个女儿中的老大玛丽亚（一八四二——九二六）就要在同年，即一八五九年的九月和德米特里·尼古拉耶维奇·纳博科夫（一八二七——九〇四）结婚，他是科尔夫家的朋友，当时也在巴黎。为了这次舞会，男爵夫人为玛丽亚和奥尔加各定制了一套花童女装，每件二百二十法郎。根据那位笔底生花的《画刊》的记者的报道，这笔费用等于六百四十三天"de nourriture，de loyer et d'entretien du père Crépin）[食物、房租和鞋子]"的开销所需，听起来很怪。服装做好了以后，科尔夫夫人觉得"trop décolletés"[4]，拒绝接受。女裁缝叫来了 huissier（法警），他们争吵得很厉害，我的好曾外祖母（她美丽，急躁

---

1 法语，旅行用的便壶。

2 Varennes，法国城市。

3 法语，俄国在这个冬天带给法国的一位贵妇。

4 法语，领口开得太低了。

易怒，而且，我遗憾地说，个人道德方面远不如从她对待低领口的态度上所显示出来的那么严格）起诉女裁缝要求损害赔偿。

她声称店里送服装来的女孩子是些"des péronnelles［粗鲁无礼］"的女子，在她提出衣服领子开得太低，不适合有教养的淑女穿的时候，作为回答，她们"se sont permis d'exposer des théories égalitaires du plus mauvais goût［竟敢极端低级趣味地炫耀民主思想］"；她说已经太晚了，来不及定制别的化装舞服，她的女儿们没有去参加舞会；她指控法警和他的随行懒散地倒在软椅上，却让女士们坐硬椅子；她还火冒三丈，愤怒地抱怨说，法警竟然还威胁说要把德米特里·纳博科夫先生，"Conseiller d'État, homme sage et plein de mesure［一个庄重、沉默寡言的人］"，关进监狱，仅仅是因为这位绅士试图把法警从窗子里扔出去。这算不上什么大官司，但是女裁缝输了。她收回了衣服，退了钱，外加给原告一千法郎；另一方面，做马车的人在一七九一年交给克里斯蒂娜的约五千九百四十四里弗赫[1]的账单，这笔钱根本就没有偿付过。

从一八七八到一八八五年一直任司法部长的德米特里·纳博科夫，顶着反动势力的猛烈攻击，尽他所能地就算没有加强至少也保护了六十年代自由派的改革（例如陪审团审判）。一

---

1 Livre，法国过去流通的货币名，当时一里弗赫价值相当于一磅白银。

位传记作家说："他的表现很像风暴中一艘船的船长，会把部分货物抛到海里去，以保全其余的货物。"（布罗克豪斯[1]百科全书俄文本第二版）我注意到，这个悼文式的比喻无意中回应了一个铭文式的主题——我的祖父此前要把法律从窗子里扔出去的企图。

在他退休的时候，沙皇亚历山大三世让他在伯爵的头衔和一笔钱——想来是笔大数目——之间进行选择。我不知道伯爵的爵位在俄国究竟价值几何，但是和节俭的沙皇所希望的相反，我祖父（他的伯父伊万在尼古拉一世[2]让他做出类似的选择时，也是这样决定的）坚决选择了更为实在的奖赏。（"Encore un comte raté。"[3]谢尔盖·谢尔盖耶维奇冷冰冰地评论道。）退休后他多数时间住在国外。二十世纪最初几年，他脑子开始糊涂了，但是他坚信只要他留在地中海地区，一切就不会有问题。医生们的看法相反，认为在某个山中胜地或在俄国北方的气候下他可能会活得长一些。有一个关于他在意大利某处摆脱了随从的惊人故事，我还没有能够很好地拼串起来。他在那里四处乱转，以李尔王式的愤怒，向咧着嘴笑的陌生人痛斥他的子女，直到在一片多石的荒野地带被一个缺乏想象力的carabinieri[4]抓住。一九〇三年冬天在尼斯，我的母亲始终在

1　Friedrich Arnold Brockhaus（1772—1823），德国著名的百科全书出版者和编辑。

2　Nicholas the First（1796—1855），俄国沙皇（1825—1855）。

3　法文，又一个流产了的伯爵。

4　意大利文，宪兵。

他的身边，她是老人神经错乱的时刻唯一能够容忍在他左右的人。我和弟弟，一个四岁，一个三岁，和我们的英国女家庭教师一起，也在那儿。我记得窗玻璃在欢快的轻风中格格作响，以及一滴热火漆滴在我的手指上引起的令人惊奇的疼痛。我一直在用蜡烛的火焰（我跪在石板地上，入侵的阳光使火焰变淡，成了骗人的苍白色）把熔化的火漆棒变成大红的、蓝的和古铜色的气味特别好闻的黏糊糊的小团。不一会儿我躺在地板上惨叫起来，母亲赶来搭救，坐在轮椅里的爷爷在附近某处用拐杖使劲敲打发出回声的石板地。她和他在一起的日子很艰难。他说粗话。他老是把沿英国人漫步街推他散步的护理人员误认做洛里斯——梅利科夫伯爵，一八八〇年代他在内阁的一个（早已去世）的同事。"Qui est cette femme — chassez-la!"[1] 当比利时或荷兰王后停下来问候他的健康的时候，他会用颤巍巍的手指指着她们对我母亲这样大声喊道。我依稀记得跑到他的椅子前给他看一块漂亮的鹅卵石，他慢慢地仔细看着，然后慢慢放进了嘴里。我真希望在母亲后来回忆这些岁月的时候，我有更强烈的好奇心。

他会越来越长久地陷入神志不清的状态；其中有一次他被转移到了在圣彼得堡皇宫码头他的住所里。随着他意识的逐渐恢复，母亲把他的卧室伪装成他在尼斯的卧室的样子。找到了几件类似的家具，让人专门把一些物件从尼斯急送过来，还弄

1　法文，这个女人是什么人——把她赶走！

来了所有他模糊的意识习惯了的花，种类和繁盛都恰到好处。从窗子里能够望得见的屋子的一小片外墙被刷成亮白色，这样，当他每次回复到比较清醒的状态时，就会发现自己安全地处在我母亲精巧策划出的幻觉中的里维埃拉[1]。就在那里，在一九〇四年三月二十八日，他平静地去世了，一天也不差地整整比我父亲早十八年。

他身后留下了四个儿子和五个女儿。长子是德米特里，他继承了在当时沙皇的波兰领土上的纳博科夫长子继承地产；他的第一个妻子是莉迪亚·爱德华多芙娜·法尔茨－费恩，第二个是玛丽·雷德利希；次子是谢尔盖，米滔的总督，他娶了达丽雅·尼古拉耶芙娜·图奇科夫，她是斯摩棱斯克公爵、陆军元帅库图佐夫[2]的玄孙女；下一个是我的父亲。最小的儿子是康斯坦丁，一个坚定的单身汉。女儿们是：纳塔丽娅，俄国驻海牙领事伊万·德·彼得森之妻；薇拉，运动员和土地所有者伊万·皮哈切夫的妻子；尼娜，和华沙军事总督劳施·冯·特劳本堡男爵离婚后，嫁给了日俄战争中的英雄、海军上将尼古拉·科洛梅茨耶夫；伊丽莎白嫁给了亨利·赛恩－维特根斯泰因－贝尔勒堡大公，他去世后又嫁给了她儿子们过去的家庭教师罗曼·利克曼；娜杰日达，德米特里·冯里亚利亚尔斯基的妻子，后来和他离了婚。

1　Riviera，南欧法国东南部和意大利西北部沿地中海的假日游憩胜地。

2　Mikhail Illarionovich Kutuzov（1745—1813），俄国陆军司令官，曾击退拿破仑对俄国的入侵。

康斯坦丁叔叔在外交界服务，在他事业生涯的最后阶段，他在伦敦和萨布林就二者之中谁来领导俄国使馆展开了一场激烈而失败的斗争。他的一生没有什么特别的起伏变故，但是他两次绝妙地逃脱了比在一九二七年要了他的命的伦敦一家医院的穿堂风要凶险一些的命运。一次是在莫斯科，在一九〇五年二月十七日，一个年纪较大的朋友谢尔盖大公在爆炸前半分钟提出让他搭自己的马车走，我叔叔说谢谢，不用了，他想步行。于是马车驶向了和恐怖分子的炸弹的致命约会。第二次是在七年以后，他又一次失约了，这回是和一个冰山，是由于碰巧退掉了泰坦尼克的船票。我们逃出了俄国后在伦敦和他有很多来往。一九一九年我们在维多利亚火车站的见面在我脑子里是一个生动的插曲：我父亲大步走到他拘谨的弟弟面前紧紧地拥抱他，而他后退着连连说："Mï v Anglii, Mï v Anglii〔我们是在英国〕。"他可爱的小公寓里满是来自印度的纪念品，如年轻的英国军官的照片等。他是《外交官的考验》（一九二一年）一书的作者，在大型公共图书馆里很容易找到这本书，他还出版了普希金的《鲍里斯·戈杜诺夫》[1]的英文本。他连同山羊胡子等等一起出现在美国自然历史博物馆正门大厅左侧的一幅朴次茅斯和约[2]签字场面的壁画上（和威特公爵、两个日本代表以及和善的西奥

---

1 *Boris Godunov*，写成于一八二五年的历史剧。

2 Treaty of Portsmouth，结束一九〇四至一九〇五年日俄战争的和约，一九〇五年九月五日在美国缅因州的基特里签订，斡旋者为美国总统西奥多·罗斯福。

多·罗斯福一起）——我和一个鳞翅昆虫学家同事第一次经过那里的时候，看到自己的姓氏用金色的斯拉夫字符书写在那儿，觉得是个特别恰当的地方——对我认出来时发出的惊呼，他的应答是："没错，没错。"

二

在圣彼得堡以南五十英里奥雷德兹地方的三个家族庄园，在图解时可以用三个相连接的圆来表示，在一条十英里长的链条中从东向西穿过卢加公路，我母亲的维拉在中间，右边是她兄弟的罗日杰斯特维诺，左边是祖母的巴托沃。连接它们的是奥雷德兹河上的几座桥，这条蜿蜒曲折、时而分叉时而环形的河流，从两侧冲刷着维拉。

这一地区还有另外两个离得较远的庄园和巴托沃有关：姑父维特根斯泰因大公的德鲁兹诺赛里在锡韦尔斯基火车站几英里之外，在我们的东北方向，距离六英里。皮哈切夫姑父的米秋西诺在南面，大约在到卢加去的路上五十英里处。我连一次都没有到那里去过，但是却经常驱车走那十多英里路到维特根斯泰因的庄园去，有一次（一九一一年八月）还到他们另一处豪华的卡曼卡庄园去过，那庄园在俄罗斯西南的波多利斯克。

巴托沃庄园在一九〇五年成为阿纳斯塔西亚·马特维耶夫娜·赖利耶夫（娘家姓埃森）的财产时载入了史册。她的儿子孔德拉季·费奥多罗维奇·赖利耶夫（一七九五——一八二六）是个小诗人、记者和著名的十二月党人，他多数夏季都在这一地区度过，为奥雷德兹河写伤感怀旧的诗歌，歌颂河上明珠阿列克谢王子的古堡。传说和推理虽很难得结合，但一经结合则很有说服力，两者似乎表明，正如我在《奥涅金》[1]的注释中更为详细地解释过的那样，人们极少了解的赖利耶夫和普希金的手枪决斗就发生在巴托沃的园林中，时间是一八二〇年五月六日到九日（旧历）之间。在从圣彼得堡到叶卡捷琳诺斯拉夫的长途旅行中，普希金的两个朋友安东·德尔维希男爵及帕维尔·雅可夫列夫在第一段行程中和他一起旅行了一小段。他们悄悄地在罗日杰斯特维诺下了卢加公路，过了桥（沉闷的马蹄声变成短暂的清脆的嘚嘚声），沿着有深深的车辙印的古道向西到巴托沃去。赖利耶夫正在宅子前面急切地等待着他们。他刚刚把怀孕已经到了最后一个月的妻子送到她在沃罗涅日的庄园里去，急于结束决斗——并且，上帝保佑，到那里和她会合。我能够在皮肤上和鼻孔里感觉到，当普希金和他的两个助手走下马车，深入到巴托沃宅子种有花草的边缘以外的仍然处于原始的黑暗之中的椴树林荫路时，迎接他们的北方春天乡村那沁人的寒意。我是这样清晰地看到那三个年轻人（他们三个人年龄加在一起等于我现在的年龄）跟在他们的主人和两个不认识的人后面，走进了园林。在那个时节，皱巴巴的小紫罗兰花刚刚钻出去年那一层厚厚的枯叶，新生的橙色尖翅粉蝶停留在颤动着的蒲公英上。有一刻，命运可能在阻止一个英勇的叛逆者走向绞刑架和使俄国失去《叶甫盖尼·奥涅金》之间动摇；但是两者都没有出现。

1　*Eugene Onegin*，完整的中文名为下文提到的《叶甫盖尼·奥涅金》，普希金所著诗体小说，写于一八二三至一八三一年间。

赖利耶夫于一八二六年在彼得保罗要塞的棱堡被处决后二十年，尼娜·亚历山德罗夫娜·希什科夫、后来成了冯·科尔夫男爵夫人的我的祖母的母亲从国家手中获得了巴托沃，一八五五年左右，我的祖父从她手上买了下来。两代由男女家庭教师培养的纳博科夫们知道，某条穿过巴托沃外面的树林的小路被称作 "Le Chemin du Pendu"——被绞死者（社会上是这样称呼赖利耶夫的，而不愿用十二月党人或起义者）最喜欢的小路：麻木不仁，但同时表现出委婉和好奇（在那个时候，绅士是不常被绞刑处死的）的态度。我能够很容易地想象出，年轻的赖利耶夫在我们树林交错的绿网中散步、看书，那是他那个时代的一种浪漫的行走方式；正如我能够同样容易地看到，这位无畏的中尉在寒冷的参政院广场和他的同志们及困惑的部队一起反抗专制统治；但是那条好孩子们期盼的长长的"大人"的散步场的名字，在整个童年时期，在我们心中始终没有和巴托沃不幸的主人的命运联系在一起：那是我的堂兄弟谢尔盖·纳博科夫，出生在巴托沃的 la Chambre du Revenant[1] 里，他想象中有一个传统的鬼魂，我和家庭教师（记不清是男是女）模糊地猜测，想必某个神秘的陌生人被发现吊在那棵有一只稀有的天蛾繁殖的山杨树上。对于当地的农民来说，赖利耶夫可能仅仅是"被绞死者"，这没有什么反常之处；但是在庄园主的家庭中，显然有一个怪诞的忌讳阻止了父母们去指

1　法语，鬼屋。

认那鬼魂，仿佛说出了名字，就可能给用来为挚爱的乡间住宅一条美丽小径命名的短语那充满魅力的模糊性注入了令人不快的音符。不过，我发现甚至连我的父亲，一个对十二月党人了解得这么多、对他们的同情比他的亲戚们要多得多的人，当我们一起在那附近散步和骑自行车的时候，就我记忆所及，竟然一次都没有提到过孔德拉季·赖利耶夫，这仍然使我感到很奇怪。我的堂兄弟让我注意这样一个事实，诗人的儿子赖利耶夫将军和沙皇亚历山大二世以及我的祖父 D·N·纳博科夫是密友，还有，on ne parle pas de corde dans la maison du pendu[1]。

从巴托沃出发，有深深的车辙印的古道（我们跟着普希金一起走过，现在重走一遍）往东两英里是罗日杰斯特维诺。就在那座主桥之前，你可以往北拐向一片开阔地，通向我们的维拉和它在路的两侧的两个园林，或者继续向东，走下一座陡峭的小山，经过一片长满了紫莓和总状花的老墓地，过桥向我舅舅家超然屹立在小山上的、有白柱子的宅子而去。

在圣彼得堡以南约五十英里、皇村（现为普希金）区卢加公路（亦称华沙公路）上的罗日杰斯特维诺，是一个有着同名的大村庄、大片的土地和高耸在奥雷德兹河上的大宅子的庄园，在十八世纪前通常被称作库罗维兹领地，在老科珀斯克区。一七一五年前后，这里是那个天字第一号的暴君彼得大帝一世的不幸的儿子阿列克谢王子的财产。一个秘密楼梯的

1　法语，在被绞死人的屋子里不提绳。

一部分，还有我记不起来的别的什么东西被保存在建筑物的新躯体里。我摸过那楼梯扶手，并且看见过（或者是在上面踩踏过？）另一个记不起来的东西的细节。王子从那个宫殿出发，沿着通向波兰和奥地利的那条大路出逃，结果被沙皇的代理人彼得·安德烈耶维奇·托尔斯泰伯爵——他一度曾任驻君士坦丁堡大使，他在那儿为他的主人弄到了那个非洲的小黑人，他的曾孙就是普希金——把他从那不勒斯这么远的南方诱回到父亲的令他痛苦的宅子中。罗日杰斯特维诺，我相信，后来归了亚历山大一世[1]的一位亲信，庄园的宅子在我外祖父于一八八〇年前后得到这块领地后，为了他的长子弗拉基米尔曾经部分重建过，几年后，弗拉基米尔在十六岁时死去。他的弟弟瓦西里在一九〇一年继承了罗日杰斯特维诺，在他剩余的十五年生命中，他在那里度过了十个夏季。我特别记得那个地方的阴凉和回声响亮的特点，大厅方格图案的石板地，架子上十只瓷制猫，一具大理石棺和一架管风琴，天窗和上层柱廊，神秘的房间中色彩缤纷的黄昏，以及无处不在的康乃馨和基督受难钉死在十字架上的画像。

---

1 Alexander the First（1777—1825），俄国皇帝，一八〇一至一八二五年在位。

三

　　卡尔·海因里希·格劳恩年轻的时候有着出色的男高音歌喉，一个晚上，他必须演唱布伦瑞克[1]的附属教堂唱诗班指挥舒尔曼所写的歌剧，但他对其中一些曲调极为厌恶，于是就用自己创作的曲调来代替。在这里，我感觉到了令人高兴的血缘关系的震撼；然而我更喜欢另外两个先辈，一个是已经提到过的那个年轻的探险家，还有就是那位伟大的病理学家，我母亲的外祖父尼古拉·伊拉里奥诺维奇·科兹洛夫（一八一四——一八八九），他是俄国皇家医学院的第一任院长，诸如下列论文的作者：《论疾病观念的发展》、《论精神病患者颈孔的封闭》等。在这儿，我不如也顺便提一下自己的科学论文，特别是我最中意的三篇："Notes on Neotropical Plebejinae"（《心理》，第五十二卷，一九四五年第 1—2 及 3—4 期）、"A New species of Cyclargus Nabokov"（《昆虫学家》，一九四八年十二月）和 "The Nearctic Members of the Genus Lycaeides Hübner"（《比较动物学博物馆学报》，哈佛学院，一九四九年），在那年以后，我感到体力上不再可能把科学研究和讲课、纯文学写作及《洛丽塔》（因为她即将诞生———一场痛苦的分娩，一个难对付的婴儿）结合起来了。

1　Brunswick，德国城市。

卢卡维什尼科夫家的纹章不像纳博科夫家的那么张扬，也不那么传统。那只盾是一个 domna（原始的鼓风炉）的格式化了的变体，无疑是暗指熔炼我的充满冒险精神的先辈们发现的乌拉尔的矿石。我想要强调，这些卢卡维什尼科夫们——西伯利亚的开拓者、金矿的勘探者和采矿工程师们——和同样富有的莫斯科的同姓商人之间没有亲缘关系，不同于有些传记作者们草率的想当然的猜测。我的卢卡维什尼科夫们属于（自十八世纪以来）喀山省的拥有土地的乡绅阶层。他们的矿山坐落在乌拉尔山脉西伯利亚一侧的彼尔姆省，下塔吉尔斯克附近的阿洛帕耶夫斯克。我父亲曾两次乘坐以前的西伯利亚快车到那里去过，这是北欧快车家族中的一趟漂亮的列车，我曾打算不久后要乘坐，虽然这是一次昆虫学而不是矿物学的旅行；但是革命阻碍了这一计划。

　　我的母亲叶连娜·伊万诺夫娜（一八七六年八月二十九日——一九三九年五月二日）是地主、治安法官和慈善家、百万富翁实业家之子伊万·瓦西里耶维奇·卢卡维什尼科夫（一八四一——一九〇一）和科兹洛夫医生的女儿奥尔加·尼古拉耶夫娜（一八四五——一九〇一）的女儿。母亲的双亲在同一年先后死于癌症，父亲三月去世，母亲六月去世。她的七个兄弟姐妹中，五个幼年夭折，两个哥哥中，弗拉基米尔于一八八〇年代十六岁时死在达沃斯[1]，瓦西里一九一六年在巴黎去世。

1　Davos，瑞士一城市。

伊万·卢卡维什尼科夫脾气极坏，我母亲非常怕他。我童年时对他的所有了解仅限于他的画像（他的胡子，脖子上挂着的标志地方治安法官公职的项链），以及标志他的主要嗜好的野鸭诱子和驼鹿头之类的东西。他猎获的两只特别巨大的熊，前爪可怕地高抬着，直立在我们乡村别墅的用铁围栏围起来的前厅里。每年夏天，我用够到它们极具吸引力的爪子的能力来测量自己的身高——先是靠下面的前肢的爪子，然后是上面的。一旦你的手指（习惯了触摸活狗或玩具动物）陷进它们棕色的粗糙的毛里，就会发现它们的肚子原来硬得令人失望。时不时地它们还被搬到花园的一角，彻底地拍打晾晒一番，而从园子方向走过来的可怜的女士，在看到两个野兽在摇曳的树荫下等着她的时候，就会发出一声惊叫。我父亲对打猎根本不感兴趣，在这方面和他的兄弟谢尔盖很不一样，谢尔盖是个狂热的爱好运动的人，从一九〇八年开始就做了沙皇陛下的猎狐犬掌管人。

母亲较为快乐的少女时代的回忆之一是在一个夏天和她的姨妈普拉斯科维亚一同去克里米亚旅行，她祖父在那里的费奥多西亚附近有一所庄园。她和她姨妈、祖父及另外一个老先生——著名的海景画家艾瓦佐夫斯基——一起散步，她记得画家说（无疑他这样说过很多次），在一八三六年圣彼得堡的一次画展上，他见到了普希金，"一个丑陋的矮个子，带着一个高大端庄的妻子"。那已经是半个多世纪以前了，那时艾瓦佐夫斯基是个学美术的学生，离普希金去世不到一年的时间。她还记得大自然从自己的调色板中抹下的一笔——一只小鸟在画家的灰色高顶大礼帽上留下的白色痕迹。走在她身边的普拉斯科维亚姨妈是她母亲的姐姐，嫁给了著名的梅毒病专家V·M·塔尔诺夫斯基（一八三九——一九〇六），她本人也是个医生，发表过精神病学、人类学和社会福利方面的著作。一天晚上，在费奥多西亚附近艾瓦佐夫斯基的别墅里，普拉斯科维亚姨妈在晚餐时遇见了二十八岁的安东·契诃夫医生，在有关医学的谈话中不知怎的冒犯了他。她是一位非常有知识、非常和蔼、非常优雅的女士，很难想象她究竟如何激怒了契诃夫，使他竟然在一八八八年八月三日写给他姐妹的一封后来发表出来的信里，粗野得令人难以置信地发作了一通。普拉斯科维亚姨妈，或者如我们所叫的帕莎姨妈，常常到维拉来看我们。她和我们打招呼的方式很让人着迷：随着一声响亮的"Bonjour, les enfants！"[1]昂首阔步地走进儿童室。她于一九一〇年去世。母亲守在她病榻旁，帕莎姨妈的临终遗言是："这很有意思。现在我明白了。一切都是水，vsyo-voda[2]。"

母亲的哥哥瓦西里在外交界服务，然而他没有康斯坦丁叔叔那么看重这一点。对于瓦西里·伊万诺维奇来说，这不是一个事业，而是一个多少还能够接受的环境。他的法国和意大利朋友无法读出他长长的俄国姓氏，将它简化成"卢卡"（重音在最后一个音节上），这比他的教名对他更适合。在我

---

1 法语，"你们好，孩子们"。
2 用拉丁字母转写的俄语，全都是水。

童年时代，卢卡舅舅似乎属于一个由玩具、色彩鲜艳的图画书和结满了亮光光的黑色果子的樱桃树构成的世界：他的庄园和我们的庄园仅隔着一条弯曲的河流，他在自己庄园一角的整片果园上盖起了玻璃房。在夏天，几乎每天午饭的时候都可以看见他的马车在桥上驶过，然后沿着小冷杉树构成的树篱快速向我们的宅子驶来。我八九岁的时候，吃完午饭后他总是把我抱在膝头（两个年轻的男仆在空空的餐厅里收拾桌子的时候）爱抚我，一面发出低低的哼唱声和动听的表示亲热的话语。仆人在场，使我为舅舅感到不好意思，当父亲从阳台上对他说"Basile, on vous attend"[1]时，才松下一口气来。有一次我去火车站接他（那时我想必是十一二岁了），我看着他从长长的国际列车的卧铺车厢下来的时候，他看了我一眼，说："你变得又黄又平常了 [jaune et laid]，我可怜的孩子。"在我第十五个命名日的那天，他把我拉到一边，用他那简慢、精确而又有点老式的法语通知我，他将我定为他的继承人。"现在你可以走了，"他补充道，"l'audience est finie. Je n'ai plus rien à vous dire."[2]

我记忆中他是个瘦削匀称的小个子，肤色微黑，有闪着赭色斑点的灰绿色的眼睛、浓密的黑色八字胡，以及系住他领带结的蛋白石和黄金蛇形环上方显眼地上下移动的喉结。他的戒指和袖扣也是蛋白石的。一条小金链围在他瘦弱的汗

1　法语，"瓦西里，有人等你"。
2　法语，"接见结束。我没有什么要对你说了"。

毛很重的手腕上，在他的鸽灰色、鼠灰色或银灰色的夏装的扣眼里通常插着一朵康乃馨。只有在夏天我才见到他。在罗日杰斯特维诺短暂地逗留后，他会回到法国或意大利，回到他在波城[1]的城堡去（叫佩皮纳），回到他罗马附近的别墅去（叫塔玛林多），或者去他热爱的埃及，他从那里给我寄来美术明信片（棕榈树及其倒影、日落、手放在膝头的法老们），他潦草粗重的笔迹横跨在上面。然后，又在六月，当芬芳的cheryomuha（旧时代的稠李总状花，或就叫"总状花"，正如我在有关《奥涅金》的作品中给它取的名字）像泡沫一样盛开的时候，他的私人旗帜就会升起在他美丽的罗日杰斯特维诺宅子上空。他旅行时随身携带六只巨大的箱子，买通了北欧快车在我们这个乡村小站特别停靠，在他承诺送我一件绝妙的礼物之后，两只穿着高跟的白色鞋子的脚就会迈着小碎步，神秘兮兮地把我带到最近的一棵树旁，轻巧地摘下一片叶子给我，一面说："Pour mon neveu, la chose la plus belle au monde—une feuille verte."[2]

或者他会郑重地从美国给我带来《狡猾的爷爷》系列丛书和《巴斯特·布朗》———一个穿一套发红的套装的被遗忘了的男孩：如果你仔细看的话，就能看出那颜色其实是一大堆密密的小红点。每一个事件都是以巴斯特的屁股挨一顿大打结束，打他的是他的细蜂腰但大力气的妈妈，她用拖鞋、头发刷子、

---

1 Pau，法国城市。

2 法语，"送给我的外甥世界上最美丽的东西———一片绿叶"。

不结实的伞、随便什么东西——甚至一个肯帮忙的警察的大头棒——从巴斯特裤子的后臀部打出团团灰尘。由于我从来没有被打过屁股，那些图画给予我的是陌生的异国酷刑的印象，和，比方说，在一本梅恩·里德的书的卷首插图中所表现的，把一个双眼凸出的可怜虫埋在沙漠滚烫的沙子里，直埋到下巴的做法没有什么两样。

四

　　卢卡舅舅似乎过着一种闲散而杂乱得奇怪的生活。他的外交生涯是最让人摸不着头脑的那种。然而他很自豪，自己是破译他懂得的五种语言中任何一种的密码信息的专家。有一天我们考了他一番，眨眼的工夫，他把下面这个数字系列"5.13 24.11 13.16 9.13.5 5.13 24.11"破译出是莎士比亚一段著名的独白的开头。

　　他穿着粉红上衣，在英国或意大利骑马驱狗打猎；穿着毛皮大衣企图从圣彼得堡开车到波城去；披着一件夜礼服斗篷，差点在巴约讷[1]附近海滩上的一次飞机失事中丧生。（当我问他那架摔碎了的邻人号的飞行员情况如何的时候，卢卡舅舅想了一下，然后以完全肯定的口吻说："Il sanglotait assis sur un rocher."[2]）他唱威尼斯船夫曲和流行歌曲（"Ils se regardent tous deux, en se mangeant des yeux ..." "Elle est morte en Février, pauvre Colinette! ..." "Le soleil rayonnait encore, j'ai voulu revoir les grands bois ..."[3] 以及其他十几首歌）。他自己也作曲，是甜美的行云流

1　Bayonne，法国城市。

2　法语，"他坐在一块石头上哭"。

3　法语，"他们二人互相对望，互相凝视……" "她在二月死去，可怜的科丽奈特！……" "太阳再度照耀，我将又见那些大树……"

水般的那种，还写法语诗歌，奇怪的是能够和英语或俄语的抑扬格的诗句一样按韵节吟诵，并具有高傲地无视不发音的 e 的安适与否的特点。他精于扑克牌戏。

由于口吃，以及发唇音有困难，他把马车夫彼得的名字改成了列夫；我父亲（他对舅舅总是有点严厉）指责他具有奴隶主的心态。此外，他说的话是法语、英语和意大利语的严谨结合，他说这三种语言要比他说本国话流利得多。当他回到俄语的时候，总会误用或混淆某个非常地道或者普通的民间习语，比如在饭桌上他会突然叹口气说（因为总有什么事情出了毛病——枯草热发作啦，死了一只孔雀啦，失去了一条狼狗啦）："Je suis triste et seul comme une bylinka v pole［悲伤、孤独得和'田野里的一片草叶'一样］。"

他坚持说他患有无法治愈的心脏病，每当病发作的时候，只能仰卧在地板上才能得到缓解。谁也没有认真对待他的话，当他在一九一六年末四十五岁的时候独自在巴黎真的死于心绞痛以后，人们怀着特殊的悲痛回想起晚餐后客厅里的那些事件——毫无防备的仆人端着土耳其咖啡走进来，父亲看了母亲一眼（带着无可奈何的嘲弄神情），而后（带着不满）看了一眼伸开四肢躺在仆人要走过的路上的内兄，然后（带着好奇）看一眼端在似乎很镇静的仆人戴着棉纱手套的手里的托盘上仍在古怪地颤动着的咖啡器皿。

至于他短暂的一生中困扰他的其他更为古怪的折磨，他从宗教中寻求解脱——如果我对这些事情的理解是正确的——先是某些俄国教派，最终是在罗马天主教中。他的这种神经质应该是伴随天才而来的有着丰富多彩的特性的那种，但是他的情况却并非如此，因此出现了对一个移动着的幻影的寻求。他年轻的时候，他的父亲，一个老派的乡绅（猎熊，有私家剧院，有大量糟粕中几幅十八世纪前绘画大师的作品），非常厌恶他，据说他控制不住的坏脾气对儿子的生命一直是个威胁。后来我的母亲对我讲了她幼年时代在维拉时全家的紧张气氛，讲到在伊万·瓦西里耶维奇的书房里发生的残暴景象，那是一间阴暗的角房，面向一口在五棵剑杆杨下面装有生了锈的提水机的老井。除了我，没有别人使用那个房间。我在黑色的架子上放书和陈列板，后来又劝说母亲把那里的一些家具搬到靠花园那边我自己的充满阳光的小书房里，一天早晨，那张巨大的废弃不用的黑皮面书桌摇摇晃晃地进入了那小书房，上面只有一把巨大的裁纸弯刀，以及用黄色猛犸象牙雕成的真正的东方短弯刀。

　　卢卡舅舅在一九一六年末去世的时候，留给了我相当于今天两百万美元的金钱和他的乡间庄园，里面有坐落在陡峭的绿色小山上的有着白色柱子的宅子，两千英亩天然林和泥炭沼。有人告诉我，在一九四〇年的时候宅子仍然孤傲地耸立在那里，被收归国有了，对任何一位可能沿着圣彼得堡—卢加公路——公路穿过罗日杰斯特维诺村，跨过分叉的河流——前行的观光旅行者，它都是具有博物馆意义的建筑。由于漂浮着的岛屿般的片片睡莲和锦缎般的水藻，美丽的奥雷德兹河在这一段有一种欢乐的节日气氛。顺着蜿蜒曲折的河流往下，在灰沙燕从陡峭的红色河岸上的洞穴中突然飞出来的地方，河面上布满了巨大而浪漫的冷杉树的浓重的倒影（我们维拉庄园的边缘）；再往下，一座水磨房永无止息的喧嚣的流水给了观光者（他的胳膊肘放在扶手上）不断后退的感觉，仿佛这是岁月号航船本身的船尾一般。

五

下面的一段不是为一般读者所写，而是为某一位白痴所写，他由于在某次危机中失去了大量钱财，就认为自己能够理解我。

我和苏维埃专政的旧怨（一九一七年以来）全然和任何财产问题无关。我彻头彻尾地蔑视那些因为他们"窃取"了自己的金钱和土地而"仇恨赤色分子"的流亡者们。在所有这些年里，我心中怀藏的对过去的思念是对失去了的童年的一种极度复杂的感情，而不是对失去了钞票的悲伤。

最后，我为自己保留了向往适合的生态一隅的权利：

……在我的美利坚的

天空下怀念

俄罗斯的那独一无二的地方。

现在一般的读者可以继续读下去了。

六

　　我快十八岁了，然后就超过十八岁了；大多数的闲暇时间被谈恋爱和写诗占据了；我对物质上的问题很淡漠，而且，反正，在我们富有的家庭背景之下，没有什么财产的继承会显得特别引人注目；然而，在越过一目了然的深渊回顾往事的时候，我发现自己总怀着一种怪异的、有点令人不快的感觉回想到在拥有那份个人财富后短短的一年中，自己过于浸沉在青春时代——其最初的、非同寻常的热情迅速消失的青春时代——的寻常的乐事之中，既没有从遗产中获得任何特殊的快乐，在布尔什维克革命一夜之间将它废除时也没有感到任何恼怒。这个回忆给了我对卢卡舅舅忘恩负义的感觉；感到自己也和即便是喜欢他的人一样，对他采取了那种普遍的面带微笑的居高临下的态度。我怀着最大的反感，迫使自己回忆我的瑞士家庭教师诺耶尔先生（在其他方面是个非常和蔼的人）对我舅舅创作的最好的歌曲，一首浪漫曲——歌词和乐谱都由他创作——的讽刺性评论。有一天，他站在波城自己的城堡的露台上，露台下面是琥珀色的葡萄园，远处是蒙上了一层紫色的山峦；当时他正遭受着气喘、心悸、颤抖、普鲁斯特式的感官剧创的折磨，仿佛在秋色（用他自己的话来形容，就是"chapelle ardente de feuilles aux tons violents"[1])、在来自山谷的遥远的声音、在飞翔的鸽群将温柔的天空划出道道条纹的强烈震撼中 se débattant[2]，创作了这首单翼浪漫曲（唯一记住了曲子和全部歌词的人是我弟弟谢尔盖，舅舅几乎从来没有注意过他，他也口吃，现在也已经去世了）。

"L'air transparent fait monter de la plaine ..."[3] 他常常会坐在我们乡村别墅的白色钢琴前用响亮的男高音唱着——如果那一刻我在回家吃午饭的路上，正匆匆穿过旁边的小树林（在看见他的漂亮的草帽和他那穿着黑色天鹅绒衣服的、英俊的马车夫的上半身那亚述人般的侧影、张开穿着猩红衣袖的双臂、沿着将园子和车道隔开的树篱的边缘疾驶之后不久），就会听见那忧伤的声音

Un vol de tourterelles strie le ciel tendre,

Les chrysanthèmes se parent pour la Toussaint[4]

传到我手拿绿色的捕蝶网站立的阴凉、颤动的小径上，小径的尽头可以看见一片略带红色的沙地的远景，以及我们新近油漆成枞树嫩球果色的房子的一角，客厅的窗子开着，伤痛的音乐声就是从那里传出来的。

---

1 法语，"在色彩浓烈的树叶中的点燃着蜡烛的停尸堂"。

2 法语，挣扎。

3 法语，"清澈的空气从原野上升起……"。

4 法语，斑鸠飞过划破温柔的天空／菊花盛开着迎接万圣节。

七

　　生动地追忆往昔生活的残留片段似乎是我毕生怀着最大的热情来从事的一件事，而且我有理由相信，这一回顾能力几近病态的强烈是具有遗传特征的。在树林里的某个地方，一座跨越棕色溪流的人行小桥边，父亲会虔诚地停下脚步，回忆在一八八三年八月十七日，他的德国家庭教师在那儿为他网住的那只珍稀的蝴蝶。三十年前的一幕会再度重现。他和他的兄弟们看见那思慕已久的蝴蝶停留在一块木头上，激动得不能自已，突然停了下来；它上下移动，仿佛在警觉地呼吸，四片樱红色的翅膀上各有一个孔雀尾羽上那种眼状斑。在紧张的沉寂中，他不敢自己下手，把网交给了正在摸索着找网的罗格先生，后者的眼睛一直紧盯着那只绝美的蝴蝶。四分之一个世纪以后，我的陈列柜里继承下了那个标本。还有一个感人的细节：由于过早地、过于急切地把蝴蝶从标本板上取下，它的翅膀"拱翘"了起来。

　　在一九〇四年夏天我们和伊万·德·彼得森姑父家一起在亚得里亚海滨租住的别墅里（别墅的名字不是"海神"就是"太阳神"——我仍能在阿巴集亚的老照片里认出它那有雉堞的、奶白色的塔楼），我当时五岁，午饭后在自己的小床上出神，常常翻身俯卧在那里，小心翼翼地、充满爱意地、无望地、以在艺术上极为细致的方式，用食指在枕头上画一直通到我们维拉宅门前的马车道，右边的石台阶，左边的有雕刻图案装饰的长椅背，在忍冬树丛后伸出的两旁长着小椒树的小径，在车道泛红色的尘土中闪闪发亮的一只新脱落的马蹄铁，一件值得收藏的东西（比我过去在海滩上发现的那些生锈的东西要大得多也亮得多），而这种精细的程度是很难和构成这难以解释的对思念中"家"（从一九○三年九月以后就没有再见到过）的形象的那些少得可怜的岁月协调的。对这个回忆的回忆是六十年以后的事了，但是远没有前者那样非同寻常。

有一次，在一九○八或一九○九年，卢卡舅舅在我们家偶然看到了几本法国儿童读物，专心致志地读了起来；他发现了童年时代喜爱的一段，发出了狂喜的轻叹，这一段的开头是："Sophie n'était pas jolie ……"[1] 许多年以后，当我偶然在一个幼儿园里重新发现了那同样的 "Bibliothèque Rose"[2] 丛书的时候，也发出了一模一样的轻叹，书里面讲的是在法国过得和我的家人在俄国过的那种理想化了的 vie de château[3] 一样的男孩和女孩们的故事。现在看来，故事本身（所有那些 *Les Malheurs de Sophie, Les Petites Filles Modèles, Les Vacances*[4]）都是矫揉造作和庸俗的大杂烩；但是多愁善感、自鸣得意的娘家姓罗斯托普钦的

---

1 法文，索菲不开心……

2 法文，玫瑰文库。

3 法文，城堡生活。

4 法文，《索菲的不幸》、《模范小姑娘》、《假期》。

德·塞居尔夫人在写这些作品的时候，把她在早于我的童年整整一个世纪的俄国的童年生活的真实环境法国化了。我自己的情况是，当我再度读到索菲的烦恼时——她眉毛太稀又爱吃浓奶油——我不仅经历了舅舅经历过的同样的痛苦和欢乐，而且还得对付一个额外的负担——我关于他的回忆，在那些书的帮助下，重温他的童年。我再度看见了我在维拉上课的房间，墙纸上的蓝色玫瑰，开着的窗子。皮沙发上方的椭圆形镜子里满是窗子反射出来的映像，舅舅正坐在沙发上贪婪地读着一本破旧的书。渗透在我的记忆中的是一种安全、安乐和夏季的温暖的感觉。那个鲜活的现实变成了今天的幽灵。镜子里满溢着光明；一只大黄蜂飞进了房间，撞在天花板上。一切都应该如此，什么都不会改变，永远也不会有人死去。

作者祖父德米特里·尼古拉耶维奇·纳博科夫（一八二七——一九〇四），司法部长（一八七八——八八五）。

作者祖母玛丽亚·冯·科尔夫女男爵（一八四二——一九二六），摄于一八五〇年代末。

第四章

一

　　我所属于的那类俄国家庭——现在已经灭绝了的一类——除了其他的优点之外，还有着对盎格鲁—撒克逊文明的舒适产品的传统偏爱。皮尔斯牌肥皂，干的时候像沥青那么黑，用湿手指拿着对着亮光，就像黄水晶一样，是早晨洗澡时用的。英国的折叠式浴盆，在拉出它的橡胶出水口后，盆里满是泡沫的水倾入污水桶，因而越来越轻的时候，实在是令人感到愉快。"我们无法改进乳膏，因此我们改进了软管。"英国的牙膏这样说。早餐时，从伦敦进口的金黄糖浆，会一圈圈闪亮地缠绕在转动的勺子上，足够的糖浆从勺子上滑到俄国的黄油面包上面。各种各样雅致醇美的东西从涅夫斯基大道的英国商店里源源不断地来到：水果蛋糕，嗅盐，纸牌，拼图玩具，条纹便装上衣，白如滑石的网球。

　　我还没有读俄文之前就已经学会读英文了。我最早的英国朋友是语法书里的四个单纯的家伙——本、丹、山姆和内德[1]。我对他们的身份和行踪曾经存在着过分的关心——"本是谁？""他是丹。""山姆在睡觉。"等等。尽管始终都相当不自然和琐碎（编写的人受到局限，必须使用——至少

1　原文为 Ben，Dan，Sam 以及 Ned。

在开始阶段的课程中——不超过三个字母的单词），我的想象不知怎的还是设法获得了必要的资料。这些人是面色苍白，四肢长大，一声不响的笨蛋，因拥有某些工具而骄傲（"本有一把斧子"），现在他们以慢动作无精打采地在记忆最偏远的背景下走过；而且，和配眼镜技师的视力表中异想天开的字母表那样，语法书里的文字再一次隐现在我眼前。

上课的房间里弥漫着阳光。在一个凝结着水珠的玻璃瓶里，几条带刺的毛毛虫正在吃荨麻叶（并拉出有趣的、小桶状的橄榄绿色的虫屎）。盖在圆桌子上的油布散发着胶水的气味。克莱顿小姐散发着克莱顿小姐的气味。室外温度计里的血红色酒精令人难以相信地、值得称道地在阴凉处已经升到了列氏二十四度（华氏八十六度）。透过窗子，可以看到包着头巾的农家姑娘趴在花园小径上除草，或轻轻地耙松阳光斑驳的沙土。（她们为国家去扫大街和挖沟渠的幸福日子还远在天边。）青翠的绿叶中，金黄鹂发出它们四个华丽的乐音：迪-得-迪-啊！

内德颇像园丁的下手伊万（他在一九一八年成了地方苏维埃的一员），缓慢而费力地走过窗口。在书里的后面几页出现了较长的字；在那本棕色的墨迹斑斑的书的最后，以成年人的句子展现出了一个合乎情理的故事（"有一天，特德对安说：让我们……"），这是小读者的最终胜利和奖赏。想到有朝一日我也可能达到这样的熟练程度，我感到激动不已。这魅力一直保持下来，每当我见到一本语法书，就会立刻翻到最后一页，去享受被禁止看的一眼，看一看辛勤学子的未来，看一看那期望中的乐土，在那儿，词语终于用来表达它们要表达的意思了。

二

　　夏季的 soomerki——可爱的俄语词，意思是黄昏。时间：
这个不受欢迎的世纪的头十年中昏暗的一点。地点：纬度，从
你们的赤道起是北纬五十九度；经度，从我在写字的手起是
东经一百度。天还要过好几个小时才会黑，一切——天空、高
高的花朵、静止的水面——将会保留在永恒的黄昏的悬想状态
之中，远处草场上母牛忧伤的哞叫声，或某只小鸟更为感人的
啼叫声只是加深而不能消除它；这是从河流下游以外传来的鸟
声，那儿有大片雾蒙蒙的蓝色泥炭藓沼泽，由于其神秘和遥
远，卢卡维什尼科夫家的孩子们给它取名为亚美利加。

　　在上床睡觉之前，母亲常常在我们乡村别墅的客厅里给我
读英语故事。当她念到特别富于戏剧性的一段，主人公马上就
要遇到某种陌生的、也许还是致命的危险的时候，声音会慢下
来，字和字之间会不祥地间隔开来，在翻过一页书之前，她会
把戴着那枚熟悉的镶嵌着鸽血红宝石和钻石的戒指的手放在上
面（在钻石清澈透明的琢面里，如果我是个更好的能够凝视水
晶预测未来的人的话，很可能会看见一个房间、人、灯、雨中
的树——整个一段将要由那枚戒指来支付的流亡生活）。

　　那里面有骑士的故事，少女在岩洞里为他们清洗可怕但奇
妙地未被感染的伤口。从一座大风侵袭的山崖顶上，一个头发

飞舞的中世纪少女和穿紧身裤的青年凝视着圆圆的蒙受天恩小岛。在《误解》中，汉弗莱的命运常给人喉头带来特殊的咽哽，甚于狄更斯和都德[1]（咽哽的伟大设计者）的任何作品。而一个置体面于不顾的寓言故事《在蓝色的高山之外》讲的是两对小旅行者——善良的红花草和黄花九轮草及恶劣的毛茛和雏菊——其中包含了足够的令人兴奋的细节，能够使人忘记故事的"寓意"。

还有那些又大又平整的、光亮的图画书。我特别喜欢那穿着蓝上衣红裤子的黑脸玩偶高利沃，他的眼睛是用内衣纽扣做的，还有他只有区区五个木头玩偶构成的女眷。其中两个通过非法手段用美国国旗给自己裁制了连衣裙（佩格取用了具有母性特点的条纹部分，莎拉·简取用了漂亮的有星星的部分），一旦给自己中性的关节穿上了衣服，她们就具有了某种温柔的女性气质。双胞胎（梅格和韦格）和小矮人依旧一丝不挂，而其结果是没有性别。

我们看到他们深夜偷偷出门打雪仗，直到远处的钟声（"但是听吧！"押韵的正文说明道）打发他们回到儿童室的玩具盒中。一个无礼的、一揭盖就跳起来的玩偶蹿了出来，吓着了我那可爱的莎拉，而我非常讨厌那个画面，因为它使我想起了那些儿童聚会，聚会上这个或那个令我着迷的优雅的小姑娘偶然夹痛了手指或弄伤了膝盖以后，马上就会涨成一个脸色发

---

1 Alphonse Daudet（1840—1897），法国小说家，代表作有长篇小说《小东西》、短篇小说《最后一课》等。

紫的小妖怪，只看得见皱纹和号啕着的大嘴。另外有一次，他们骑自行车出游，被吃人生番抓住了；我们毫无提防的旅行者们正在棕榈树环绕的池塘边喝水解渴的时候，突然响起了手鼓声。回顾往昔时，我再一次欣赏着那严酷的画面：高利沃仍然跪在池塘边，但是已经不再喝水；他的头发竖立，脸上正常的黑色变得带上了一层古怪的灰白色。还有他们在汽车上的那本书（永远是我最宠爱的莎拉·简惹人注目地戴了一条长长的绿色面纱），有着同样的结局——T 形拐杖和裹着绷带的脑袋。

对了，还有——飞艇。做飞艇用去了一码又一码的黄色丝绸，还外加一个小小的气球，专门提供给幸运的小矮人使用。在飞艇达到的无可估量的高度上，飞艇上的乘客们依偎着挤在一起取暖，而那个迷失了的小小单飞者，虽然处境困难，却仍然是我强烈羡慕的对象，飘进了一个冰霜和星星的深渊——孑然一身。

三

接着我跟随母亲穿过广阔的大厅去睡觉，在大厅中间的楼梯不断向上延伸，在楼梯的上平台和黄昏淡绿色的天空之间只有温室般的玻璃窗。你会落在后面，在大厅光滑的石头地板上拖着脚步，打个出溜，使得在你腰间的那只温柔的手溺爱地推着你不情愿的躯体前进。在到楼梯跟前的时候，我的习惯是扭动身子，从楼梯头的柱子和第一根栏杆柱之间的扶手下面钻到梯级上。随着每一个新夏季的到来，钻的过程变得越来越困难；现在，就连我的幽灵都会被卡住的。

仪式的另一部分是闭着眼睛往上走。"迈步，迈步，迈步，"当母亲领着我上楼的时候传来了她的声音——果然，下一个梯级的表面就会承接那眼睛看不见的孩子的自信的脚；你只需要把脚抬得比平时稍高一点，避免脚指头磕在梯级的竖板上就行了。这种在自我制造的黑暗中缓慢的、有那么点像梦游的攀登有着明显的乐趣。其中最强烈的就是不知道什么时候最后一级会到来。在楼梯顶，你的脚会依照让人上当的"迈步"的喊声自动抬起来，然后，随着片刻剧烈的惊恐感，随着肌肉猛烈收缩，落入幻觉的梯级，上面仿佛垫着因其本身的不存在而具有无限弹力的东西。

令人吃惊的是，为了拖延上床我是多么有办法。确实，整个上楼这件事现在揭示出了某些超验价值。然而，实际上，我只不过是通过把每一秒钟尽可能地延长来争取时间而已。母亲把我交给克莱顿小姐或法国女家庭教师，由她们给我脱衣服的时候，这种情况仍会继续下去。

在我们的乡村别墅里有五个洗澡间，以及各种各样老古董般的盥洗盆（每当我哭过以后总会去找其中在黑暗角落里的一个，踩在生锈的踏板上，好使我羞于让人看见的肿胀的脸感受到它摸索着喷涌出来的水的具有疗效性的轻抚）。固定的洗澡时间是在晚上。早上洗澡则用英国的圆橡胶澡盆。我的那个直径大约四英尺，盆边高及膝盖。系着围裙的用人把一大壶水小心地倒在蹲在里面的小孩的满是肥皂泡的背上。水的温度根据相继而来的老师们的水疗观点改变。在青春期开端之时有过那寒冷刺骨的一段，我们当时的家庭教师恰巧是个医科学生，他下令要用大量冰冷的水猛冲我们。另一方面，晚上洗澡水的温度总是保持在舒适的列氏二十八度（华氏九十五度），是一个体贴的大温度计量出来的，它的木头套子（手把上的小眼里拴着一小根湿线）使它能够和赛璐珞金鱼及小天鹅共享漂浮的乐趣。

马桶间和洗澡间是分开的，其中最老的是个相当奢华但阴暗的物件，有精细的镶板和红丝绒的带流苏的拉绳，一拉就会产生非常柔和、谨慎地闷低了的咕噜声和抽吸声。从房子的那个角落，你可以看得见金星，听得见夜莺，后来就是在那里，我创作了自己早期的诗篇，献给没有拥抱过的美人，并且在一面光照暗淡的镜子里，阴郁地审视在陌生的西班牙瞬息间蠢立起一座奇异的城堡。然而，在我还是一个幼小的孩子时，给我的安排要朴素得多，很随便地放在一个大柳条篮子和通向儿童室浴室的门之间的一个狭窄的凹处。我喜欢让这扇门半开着；通过它我困倦地看着红木浴缸上方闪烁的水蒸气，看着幻想中的由天鹅和小帆船构成的小舰队，看着我自己拿着一把竖琴在其中一条船上，看着一个毛茸茸的蛾子砰砰地撞击着煤油灯的反光罩，看着另一头的彩色玻璃窗、它的由彩色长方块构成的两个持戟兵。从温暖的座位上俯下身子，我喜欢把额头的中间，确切地说是眉心，贴在门的光滑舒适的侧边上，然后稍稍转动我的头，这样门就会来回移动，而门的侧边会一直令人快意地和我的额头保持着接触。梦一般的节奏会弥漫我的全身心。不久前的"迈步，迈步，迈步"的声音就会由一个滴水的水龙头继续下去。有效地把节奏模式和有节奏的声音结合起来，我就会理清漆布上迷宫般的回纹装饰，在一道裂纹或阴影为眼睛提供了一个 point de repère[1] 时，我会找到一张张人脸。我呼吁父母们：永远、永远不要对一个孩子说"快点"。

我模模糊糊的航行途中的最后一个阶段会在我到达我小岛似的床时到来。在游廊或客厅里，在没有我的情况下，生活在继续着。母亲会从那儿上楼来，慈爱地低声吻祝我晚安。关上了的内百叶窗，一支点燃了的蜡烛，和蔼的基督，温顺而平

1　法语，参照点。

和，喃喃低语的小孩子，孩子跪在不久即将吞没他嗡嗡作响的脑袋的枕头上。英语的祈祷文和表现了一个晒得黑黑的希腊天主教圣徒的那小小的雕像形成了一种天真的联想，回想起来我感到很愉快；在雕像上方墙的高处，在什么东西（是在床和门之间的那个竹帘子吗？）的影子在温暖的烛光下波动的地方，挂着一幅放在镜框里的透明水彩画，画着一条昏暗的小路蜿蜒穿过茂密得令人感到神秘怪异的欧洲山毛榉林，那儿唯一的林下植物是旋花属植物，唯一的声音是自己心脏的怦怦跳动。在母亲曾给我读过的一个英国童话故事中，一个小男孩从床上下来，走进了一幅画里，沿着一条寂静的树木之间的七彩小路骑着他的木马。当我睡意蒙眬、在爽身粉带来的舒适中跪在自己的枕头上，半坐在小腿上很快地做着祈祷的时候，我想象着爬进挂在我床上方的画里、投入到着魔的山毛榉林中去的动作——在一个该去的时候我还当真到那里去过。

四

　　一连串令人眼花缭乱的英国保姆和女家庭教师，在我重返过去的时候，她们有的苦恼地绞扭着双手，有的难以捉摸地向我微笑着出来迎接我。

　　这些人里面有模糊不清的雷切尔小姐，我对她的记忆主要与亨特利和帕默牌饼干有关（在包着蓝纸的马口铁盒的上层是好吃的杏仁硬糖块，下面是淡而无味的脆硬的饼干），在我刷了牙齿以后她不当地和我一起吃起来。有克莱顿小姐，当我垂头弯腰地坐在椅子里的时候，她会捅捅我脊柱的中央，然后微笑着挺起自己的胸，表示她对我的要求：她告诉我她的一个侄子在我这么大的时候（四岁）养过毛毛虫，但是她给我捉了放在装有荨麻的敞口罐里的那些，却在一个早晨全逃走了，园丁说它们都吊死了。有黑头发、海蓝宝石色眼睛的可爱的诺科特小姐，她在尼斯还是博略丢失了一只白色小山羊皮手套，我曾在那儿的卵石海滩上，在彩色的鹅卵石和被海水磨光了的灰绿色的玻璃瓶碎块间徒劳地寻找过。一天夜里，在阿巴集亚，可爱的诺科特小姐被要求立刻离开。她在儿童室的曙光中拥抱了我，身穿灰白色雨衣，哭得像巴比伦的柳树[1]一样，那

1　Babylonian willow，这一典故出自犹太人的一段历史。公元前五八六至前五三八年，犹太人被虏至巴比伦作为人质和奴隶，犹太人称（转下页）

天，我整天伤心欲绝，尽管彼得森家的老保姆专门为我冲了一杯热巧克力，还有额外的涂了黄油的面包，纳塔姑妈巧妙地吸引了我的注意力，在面包平滑的表面画了一朵雏菊，然后画了只猫，接着又画了我和诺科特小姐一起读到过而且还为之流了眼泪的小美人鱼，因此我又开始哭了起来。有眼睛近视、身材娇小的亨特小姐，一天，我和弟弟（年纪分别是五岁和四岁）设法登上了一条汽船而躲过了她紧张的警戒，汽船载着我们沿莱茵河而下走了相当一程后我们才被抓住，从那天以后，她在威斯巴登和我们短暂的相处就结束了。有粉红鼻子的罗宾逊小姐。又是克莱顿小姐。有一个给我读玛丽·科莱里的《强大的原子》的让人讨厌的人。还有别的许多人。在某一时刻，她们逐渐退出了我的生活。法国和俄国家庭教师接了过去；留给英语对话的那一点时间给了偶尔来上课的两位绅士伯恩斯先生和卡明斯先生；他们俩谁也不和我们住在一起。在我的心目中，他们是和圣彼得堡的冬季联系在一起的，我们在那里的莫斯卡亚街上有一所住宅。

伯恩斯先生是个大个子苏格兰人，有一张红润的脸，浅蓝色的眼睛和平直的稻草色的头发。他上午在一所语言学校教书，然后在下午塞进了一天都难以容纳的家教课。像他这样从城市的一个地区赶到另一个地区，不得不依靠没精打采的拉

（接上页）这段时期为"受难时代"。《圣经·旧约·诗篇》中记载了这些巴比伦囚虏思念家乡的痛苦情景，"我们曾在巴比伦的河边坐下，一追想锡安就哭了。我们把琴挂在那里的柳树上……"

izvozchik（马车）的马匹缓慢地小跑着把他带到学生那里，幸运的话，两点钟的课（不管上课的地方在哪儿）他会仅仅迟到一刻钟，但是四点钟的课他就要在五点以后才能到达。等待他并希望哪怕一次，他那超人的顽强会在某场特殊的像一堵灰墙般的暴风雪面前受到挫折，其间的紧张感觉是人们盼望在成年生活中永远不要遇到的（但是我确实再度体验到了这种感觉，当在环境迫使下，轮到我也要去教课的时候，我在柏林那间备有家具的出租房里等待某个脸上冷冰冰的学生，尽管我在心里给他在路途上设置了种种障碍，他却总是会出现）。

外面越来越暗的天色似乎是伯恩斯先生争取赶到我们家的努力的无用的副产品。不久，贴身男仆会来放下宽大的蓝色遮帘，拉上窗子的印花窗帘。上课房间里的落地大摆钟发出的滴答声逐渐带上了沉闷的、令人烦躁的声调。短裤的裆部太紧，黑袜子上的罗纹毛糙地磨着我弯起的腿的柔嫩的内侧，这些会和我一再拖延不去解决的隐约的内急混在一起。几乎过了一个小时，而还是没有伯恩斯先生的踪影。弟弟会到自己的房间去，在钢琴上弹个练习曲，然后一而再地投入到我厌恶的一些曲调中去——《浮士德》中对假花的教导（... dites-lui qu'elle est belle[1]...），或者弗拉基米尔·连斯基的哀诉（... koo-dah, koo-dah, koo-dah vï udalilis'[2]）。我会离开孩子们住的楼上，慢慢顺

---

[1]　法语，对她说她很漂亮。
[2]　用拉丁字母转写的俄语，……你们往哪里，往哪里飞驰？（出自普希金《叶甫盖尼·奥涅金》第六章第二十一节。）

楼梯栏杆滑到父母房间所在的二楼。这个时间他们往往不在家，在越来越浓的暮色中，这地方以一种奇特的目的决定论的方式影响着我幼小的感官，仿佛在黑暗中这些熟悉事物的积聚正在竭尽全力构成清楚和永久的形象，经过反复的显示最终留在了我的心里。

隆冬一个严寒的下午，深棕色的昏暗袭入室内，逐渐变成令人压抑的黑暗。黑暗中，这儿或那儿，一个铜拐角、玻璃或光滑的红木的表面反射出街上零星的灯光，街心高高的街灯的球形灯罩内已经发出了微弱的亮光。薄雾般的影子在天花板上移动。在寂静之中，一片菊花瓣落在大理石桌面上的干涩的声音使人神经一震。

母亲的闺房里有一扇凸肚窗，可以方便地眺望莫斯卡亚街朝玛利亚广场方向的一段。嘴唇紧贴着遮住窗玻璃的薄纱窗帘，我会逐渐透过纱帘尝到玻璃寒冷的滋味。几年以后，在革命爆发的时候，我从这扇凸肚窗看到了各种各样的战斗，并且第一次看见了死人：他被放在担架上抬走，从他垂着的一条腿上，一个鞋子破烂的同志不顾抬担架的人的推打，不断使劲想把靴子拽下来——而这一切都是在相当快的小跑中进行的。但是在伯恩斯先生给我上课的时代没有什么东西可看，只有黑暗模糊的街道和它逐渐远去的一排高悬的街灯，雪花在街灯周围以优雅的、几乎是故意放慢的动作一阵又一阵落下，似乎是在显示这戏法是怎么变的，变起来又是多么简单。从另一个角度，你可以在煤气灯较为明亮的微带紫色的光圈中看到更多的雪片纷纷落下，这时，我站立其中的、包围起来的突出的小空间就仿佛像个气球，慢慢地向上飘去，越飘越高。最后，沿街滑行的幻影雪橇中会有一辆停下来，戴着狐皮无檐帽的伯恩斯先生会笨拙而匆忙地向我们的大门走来。

从我先于他走进的课室里，可以听到他有力脚步声砰砰地越来越近，而且，无论天气多么寒冷，他大步走进来的时候，和善的红脸上都满是汗水。我记得他用最圆的圆体字写下我第二天课程的预习任务时，他紧按在墨水四溅的钢笔上的惊人的力量。通常，在课快上完的时候，我们会要求他背诵某一首五行打油诗，他会同意这样做。这场表演的关键是，在伯恩斯先生背诵诗行时，每当诗句里有"尖叫"这个词，他就使劲猛捏握在他粗壮的爪子里的那只手，要你自己情不自禁地把它演出来：

　　有一个俄国来的姑娘
　　每当你紧紧搂住她的时候，她（猛捏）
　　她（猛捏）了又（猛捏）……

背到这里，我们总是痛得无法忍受，所以从来没有能够再往下背过。

五

　　言语不多、留着胡子、弯腰曲背的老派绅士卡明斯先生，在一九〇七或是一九〇八年时教我画画，曾经也是我母亲的绘画老师。他在一八九〇年代早期作为伦敦《画报》的驻外通讯记者和插图画家来到俄国。据说婚姻的不幸给他的生活蒙上了阴影。他的忧郁温柔的举止弥补了才气的不足。他总穿一件粗呢厚大衣，除非天气非常暖和，才会换成用洛登缩绒呢做的棕绿色羊毛斗篷。

　　他使用放在背心口袋里一块特别的橡皮的样子很让我着迷，他抓紧纸，擦完后用手指的背面轻轻掸去"gutticles of the percha"（如他所说）。他默默地、伤感地为我阐明无情的透视法则：他那优雅地拿在手里的尖得令人难以置信的铅笔画出的长长的笔直的几笔，使他从乌有中创造出来的房间的线条（抽象的墙、远去的天花板和地板）以诱人而乏味的精确在遥远的一个假设点汇合。诱人，因为它使我想起了铁轨，在我最喜欢的面具——一个肮脏的火车司机的充血的眼睛前对称而难以捉摸地聚拢起来；乏味，因为那个房间仍然没有家具，空落落的，甚至连在博物馆引不起人兴趣的前厅里看得到的平庸的雕像都没有。

　　画廊的其余部分补偿了那贫乏的前厅。卡明斯先生是画日落的大师。我们家的人在不同时期以每幅五个或十个卢布买下来的他画的小幅水彩画的遭遇不怎么顺利，被挪到越来越不起眼的旮旯，最后完全被某个优美的瓷器动物或一张新配了框子的相片遮没。在我不仅学会了画立方体和圆锥体，而且会用均匀的、融合起来的斜线条把它们不得不被永远挡住的那些部分打上适当的阴影之后，这位和善的老先生就会心满意足地在我着迷的目光下用水彩画他自己小小的乐土，同一种风景的不同变化图：有着橘黄色天空的夏日的黄昏，一片牧场，尽头是远处森林的黑色边缘，一条发亮的河流，映现出天空，蜿蜒曲折一直向远方流去。

后来，大约从一九一〇到一九一二年，著名的"印象派"（当时的一个术语）画家亚列米奇接手教我；这是一个没有幽默感也没个样子的人，他主张一种"粗犷"的风格，涂抹大片的暗色块，深棕色和黄褐色，我必须用这些手段在大张灰纸上临摹我们用橡皮泥塑造的、放置在有各种褶皱和阴影效果的天鹅绒背景前有"戏剧效果"的位置上的人形。这是至少三种不同而又近似的艺术的沉闷的结合，最后我反抗了。

取代他的是有名的多布津斯基，他喜欢在我们家宅子的主要楼层给我上课，在楼下的一间漂亮的会客室里，他进来的时候特别安静，好像是怕惊动了我做诗时的恍惚状态。他让我凭记忆尽可能详细地画出我肯定是看到过几千次、而没有在心里正确地想象出来的物体：一盏街灯，一个邮筒，我们自己前门的彩色玻璃上的郁金香图案。他试图教我发现街边一棵光秃秃的树的纤细的枝桠构成的协调的几何图形，一种视觉上的交流体系，要求用线条来精确表现，这一点我青年时代没有能够做到，但是在成年后的转变期却满怀感激地用上了它，不仅是在哈佛比较动物学博物馆的七年中用来画蝴蝶的生殖器，那时我专心致志地在显微镜的明亮镜孔下观察，用墨汁画下这个或那个新结构；而且也许用在了文学创作的某些需要逼真描绘的地方。然而在感情上，对我好处更大的是母亲和她原来的老师在这之前给予我的色彩上的享受。卡明斯先生会多么乐意地在一张凳子上坐下，两只手在身后分开他的——什么？他穿的是一件礼服大衣吗？我只看见了他手的动作——接着就打开那只黑色的铁皮颜料盒。我喜欢他把画笔浸蘸在各种颜色中的灵巧动作，伴随着珐琅容器急速的清脆撞击声，画笔使鲜艳的红色和黄色形成浅窝，在容器中令人垂涎；画笔在这样采集起了花蜜之后，就不再徘徊捅戳，它饱满的笔尖抹过两三笔，就会将一片涂抹均匀的橘黄色天空浸透在一张瓦特曼纸上，再在这片仍然潮湿的天空中，横抹上一条长长的紫黑色的云。"就这样，亲爱的，"他会说，"就这么简单。"

有一次，我要他给我画一列快车。我看着他的铅笔巧妙地逐渐显现出火车头的排障器，详细画出了前灯，看上去活像是一八六〇年代在犹他州普罗蒙特里丘陵退役后，二手买来在跨西伯利亚铁路上行驶的。紧接着是五节普通得令人失望的车厢。他画完车厢以后，又仔细地涂暗了巨大的烟囱里冒出来的大量烟雾，然后把头一歪，欣喜地凝视了片刻后，把画递给了我。我尽量也显出欣喜的样子。他把挂在机车后面的煤水车给忘了。

四分之一个世纪后，我得知了两件事情：伯恩斯，那时已经去世了，在爱丁堡曾作为俄国浪漫诗歌的学者式翻译家而著名，那些诗歌曾是我童年时代的圣坛和狂热崇拜的对象；还有我那谦恭的绘画老师，我总认为他的年龄和叔爷爷们以及老家仆们的年龄相吻合，大约在我自己也结婚的时候，他娶了一个年轻的爱沙尼亚姑娘。当我得知这些后来的情况时，我感受到了一种奇异的震动，仿佛生活不知不觉地蠕动着爬过了童年记忆如此优雅简洁地设置起的主观界限，从而侵犯了我的创造权利。我本以为自己已经把这些记忆签封保存了起来。

"那么，亚列米奇怎样了？"一九四〇年代夏季的一个午后，我和莫斯季斯拉夫·瓦列里安诺维奇·多布津斯基漫步穿过佛蒙特的一片山毛榉树林的时候，我问他道，"还有人记得他吗？"

"当然记得啦，"多布津斯基回答说，"他极有天赋。我不知道他是个什么样的老师，但是我却知道你是我教过的最不可救药的学生。"

第五章

一

我常常发现，当我将昔日自己的某个珍爱事物赋予我小说中的人物后，它就会在我把它如此唐突地放置其中的人造世界中日益憔悴。尽管它仍在我脑际逗留，但它特具的温暖、怀旧时产生的感染力都已经消失了，用不了多久，它就和我的小说而不是我过去的自己有了更密切的认同，在过去的我身上，它似乎曾是这样安全，不会受到艺术家的侵扰。在我的记忆中，房屋像在昔日的无声电影里那样悄无声息地坍塌。我曾把我的法国女家庭教师借给了我的一部作品中的一个男孩，她的肖像现在既然已经淹没在了对一个和我自己的童年完全没有关系的童年的描述之中，便迅速褪去颜色。内心中的我反抗着小说家的我，下面是我为挽救对这位可怜的女士仅剩的记忆所做的拼死努力。

女士是一个大个子女人，非常肥胖，在一九〇五年十二月我六岁、弟弟五岁的时候，她大摇大摆地进入了我们的生活。那就是她。我是这样清楚地看到她浓密的黑发，高高梳起，开始隐隐发白；她严厉的前额上的三条皱纹；她突出的眉毛；黑镜框夹鼻眼镜后面冷冰冰的眼睛；那隐约可见的髭须；那满是斑点的皮肤，在她发怒的时候，一阵红晕会庄严地扩展到堆在缀满饰边的如山般的上衣外的第三个、也是最肥大的下巴的区域。现在她坐了下来，或者不如说她开始应付坐下来这个任务，下颌的一团软肉哆嗦着，边上有三个扣子的肥大的臀部小心翼翼地往下放低；然后在最后一刻，把巨大的躯体交给了柳条扶手椅，椅子纯粹出于恐惧，发出了一阵如枪炮齐鸣般的噼啪声。

那时我们在国外已经待了大约一年了。在博略和阿巴集亚度过了一九〇四年的夏季，又在威斯巴登住了几个月以后，我们在一九〇五年初动身回俄国。我记不得是哪个月了。一条线索是，在威斯巴登的时候，我被带到了那儿的俄国教堂——我第一次进教堂——那可能是在大斋节期间（在礼拜进行的时候我问母亲，牧师和执事在说些什么；她用英语轻声回答说，他们在说我们大家应该彼此相爱，但是我理解为，她的意思是那两个穿着闪亮的锥形礼袍的绚丽人物互相在说，他们永远是好朋友）。从法兰克福出发，我们在一场暴风雪中到达柏林，第二天早晨乘上了从巴黎隆隆开来的北欧快车。十二个小时后列车到达了俄国边境。在冬天的环境下，调换车厢和火车头的仪式带上了奇特的新的意义。激动的 rodina 即"祖国"感，第一次有机地和令人感到慰藉的脚下嘎吱作响的雪、穿过雪地的深深的脚印、火车头烟囱的红色光泽以及红色煤水车上在一层随车而行的雪的覆盖下高高堆起的白桦圆木交织在了一起。我还没有满六岁，但是在国外的那一年，那充满了困难的决定和大量希望的一年，使一个俄国小男孩接触到了成年人的谈话。他自己也难免受到一个母亲的思乡和一个父亲的爱国情愫的影

作者外祖母奥尔加·尼古拉耶夫娜·卢卡维什尼科夫，娘家姓科兹洛夫（一八四五——一九〇一），一八八五年前后摄于圣彼得堡。

作者父亲弗拉基米尔·德米特里耶维奇·纳博科夫（一八七〇——九二二）在学生时代，和三个弟弟摄于一八八五年前后（自左至右：德米特里，康斯坦丁，谢尔盖）。父亲在出人意料的低龄即将从第三预科大学毕业，进入大学。十一或十二岁的康斯坦丁叔叔仍在家里读书。德米特里叔叔和谢尔盖叔叔是 pravoveds，即时髦的帝国法学学院的学生。

响。其结果是，就是那次回俄国，我第一次意识到的回国，现在，六十年以后的今天，我感到对我来说似乎是一场预演——不是永远不会实现的衣锦还乡的预演，而是在我漫长的流亡生涯中的不断出现的还乡梦的预演。

一九〇五年夏天在维拉，我对鳞翅目昆虫的兴趣还没有形成。村里小学的校长带我们到外面进行教学远足（"你们听见的是磨长柄大镰刀的声音"；"那边那块地下一季要休耕"；"啊，只不过是一只小鸟——没有特别的名字"；"如果那个农夫喝醉了，那是因为他很穷"）。秋天以各种颜色的落叶铺满了庭园，罗宾逊小姐给我们展示了那出色的技巧——前一年秋天，那个大使的儿子，她小小的世界里的一个熟悉人物，非常喜欢它——如何在地上挑选后在一张大纸上摆放能够构成几乎是完整的光谱的枫叶（缺少蓝色——太遗憾了），绿色逐渐变成柠檬黄，柠檬黄变成橘黄，如此等等，到红色到紫色，紫褐色，再带点红色，回到柠檬黄到绿色（已经很难找到绿色了，只有叶子的一个部分，最后一道勇敢的叶边）。初霜袭击了紫菀，但我们仍没有搬到城里去。

女士从瑞士来到我们家的那个一九〇五到一九〇六年的冬天，是我童年唯一在乡间度过的冬季。那是罢工、骚乱和警察煽动的大屠杀的一年，想来父亲希望他的家人远离城市，待在我们安静的乡间宅第，他猜测，那儿农民对他的好感可能使动乱的危险缓和下来，而他的猜测是对的。那也是一个特别寒冷的冬天，下的雪和女士预料的、可能在遥远昏暗的古俄罗斯帝国看到的一样多。她在小小的锡韦尔斯基站下车，从那儿再乘雪橇旅行六英里才能到维拉，我没有到车站去迎接她；但是现在我这样做了，我试图想象她在那难以置信的、不合时宜的旅行的最后一程中的所见和感受。我知道，她的俄语词汇由一个短词构成，和多年后她带回瑞士去的是同一个单词。她这个意思是"在哪儿"的字发音可以按语音标成"giddy-eh"（其实是gde，e 的发音和"yet"里的 e 一样），而这已经不简单了。由她发出的这个字像是某只离群的孤鸟的嘶哑叫声，它聚集了如此巨大的疑问的力量，能够满足她所有的需要。"Giddy-eh? Giddy-eh？"她会这样哀叫，不仅是为了弄明白自己在什么地方，也是为了表示最大的痛苦：她是个陌生人这样一个事实。她搁浅在此，身无分文，衰弱多病，正在寻找一个她最终能够得到理解的福地。

我可以通过另一个人想象她刚刚下火车站在月台中间，我的精神使者徒劳地向她伸出了一只她看不见的胳膊。（"我在那儿，所有的人都抛弃了我，comme la Comtesse Karenine[1]。"她后来这样抱怨道，即使说得不十分正确，但是也很生动。）候车室的门随着一阵严寒的夜晚特有的颤栗的呜咽声打开了；一团热空气冲出室外，浓得几乎和机车喷出的蒸汽一样；这时，我们的马车夫扎哈接手了——这是一个穿着毛朝外的羊皮袄的高大结实的汉子，他塞在大红色腰带里的大手套伸到外面。

1　法文，就像卡列尼娜伯爵夫人一样。

我听见雪在他的毡靴下被踩得嘎吱响，此时他正围着雪橇费劲地走来走去，忙着对付行李、叮当响的挽具，最后是他自己的鼻子，他用拇指和食指熟练地一拧一晃就使鼻子松快了。"Madmazelya"[1]，她的帮手是这样称呼她的，怀着极度的疑虑小心翼翼地爬进雪橇，怕得要命地紧抓着他，生怕雪橇在她庞大的躯体坐稳之前就开动了。最后她终于嘟哝着安顿了下来，并把拳头塞进了不够大的长毛绒手筒里。在车夫湿叽叽的嘴唇发出咂的一声后，那两匹黑马佐伊卡和津卡绷紧后腿，挪动蹄子，再一绷腿，于是女士的躯体往后一仰，随着沉重的雪橇被猛地拉出了自己钢铁、毛皮和肉体的世界，进入一个没有摩擦力的介质，它轻轻掠过一条幽灵般的道路，看上去和路面几乎没有什么接触。

有一刻儿时间，由于车站广场尽头一盏孤灯的突然照射，一个严重夸大了的影子，同样拢着一个手筒，在雪橇旁全速行进，爬上了一道雪岗子后消失了，只剩下女士被她后来怀着敬畏和热情提到的 "le steppe"[2] 所吞没。在那里，在无尽的昏暗之中，远处村庄闪烁不定的灯光在她的眼里似乎是狼群的黄眼睛。她冷，她冻僵了，一直冻僵到"脑子的中心"——因为她如果不紧跟最乏味的格言，就会和最狂热的夸张一起翱翔。她不时回头，看看装着她的箱子和帽子盒的第二辆雪橇是不是跟在后面——总是保持着同样的距离，就像探险者描述过的

1　车夫对法语"女士"（Mademoiselle）一词的读音。
2　法语，大草原。

极地海域中友好的船只的幻景一样。还有，不要让我漏掉了月亮——因为肯定会有一个月亮，一轮明净得难以想象的满月，和俄国酷烈的严冬十分般配。它出来了，驶离了一片斑驳的小云块，将它们染上了一层朦胧的光辉；而随着它逐渐升高，它给雪橇滑板留在路上的印痕涂上了光泽，路面上每一个闪光的雪团都因增大了的阴影而显得更为突出。

非常美，非常荒凉。但是我怎么会在这个立体梦境中？我是怎样到那儿的？不知怎的，那两辆雪橇已经悄悄离去，留下了一个没有护照的间谍，穿着他的新英格兰雪靴和风雪大衣站在那条发蓝的白色道路上。我耳朵中的振动已经不再是雪橇远去的铃声，而只是我年迈的血流发出的嗡嗡声。万籁俱寂，一切都被月亮这面幻想的后视镜迷醉、征服。然而雪是真实的，当我弯身捧起一把雪的时候，六十年的岁月在我的手指间碎成了闪光的霜尘。

二

　　一盏雪花石膏底座的大煤油灯被带入了暮色之中。它轻柔地飘浮而下；记忆之手，此时戴着男仆的白手套，将灯放在了一张圆桌的中央。火焰调得恰到好处，玫瑰红的、镶着丝绸荷叶边的、上面套印着过分精巧华丽的冬季运动的灯罩安放在重新调过了火焰的灯上。显现出了：大雪覆盖下的宅邸中的一个温暖、明亮、时髦（"俄罗斯帝国"）的客厅——这座宅邸不久就会被称作 le château[1]，是我母亲的祖父建造的，他怕火灾，就让人做了铁制的楼梯，结果是，在苏维埃革命后的某个时候，当宅子真被烧毁，夷为平地时，那些精致的、透过镂空的铁竖板可以看见明亮的天空的梯级仍然耸立着，孤孤单单，但依旧通向上方。

　　我再说说那间客厅吧。家具白色闪亮的装饰线条，家具套垫上刺绣的玫瑰。白色的钢琴。椭圆的镜子。挂在绷紧的绳子上，它完美无瑕的镜眉向下倾斜，努力把歪斜的家具和一斜块不断逃出它的怀抱的明亮的地板保持在镜子里面。枝形吊灯上的挂件。它们发出轻柔的叮咚声（女士将要住的楼上的房间里有人正在搬动东西）。彩色铅笔。它们具体的光谱般的色彩印

1　法文，城堡。

在了盒子上做广告，但是从来没有被里面铅笔的颜色完全体现出来过。我们坐在一张圆桌旁，我弟弟、我和罗宾逊小姐，她时不时地看一眼手表：这么大的雪，路一定非常难走；而且，不管怎么说，许多职业上的困难在等待着这位将要替代她的不知底细的法国人。

现在彩色铅笔在画。绿色的那支，手腕仅仅这么一转，就能够使它笔底生出吹皱了的水面上的一棵树，或一条水下的鳄鱼留下的旋涡。蓝色的那支在页面上从左到右画上一条简单的直线——所有海洋的地平线就出现了。有一支说不清颜色的粗头的笔总是碍手碍脚的。棕色的铅笔老断，红色的也是，不过有时候，在刚刚折断以后，可以捏住，让突出来的裂片支撑着松动的铅心，虽不太结实，还能顶用。那紫色的小东西是我特别喜欢的，已经被用得短得几乎没法捏得住了。只有白颜色的那支，那铅笔中细长的白化体，保留着原来的长度，至少直到我发现它远不是在纸上不留任何印记的骗人之物，而是理想的工具之前：因为我在涂抹的时候，愿意把它想象成什么都可以。

啊，这些铅笔，也被我分给了我书中的人物，好让小说里的孩子们有事可忙；它们现在已经不再完全属于我了。在书中某一章的公寓里的某处，在某一段的一间租住的房间里，我也把那面向下倾斜的镜子、那盏灯和枝形吊灯上的挂件放在了里面。已经没有剩下什么东西了，许多都被散了出去。我有没有把褐色达克斯小猎狗博克斯一号（儿子；管家的宠物狗鲁鲁的丈夫)——那只在沙发上熟睡的老家伙送人？没有，我想它仍旧是我的。它嘴角褶皱处长着一个疣的花白的口鼻塞在后腿的腿弯里，时不时地，重重的叹气使它的肋部鼓起。它是这么老，它的睡眠里塞满了这么多的梦（梦见可以咀嚼的拖鞋和最后的几种气味），因而当微弱的铃声在外面叮咚响起之时，它一动也不动。接着，前厅响起了一扇气动门的推拉和碰撞声。她终于还是来了；我多希望她不会来啊。

三

　　另一条狗，一个凶猛家庭的好脾气的父亲，一条不许进屋的大丹狗，在后来的某一天中——如果不是紧接着的第二天的话——发生的历险事件里扮演了一个令人愉快的角色。当时恰巧只剩下弟弟和我来照顾新来的人。我现在复原出来的情况是：母亲可能和女仆及小"火车儿"到圣彼得堡去了（大约五十英里远），父亲在那儿深深地卷进了那年冬天的重大的政治事件。母亲怀了孕，非常紧张。罗宾逊小姐没有留下来帮助女士适应工作，而是也走了——回到大使家去了，我们从她那里听到的关于他们家的事情，会和他们以后听到的关于我们家的事情一样多。为了证明不应该这样对待我们，我立刻制订了一个计划，重复一年前在威斯巴登我们从可怜的亨特小姐那里逃走的令人激动的举动。这一次，周围乡间是一片白茫茫的雪原，很难想象我计划中出行的目标到底会是什么。我们和女士在第一次午后散步以后刚刚回到家里，我一肚子的失望和仇恨。稍加怂恿，我就使温顺的谢尔盖也和我一样有点生气了。要能够跟得上一种陌生的语言（我们在法语上知道的只有几个家常用语），而且我们所有喜爱的举止习性都遭到了反对，简直让人忍无可忍。她答应我们的 bonne promenade[1] 结果只是在

1　法文，愉快的散步。

122

宅子附近雪被清除干净、冻冰地面上撒上了沙子的地方枯燥乏味地溜达了一阵。她让我们穿上了我们过去从来没有穿过的东西，即使在最冷的日子也没有穿过——可怕的妨碍我们一举一动的腿套和防风帽。当我怂恿谢尔盖去探究一下夏天的花坛上面的那光滑细腻的雪堆的时候，她阻止了我们。她不许我们在冻结在房檐上、被西斜的太阳照得通红壮丽的、像管风琴一样的巨大冰柱下行走。我最喜欢的娱乐之一（是罗宾逊小姐设计的），她认为可耻而拒绝了——俯卧在一辆舒适的小雪橇上，前面系着一小根绳子，一只戴着皮革连指手套的手拉着我滑行在一条白雪覆盖的小路上，两旁是白色的树；而谢尔盖不是躺着，而是坐在拴在我的蓝雪橇后面的第二辆有红丝绒靠垫的雪橇上，两只毡靴的后跟就在我面前很快地走着，脚尖稍稍向里，一会儿这只脚掌、一会儿那只脚掌会在一片光秃的冰面上打滑。（手和脚属于德米特里，我们家最老最矮的园丁，那条小路是两旁有小栎树的林荫道，它似乎是我幼年时代的主干道。）

我对弟弟详细讲了一个恶作剧的计划，说服他接受了。我们在那次散步后一回到家，就冲进房子里，把女士一个人留在前厅外的台阶上大口喘气，给她造成我们要躲到某个偏僻的房间里去的印象。而实际上我们一路小跑，一直到了宅子的另一头，然后穿过回廊，又出现在了花园里。前面提到过的那条大丹狗正挑剔地在附近的雪堆旁调整着自己的位置，但是在决定跷起哪条后腿的当口看见了我们，马上欢乐地奔跑到我们身边。

　　我们三个沿着一条还算好走的小路走，在缓慢艰难地走过较深的积雪以后，就到达了通向村子的大路。这时候，太阳已经下山了。暮色不可思议地突然降临。弟弟声称他又冷又累，但是我鼓励他往前走，最后让他骑在了狗的身上（我们一行中唯一仍然感到开心的成员）。我们走了两英里多，月色出奇的明亮，弟弟在一片静寂中开始时不时地从坐骑上掉下来，这时，德米特里拿着灯赶上了我们，把我们领回家去。"Giddy-eh, giddy-eh？"女士从门廊里发狂般地喊着。我一声不响地从她旁边擦身而过。弟弟放声大哭起来，供出了一切。那条叫图尔卡的大丹狗又回过头去，在房子周围找适合使用并能够为它提供信息的雪堆干它被打断了的事情去了。

四

在我们的童年时代，我们对于手颇为了解，因为它们在我们身长的高度处生活和逗留；女士的手令人不快，因为在布满棕色瘀斑的紧绷的皮肤上有一层青蛙般的光泽。在她之前，从来没有陌生人抚摩过我的脸。女士一来就拍拍我的脸以表示自发的喜爱，使我大吃一惊。在我想到她的手的时候，她所有的癖性就回到了我的眼前。她不是削而是剥铅笔的本事，铅笔尖对着她裹在绿色羊毛衣服里的巨大而未曾哺育过的胸脯。她把小手指伸进耳朵并且迅速震动的样子。每一次她给我一个新习字簿时都要遵守的老规矩。她总是有点气喘吁吁，嘴巴微微张开，迅速喷出一连串的呼哧呼哧的声音，打开习字簿，在里面弄出页边空白；就是说，她会用大拇指甲划出一道清楚的垂直线，把页边折进去，紧压，松开，用手掌的根部把纸抚平，然后，习字簿就会被利落地转过来，放在我的面前，可以用了。接踵而来的是一支新钢笔；在把笔洗礼般地蘸进墨水器之前，她总是用喃喃作声的嘴唇把闪亮的笔尖舔湿。这时，每一个清晰的字母的每一个突出延伸部分都使我感到高兴（尤其是因为上一本习字簿最后全都烂糟糟的了），我就会极度小心地写下

Dictée[1] 这个字，而此时，女士正在她的拼写测验集里寻找一个好的、难的段落。

1　法语，听写。

五

与此同时，背景已经改变了。蒙霜的树和带黄色洞眼的高大雪堆已经被一个无声无息的道具管理员搬走了。夏日的午后，天空中满是和蓝天搏斗的高层云。有眼状斑点的阴影在花园的小径上移动。不久，课上完了，女士在游廊上念书给我们听，那里的地垫和藤椅在暑热中散发出一种带点香料气味的饼干香。在白色的窗台上、在铺着褪了色的印花布的靠窗坐凳上，阳光透过彩色玻璃上的长菱形和正方形后，碎成了形状像几何图形一样的宝石。这是女士状态最佳的时候。

在那个游廊上她给我们念了多少本书啊！她细细的声音不断快速地读了又读，从不减弱，连丝毫的磕巴和犹豫都没有，是一架令人称羡的阅读机器，完全不受她带病的支气管的影响。这些我们全听过：*Les Malheurs de Sophie, Le Tour du Monde en Quatre Vingts Jours, Le Petit Chose, Les Misérables, Le Comte de Monte Cristo*[1]，还有许多别的。她坐在那里，从她静止不动的身体牢笼中提炼出诵读的声音。除了嘴唇之外，她下巴中最小的那个真下巴是她菩萨般巨大的身躯上唯一运动着的细部。黑色镜框的夹鼻眼镜里反映出永恒。偶尔，一只苍蝇会落在她严厉的前额

1　法语，《苏菲的不幸》、《八十天环游地球》、《小东西》、《悲惨世界》、《基督山伯爵》。

上，上面的三条皱纹马上就会像三个赛跑的人跨过三道跨栏一样同时跃起。但是她脸上的表情丝毫未变——我曾多次试图在我的速写本里画出这张脸，因为比起我应该画的摆在面前桌子上的一盆花或一只假鸭子来，脸上那缺乏表情的简洁的对称对我暗暗移动的铅笔的吸引力要大得多。

不久，我的注意力就会转得更远，也许就在那个时候，她那充满节奏感的声音的少有的纯净达到了它真正的目的。我看着一棵树，树叶的拂动引入了那节奏。伊戈尔正在慢条斯理地侍弄牡丹花。一只鹡鸰走了几步，仿佛想起了什么又停了下来——然后又继续往前走，展现着自己的名字[1]。不知从什么地方冒出来的一只银纹多角蛱蝶落在了门槛上，伸展着带尖角的黄褐色的翅膀舒适地晒着太阳，突然，它收拢翅膀，正好显出了黑色背面上刚出现的细小的白点，然后同样突然地迅速飞去。但是在她读书给我们听的时候，魅力最持久的源泉来自镶嵌在游廊两头粉刷成白色的框架结构上的彩色玻璃构成的色彩斑斓的图案。透过这些神奇的玻璃看到的花园变得奇异地平静、超然。如果从蓝玻璃看出去，沙砾变成了煤灰，而黑黢黢的树飘浮在热带的天空中。黄玻璃创造出一个混合进了格外强烈的阳光的琥珀世界。红玻璃使树叶把深红宝石滴落在粉色的小径上。绿玻璃把青葱的草木浸泡在更绿的绿色之中。在看过这样富丽的色彩之后，当你转向一小方块普通无色的玻璃，上

---

1 "鹡鸰"的英语是 wagtail，是"摇尾巴"的意思。

面落着一只孤零零的蚊子或跛脚盲蛛，那就像口不渴的时候喝下一大口水一样，你看见的是熟悉的树下的一条平淡无奇的白长凳。但是，在所有的窗子中，在后来的年代里，炙烤着人的思乡之情、使人渴望能够从中向外看的，正是这扇玻璃窗。

女士从来没有发现，她平稳的语声具有多么大的影响力。但她后来所声称的却不是那么回事。"啊！"她叹息道，"comme on s'aimait——我们不是相互热爱吗！在城堡里那些逝去了的美好时光！我们有一次埋在栎树下的那个死去的小蜡人！[不是——是一个塞满了羊毛的黑脸丑娃。]还有那次你和谢尔盖跑了，丢下我一个人在树林深处跌跌绊绊哀叫！[夸大其词。] Ah，la fessée que je vous ai flanquée——啊，我给了你的屁股怎样一顿好打呀！[她有一次确实想用巴掌扇我，不过以后再也没有试图这样做过。]因为她对我无礼，你就用小拳头打你的姑姑，那位大公夫人。[不记得了。]你低声告诉我你孩子气的烦恼时的样子！[压根没有过！]还有我房间里的那个角落，你就爱蜷缩在那里，因为你感到那儿是这样温暖和安全！"

女士的房间，无论在乡下还是在城里的，对我都是一个怪异的地方——像某种庇护着一棵有着茂密的树叶、充满了浓重的遗尿气味的植物的温室。尽管我们小的时候她的房间就在我们隔壁，但是它似乎不属于我们舒适愉快、通风良好的家。在那令人作呕的雾霭中，除了其他分辨不清的臭气外，还充满着氧化了的苹果皮的褐腐臭，灯光很暗，奇怪的物品在写字桌上闪着微弱的光：一个放着干草精棒的漆器盒子，她会用小折刀胡乱切下些黑色小块，放在舌头下面溶化；一张美术明信片，上面有湖和一座窗子上镶嵌着闪闪发光的珍珠质小片的城堡；用她夜里经常吃的那么多的巧克力的银白色小包装纸团成的一个凹凸不平的圆球；死去的侄子的照片，签上了 Mater Dolorosa[1] 的侄子母亲的照片，还有某位在家庭逼迫下娶了一个有钱的寡妇的马朗特先生的照片。

最为威风的是放在表面镶有石榴石的高级镜框里的那幅照片；这是张展示了脸部四分之三的大半身像，上面是一个有深褐色头发浅黑色皮肤的苗条的年轻姑娘，穿着一件紧身连衣裙，眼光大胆，头发浓密。"一条辫子有我胳膊这么粗，一直垂到我的脚踝！"女士极其夸张地评说道。这是过去的她——但是我的眼睛徒劳地在她熟悉的轮廓上探索，企图找出淹没其中的那个优美的生灵。我和感到敬畏的弟弟的这类发现只是增加了这个任务的困难度；而在白天看见一个穿得厚厚的女士的大人们从来也看不见我们小孩子看到的景象，当她被我们有一个人在噩梦中的尖叫惊醒后，披头散发地端着一根蜡烛，裹不住她颤动着的大块头的血红色的晨衣上金色的花边闪烁着，拉辛[2]的那部荒诞的戏剧中可怕的耶洗别[3]光着脚踏着重重的步子

1　拉丁语，圣母马利亚，亦指以耶稣受难时悲哀的圣母马利亚为题材的艺术作品，转义为悲哀的母亲。

2　Jean Baptiste Racine（1639—1699），法国诗人。

3　Jézabel，《圣经·列王记》中以色列王亚哈之妻，以邪恶淫荡著名。

走进了我们的卧室。

我整个一生入睡都很困难。火车上的人，把报纸往旁边一放，抱起两条无聊的胳膊，然后带着令人不快的放肆样子，立刻开始打起呼噜来，这使我十分惊讶，就和那毫无拘束地当着一个喋喋不休的桶匠的面自得地大便的家伙，或是大规模示威游行的参加者，或者加入某个工会以图融入其中的人使我感到惊讶一样。睡眠是世界上最愚蠢的联谊会，会费最高，礼仪最粗俗。我感到这是有损人格的心理折磨。创作造成的紧张和精力的消耗常常迫使我，哎，去吞下一片能让我做一两个小时可怕噩梦的强效药，甚至接受午睡这种可笑的解脱，一个骨瘦如柴的老糊涂可能就是这样踉跄走向最近的安乐死处所；但是我就是无法习惯夜夜对理性、人性和创造力的背叛。无论多么累，我对与意识离别的痛苦都存在着难以形容的反感。我讨厌睡眠之神索莫纳斯，那个把我捆绑在断头台上的戴着黑色面具的刽子手；而如果说在岁月的进程中，随着更为彻底更为可笑的解体的临近——我承认，如今在晚上，这大大分散了我对睡眠的例行恐惧——我已经如此习惯了就寝时的煎熬，在那把熟悉的斧头从它双层底的丝绒衬里的大盒子里被拿出来的时候，几乎还有点得意。可是最初我并没有这样的安慰或保护：除了女士卧室里那蕴藏着光辉的枝形吊灯上的一盏象征性的灯之外，我什么也没有，根据家庭医生的旨意（我向你致敬，索科洛夫医生！），女士卧室的门保持微微开启状态。那条垂直的闪烁着的微光（孩子的眼泪能够将它变成耀眼的同情之光）是我能够紧紧抓住的东西，因为，在绝对黑暗之中，我的头会发晕，神志在拙劣模仿的死亡挣扎中消融。

星期六晚上曾经或应该有令人高兴的期待，因为那是女士——一个属于正统卫生学派、认为我们 toquades anglaises[1] 只是感冒的根源——纵容自己进行一周一次洗澡这个充满危险的奢侈享受的夜晚，因而使我的微光可以延续较长的时间。可是后来更不易觉察的折磨开始了。

我们这时搬进了城里的住宅，在圣彼得堡莫斯卡亚街（现赫尔岑街）四十七号。这是一幢用芬兰花岗石建造的意大利风格的建筑，是祖父在一八八五年前后建成，三楼（顶层）上方有画着花卉的壁画，二楼有一扇凸肚窗。小孩们住在三楼。在一九○八年，就是要在这里描写的那年，我仍旧和弟弟住在同一间儿童室里。分配给女士用的浴室在一条之字形走廊的一头，离我的床大约有心跳二十下的距离，我处于既怕她过早地从浴室回到她在我们儿童室隔壁的亮着灯的卧室，又羡慕弟弟在隔开我们的日本式屏风后面的均匀的微带呼哧声的呼吸的状态，从来也没有能够很好利用这多出来的时间赶快入睡，而黑暗中透过裂缝的一线光亮仍然显示出虚无中我的那一点自己。最终它们会出现，那无情的脚步缓慢沉重地沿走廊过来，使得某件偷偷和我一起守夜的纤巧的玻璃物品在架子上惊恐地震动起来。

1　法语，英国式的狂热。

现在她已经走进了她的房间。光线一阵快速的明暗交替告诉我，床头柜上的蜡烛已经接过了天花板上的一簇灯泡的任务，在两下咔嗒声后亮度自然地然后是超自然地二度上升，最后咔嗒几声完全熄灭。我的那一条光仍然存在，但已变得陈旧暗淡，只要女士一翻身，床吱嘎一阵响，都会摇曳闪烁。我现在仍然能够听见她。一会儿是像发"Suchard"音的清脆的沙沙声；一会儿是水果刀裁开 *La Revue des Deux Mondes*[1] 的书页的嚓嚓声。开始了一段减弱期：她正在读布尔热[2]的文章。他身后不会有一个字流传下来。劫数难逃。我处于强烈的苦恼之中，拼命想诱得睡眠的到来，几秒钟睁开一次眼睛，看看那变暗了的一丝光线，想象着天堂是一个不眠的邻人在永恒的蜡烛的光照下读一本无穷尽的书的地方。

不可避免的事情发生了：夹鼻眼镜盒啪的一声关上了，杂志被胡乱推到了床头柜的大理石面上，女士噘起嘴唇吹了一大口气；第一次的尝试失败了，摇摇晃晃的火焰扭动着躲闪开了；于是第二次猛冲，火光熄灭了。在那一片漆黑之中我弄不清自己身在何处，我的床似乎在慢慢地漂移，惊恐使我坐起身子大睁着眼睛；最后，我的适应了黑暗的眼睛在眼内出现的漂浮物中分辨出了某些更宝贵的模糊痕迹，它们在遗忘状态下无

1　法语，《两世界评论》，法国期刊，创办于一八二九年，一九四四年停刊，一九四八年复刊，改称《两世界文学、历史、艺术、科学评论》。以其文学方面的评论而著名。

2　Paul Bourget（1852—1935），法国小说家，文学评论家。标榜传统的写实主义，所作多为心理哲学小说。

目的地游荡，直到在半记忆中定格下来，原来是窗帘隐约的褶皱，窗帘外面，街灯还在远处亮着。

圣彼得堡的那些激动人心的早晨和夜里的苦恼是多么不同啊！猛烈而柔和、潮湿而炫目的北极之春推拥着碎冰沿着海一样晶莹的涅瓦河匆匆而下。它使屋顶闪闪发光。它给街道上半融的雪泥涂上了一层浓重的紫蓝色，后来我在任何别的地方再也没有看见过。在那些阳光灿烂的白天，on allait se promener en équipage[1]——我们这群人里流行的旧时的用语。我很容易就能够再度感受到那令人兴奋的变化，从有时髦的海狸皮领、厚厚的衬垫、长及膝盖的羊皮大衣换成有锚形图案的铜纽扣的海军蓝的上衣。在敞篷四轮马车里，一条盖在腿膝上的毯子那起伏的山谷把我和坐在更有趣的后座上的人连在了一起：庄重的女士，沾着泪痕、洋洋得意的谢尔盖，我刚和他在家里吵了一架。我在合盖的毯子下面时不时地轻轻踢他，直到女士严厉地制止我。我们飘然驶过法贝尔热的橱窗，它那怪异的矿石，放置在大理石鸵鸟蛋上的镶有宝石的三驾马车，以及诸如此类的东西，它们深得王室喜爱，对我们的家庭来说是荒诞不经的艳俗的标志。教堂的钟声在敲响，第一束黄色焰火升起在皇宫的拱门上空，再过一个月我们就要回到乡间去了；当我抬头仰望的时候，我能够看见在街道上空飘扬着巨大的、绷得紧紧平平的半透明的旗帜，挂在从一栋房子的正面到另一栋房子的正面

1　法语，人们乘车兜风。

的绳子上，它们宽宽的三道颜色——浅红、浅蓝和单纯的灰白色——被阳光和疾驶而过的云影剥夺了和全国性假日的任何过于直接的联系，但是此刻，在这座记忆之城中，它们无疑是在庆祝着那个春日的精髓，泥浆的刷刷声，即将发作的腮腺炎，还有女士帽子上的那只羽毛倒竖、一只眼睛血红的奇异的鸟。

六

　　她在我们家待了七年，课越上越少，脾气越来越坏。不过，比起在我们这一大家子人中来来去去的英国女家庭教师和俄国男家庭教师来，她似乎像一块坚硬无情的永恒的岩石。她和他们所有人的关系都很不好。夏天里，很少有不到十五个人坐下来吃饭的时候，而碰到生日，吃饭的人数会上升到三十个或者更多，饭桌的座次就成了女士特别关心的重大问题。在这样的日子里，叔叔伯伯，姑姑婶婶，堂表兄弟姐妹，会从邻近的庄园前来，村医会乘他的双轮轻便马车来，人们会听见村里小学的校长在阴凉的大厅里擤鼻子，手里攥着湿湿的、发出轻微响声的淡绿色铃兰花束，或脆弱的天蓝色矢车菊花束，从那儿的一面又一面镜子前经过。

　　如果女士发现自己的座位太远，在那张大餐桌的头上，特别是如果她的优先地位不如某个几乎和她一样胖的穷亲戚的话（"Je suis une sylphide à côté d'elle。"[1]女士会轻蔑地耸耸肩说），她的受伤害感会使她的嘴唇抽动，想做出一个冷笑——而当一个天真的邻座报以微笑的时候，她就会很快摇摇头，好像从某种沉思中惊醒过来，一面说："Excusez-moi,

---

1　法文，在她旁边我是个苗条女子了。

je souriais à mes tristes pensées。"[1]

仿佛大自然不愿放过任何一件会使她过度敏感的事情，所以让她听觉很差。有时候在吃饭时，我们男孩子们会突然意识到，两大滴眼泪正顺着女士肥大的脸颊慢慢往下流。"别理会我。"她会小声说，而且继续吃下去，直到没有擦掉的泪水使她看不见东西为止；然后，她会伤心地打个嗝，站起身子，踉跄地走出餐厅。真相会一点一点地显露出来。大家的话题转到了，比方说，我姑父指挥的军舰上，她却理解为在俏皮地挖苦她那没有海军的瑞士。不然就是因为她想象，只要用法语交谈，就是一种诡计，故意阻止她不能领导谈话并使之增色。可怜的女人，她总是这样紧张而急匆匆地要在能够听得懂的桌边闲谈窜回俄语之前取得对谈话的控制，怪不得她总是胜任不了角色。

"哦，你那议会，先生，情况怎样？"她会从她坐的桌子那一头突然欢快地脱口问道，要求父亲回答，而父亲在让他心烦的一天之后，实在并不渴望和一个对国家存在的问题既不了解也不关心的、少有的不切实际的人讨论这些。以为有人提到了音乐，她会兴致勃勃地说："可是寂静同样可以很美，嗨，有一天黄昏，在阿尔卑斯山一个荒凉的山谷里，我真的听见了寂静。"诸如此类的妙语，特别是在越来越厉害的耳聋导致她回答没有人提出的问题，造成了一阵痛苦的沉默，而不是激起

---

1 法文，对不起，我是在对自己的忧思微笑。

阵阵轻松的 causerie[1] 的时候。

　　还有，确实，她的法语太美了！当她那和拉辛爱犯头韵毛病的虔诚的诗歌一样没有任何内容的珍珠般的语言闪烁着潺潺流淌之时，人们还应该在意她文化之浅薄、脾气之恶劣和思想之平庸吗？是我父亲的藏书室，而不是她有限的学识，教会我欣赏真正的诗歌；然而，她的清晰畅达和具有光彩的语言在某种程度上对我产生了奇特的振奋作用，就像那些用来净化血液的晶莹的嗅盐。这就是为什么现在一想到女士在看到从她那大象般的身体里发出的夜莺般的声音是多么不为人所知、是多么不受重视的时候必定会感到的痛苦，我的心里就非常难过。她在我们家的时间很长，太长了，固执地希望有什么奇迹出现，能把她变成像朗布伊埃夫人[2]那样的人，在她出色的魅力的吸引下，为诗人、王公贵族和政治家举办金碧辉煌的沙龙。

　　如果不是因为一个叫兰斯基的年轻的俄国男家庭教师的话，她本来是会继续希望下去的。兰斯基有着温和的近视的眼睛和强烈的政治见解，是受雇来在各种科目上辅导我们的，特别是体育方面。他有过好几个前任，没有一个是女士喜欢的，但是他，如她所说，是 "le comble"[3]。兰斯基虽然对我的父亲很

1　法文，闲谈。

2　Madame de Rambouillet（1588—1665），十七世纪上半叶对法国文学的发展产生了相当影响的贵妇。她在自己的住所创立了文学界的沙龙，贵族和文学界人士以平等身份参加。

3　法语，"到头了"。

崇敬，却不怎么能够容忍我们家里的某些方面的事情，如使用男仆和说法语，他认为后者是一个自由主义者的家庭中的毫无用处的贵族习俗。另一方面，女士认定，如果兰斯基只用简短的嘟哝（由于他没有一种更好的语言，他企图使之德语化）来回答她提出的直截了当的问题，那不是因为他听不懂法语，而是因为他想要在众人面前侮辱她。

我能够听见并看到女士用悦耳的声调请求他把面包递给她，但是上嘴唇却不祥地颤抖着；同样，我能够听见并看到兰斯基对法语不加理会，坚定地继续喝他的汤；最后，随着一声鞭抽般凌厉的"Pardon, monsieur"[1]，女士会猛然径直把手伸过他的盘子，抓起面包篮，然后缩回手，道声"Merci！"[2]，充满了十足的挖苦，使得兰斯基毛茸茸的耳朵带上了天竺葵的颜色。"畜生！无赖！民粹分子！"事后她会在自己的房间里抽泣着说——她的房间已经不在我们隔壁了，但还是在同一层楼上。

如果她正在因为气喘，十来步一停地费力地慢慢上楼（因为我们圣彼得堡宅子里的小小的液压升降机会经常而且相当无礼地拒绝运作）的时候，兰斯基恰巧脚步轻捷地走下来，女士就会坚称他狠狠地撞了她，推了她，把她撞倒在地，我们已经能够看见他践踏她倒在地上的身子。她越来越经常地离开餐桌，她本来要错过的甜食会跟在她后面策略性地给送上去。她

1　法文，请原谅，先生。

2　法文，谢谢。

会从偏远的房间里给我母亲写一封十六页的信，母亲急忙上楼时，会发现她夸张地往箱子里收拾东西。后来，有一天，没有人阻止她继续收拾行李。

七

　　她回到了瑞士。第一次世界大战爆发了，后来是俄国革命。二十年代初期，那时我们的通信早已完全停止，由于流亡生活中的偶然行动，我碰巧和大学里的一个朋友去了洛桑，因此我想，如果女士还活着的话，不妨去看望一下她。

　　她还活着。更矮胖，头发很白，几乎完全聋了，她以猛烈爆发的深情欢迎我。现在代替那幅西庸城堡的画的，是一幅俗艳的三驾马车图。她热情地谈到她在俄国的生活，仿佛那是她自己失去了的祖国。确实，我在附近发现，有相当多这样年老的瑞士女家庭教师聚居于此。她们聚集在一起，在争相回忆中不断感到激动，在已经变得陌生的环境中建立起自己小小的孤岛。女士的知心朋友是现在干瘪得和木乃伊一样的戈莱小姐，我母亲原来的女家庭教师，八十五岁了，仍旧整洁和忧郁；在母亲结婚以后很久她仍一直在我们家里，只比女士早两年回到瑞士，当两个人都在我们家生活的时候，他们彼此连话都不说。人总是在自己的过去中更无拘束，这就部分地解释了那些可悲的女子对一个遥远的、而且坦率地说颇为不像话的国家在逝去后的爱，她们从来没有真正了解这个国家，而且在这个国家中也从来没有感到十分满意过。

　　由于女士耳朵听不见，不可能进行谈话，我和朋友决定第二天给她带来我们猜想她买不起的那装置。一开始她没有把那笨拙的东西调节好，但等到刚一调好，她立刻转向我，泪光闪烁的眼睛里充满了惊奇和快乐。她发誓说她能够听见我说的每一个字、每一声低语。她不可能听见，因为我心存疑虑，根本没有说话。如果我说了话，我会告诉她感谢我的朋友，是他花钱买的这个装置。那么她听见的是不是寂静，她过去曾谈到过的那阿尔卑斯山的寂静？在过去的岁月中，她一直在对自己撒谎；现在，她在对我撒谎。

在动身去巴瑟尔和柏林之前，我碰巧在寒冷的、雾蒙蒙的黑夜里在湖边散步。在一处地方，一盏微弱的孤灯冲淡了黑暗，将雾变成了可见的霏霏细雨。"Il pleut toujours en Suisse"[1]原是一句随口说出的评论，过去曾使女士流泪。在下方，一道宽阔的微波，几乎是波浪了，以及隐约发白的什么东西吸引了我的目光。来到波浪拍岸的水边时，我看到了这样的景象——一只年老的天鹅，一只巨大、笨拙、像渡渡鸟的动物，在做着可笑的努力，想使自己能够跳上一条停泊着的船里。它做不到。它翅膀沉重、虚弱地扑打着，碰在摇摆着的、水花四溅的船上发出滑溜溜的声音，光线落到之处是黑黢黢的波浪黏稠的闪烁———一时间，这一切似乎都充满了那种奇特的意义，它在梦中有时候和一根手指联系在一起，它压在嘴唇上使之不要出声、然后又指着做梦的人在猛地惊醒之前没有时间看清楚的一

---

1 法语，"在瑞士老是下雨"。

个什么东西。但是尽管我不久就忘记了那个凄凉的晚上，奇怪的是，在两年后当我得知女士已经去世的消息时，首先出现在我脑子里的，正是那个晚上，那个混合的形象：颤栗、天鹅和波浪。

她一生都在感受苦难；这种苦难是她天生的特性；只有它的起伏、它多变的深度给了她在运动着和生活着的印象。使我不安的是，只有苦难感而没有别的，是不足以造就一个永久的灵魂的。我的孤僻的大块头女士在人世间是没有问题的，但是要永恒就不可能了。我是否真正把她从虚构中抢救了出来？就在我听到的节奏开始衰退和消逝之前，我发现自己在琢磨，不知道在我认识她的那些年里，是不是一直完全忽略了她身上的一些什么东西，比她的几层下巴或者她的习性或甚至她的法语更为本真得多的她——也许是类似于在对她的最后一瞥中看到的什么东西，类似于她那为了使我离去时为自己的仁慈行为感到高兴而使用的洋溢着喜气的欺骗，或者类似于那只天鹅，它的痛苦远比一个弯身的舞蹈演员的苍白的手臂更为接近艺术的真实；总之，是只有在我具有安全感的童年时代最为挚爱的人和物已经灰飞烟灭，或者心脏中弹之后，我才能够领悟赏识的什么东西。

女士的故事还有个附录。当我最初写它的时候，我不知道有些人令人惊奇地存活了下来。例如，在一九六〇年，我在伦敦的表兄弟彼得·德·彼得森告诉我，他们的英国保姆，一九〇四年在阿巴集亚的时候我感到似乎就很老了，这时已经九十多岁了，身体很健康；我也不知道我父亲的两个妹妹的女家庭教师布维尔小姐（后来是康拉德太太）在我父亲去世后，又活了几乎半个世纪。她于一八八九年来到他们家里，待了六年，是一系列女家庭教师中的最后一位。彼得的父亲伊万·德·彼得森在一八九五年画了一幅漂亮的小小的纪念画，表现了在巴托沃生活中的各种事件，上面有装饰着蔓叶花饰的我父亲的亲笔题词：A celle qui a toujours su se faire aimer et qui ne saura jamais se faire oublier.[1] 在上面签名的还有四个纳博科夫家的年轻男子和他们的姐妹中的三个，纳塔丽娅、伊丽莎白和娜杰日达，还有纳塔丽娅的丈夫、他们小小的儿子米蒂克、两个表姐妹，以及俄国男家庭教师伊万·亚历山德罗维奇·帝霍茨基。六十五年之后，在日内瓦，我妹妹叶莲娜发现了康拉德太太，现在已经生活在她的第十个十年里了。这位年事极高的老太太跳了一代人，天真地把叶莲娜当成了我们的母亲，一个那时十八岁的姑娘，在那些遥远的日子里常常和戈莱小姐一起乘车从维拉到巴托沃去，久远岁月的长长的光芒找到了这样多巧妙的方式照射到了我的身上。

1　法语，献给那位知道如何被人爱、也知道永远不会被人忘记的人。

第六章

一

在我童年时代那传奇般的俄罗斯，夏天早晨我醒来后第一眼看见的是白色内百叶窗的缝隙。如果它显露出的是浅灰白色，那你最好干脆别打开百叶窗了，这样就可避免看到阴沉的白天摆好姿势在水坑里照出来的形象了。从那一道昏暗的光线上，你会多么恼怒地推想到那铅灰色的天空，湿漉漉的沙子，丁香树丛下稀粥似的乱七八糟的破碎了的棕色花瓣——以及紧贴在花园的一张湿长凳上的那片平平的淡褐色的叶子（季节的第一个受害者）！

但是如果那一道缝闪烁着露珠般晶莹的长条，那么我就会赶紧使窗子亮出它的宝贝来。只要猛一推，屋子就会分成光和阴影。在阳光下移动着的白桦树叶有着葡萄的半透明的绿色调，与之相对的有衬托在极其浓重的蓝色背景下的黑丝绒般的冷杉树，多年以后，我才在科罗拉多州的山地森林区再度发现类似这样的景象。

从七岁开始，一切我感到和框在长方形范围内的阳光有联系的东西，都受到唯一的一种激情的支配。如果早晨我第一眼看见的是太阳，我第一个想到的就是它会孕育其生长的蝴蝶。起初的事情是够平淡的。正对着大门，在垂在一张长椅的雕花椅背上方的忍冬上面，我的指路天使（它的翅膀，除了缺少一道佛罗伦萨式的镶边外，和弗拉·安吉利科[1]画的加百列[2]的翅膀很像）给我指出了一位稀客，一只绚丽的淡黄色的活物，身上有黑斑和蓝色的钝锯齿形，在镶着铬黄色边的黑尾巴上方各有一个朱砂红的眼点。在探察自己停留的那下垂的花朵时，它那布满粉状物的身体微微弯着，不停地抽动着大翅膀，这时，我想要得到它的愿望是我体验过的最为强烈的愿望之一。我们城里住宅的看门人阿基里·乌斯金，因为一个好笑的原因（将在别处说明），那年夏天恰巧和我们一起在乡间，他设法用我的帽子捉住了它，然后连着帽子一起把它转到了一个大衣柜里；女士傻乎乎地指望经过一夜时间，家用萘能够把它杀死。然而，第二天早上，当她打开衣柜拿东西的时候，随着一阵有力的沙沙声，我的凤蝶直扑到她脸上，然后朝开着的窗子飞去，很快就只剩下了一个金黄色的小点，起伏躲闪，向着东方高飞而去，越过树林和苔原，到沃洛格达、维亚特卡和彼尔姆，越过荒凉的乌拉尔山脉到雅库茨克和上科雷姆斯克，然后从它失去了一个尾翅的上科雷姆斯克到美丽的圣劳伦斯岛，越过阿拉斯加到道森，再沿着落基山脉向南——在经历了一场历时四十年的赛跑之后，最终在博尔德附近一棵当地大齿杨下的外来的蒲公英上被追上并捉住了。在博德利图书馆[3]的藏书中，

1　Fra Angelico（约 1400—1455），意大利文艺复兴早期佛罗萨画派的著名画家。

2　Gabriel，基督教《圣经》中传达上帝佳音的七大天使之一。

3　Bodleian Library，牛津大学图书馆，是英国历史最悠久、最重要的图书馆之一。

有一封布龙先生在一七三五年六月十四日写给罗林斯先生的信，他说有一个叫弗农先生的人追逐一只蝴蝶，追了九英里才捉住了它（《娱乐评论或文学和生活之怪癖》，第一卷，一四四页，伦敦，一八二一年）。

大衣柜事件后不久，我发现了一只极其壮观的飞蛾，被困在门厅窗子的一个角落里，母亲用乙醚杀死了它。在以后的年代里，我用过许多杀虫剂，但是只要稍一接触最初用的乙醚，就总会使得过去的门廊亮起来，吸引来那只犯了大错误的漂亮蛾子。有一次，成年以后，我在做阑尾炎手术处于乙醚的作用之下时，像一幅贴花转印画那样生动地看到了我自己穿着一套水手服，在一位中国女士——我知道她是我的母亲——的指导下，把一只新出现的帝蛾做成标本。一切都在那儿，鲜明地在我梦中重现出来，而此时我自己的重要器官正被暴露在外：那浸湿了的、冰冷的脱脂棉压在那只昆虫狐猴形的头上；它身体逐渐平息下来的抽搐；大头针刺穿它胸部的硬壳时那令人满足的咔啪声；把大头针尖小心翼翼地插进昆虫标本板的软木底座的槽里；把厚实的有强壮翅脉的翅膀在整齐粘贴好的半透明纸条下面对称地摆放好。

二

　　那时我一定是八岁了，在我们乡间宅第的一个储藏室里，在各种各样布满尘土的东西中，我发现了一些非常精彩的书，是我的外婆对自然科学感兴趣、请了一位著名的大学动物学教授（希姆科维奇）到家里来给女儿上课的时候买的。这些书里，有的仅仅是老古董，例如一七五〇年左右在阿姆斯特丹出版的阿尔伯图斯·西巴的那四大卷棕色对开本著作（*Locupletissimi Rerum Naturalium Thesauri Accurata Descriptio*······[1]）。在那粗糙的书页上我发现了蛇、蝴蝶和胚胎的木刻画。每一次偶然看见在玻璃广口瓶里吊住脖子的一个埃塞俄比亚女婴的胚胎，都会使我震惊，令我作呕；我也不怎么喜欢 CII 页插画里的制成标本的水螅，在它七条像蛇一样弯曲的脖子上有七个狮牙状龟头，它的古怪的肿胀的躯体两侧有纽扣似的突起，躯体终端是一个多节的尾巴。

　　在那个阁楼上，混在满是高山楼斗菜、蓝色的 palemoniums，朱庇特剪秋萝、橘红的百合花，以及其他达沃斯花的植物标本集之中，我找到的其他书籍更接近我的学科。我把一堆堆妙极了的非常吸引人的图书抱到楼下：玛利亚·西比拉·梅里安

1　拉丁语，《自然语汇精确描绘大全······》。

（一六四七——一七一七）的可爱的苏里南昆虫的插图，埃斯珀
的卓越的 *Die Schmetterlinge*[1]（埃朗根，一七七七年），还有布瓦
迪瓦尔的 *Icones Historiques de Lépidoptères Nouveaux ou Peu Connus*[2]
（巴黎，始于一八三二年）。更令人兴奋的是十九世纪后半叶的
作品——纽曼的《英国蝴蝶和飞蛾博物学论著》，霍夫曼的 *Die
Gross-Schmetterlinge Europas*[3]，尼古拉·米哈伊洛维奇大公关于亚
洲鳞翅目昆虫的 *Mémoires*[4]（伴有卡夫里金、雷芭科夫和拉昂画
的无比美丽的插图），斯卡德的关于《新英格兰蝴蝶》的惊人
巨作。

回想起来，一九〇五年的夏天虽然在许多方面相当生动，
但是在和村里小学的校长一起散步的小路周围或上空，却还
没有任何一点翅膀的轻快拍动，或色彩绚丽的绒毛般的飘动
来使之充满勃勃生机：一九〇六年六月的那只凤蝶还在路边
的一种伞形植物上处于幼虫阶段；但是在那个月里，我开始熟
悉了二十来种普通的品种，女士在提到某条林间小路时，已
经将它称为 le chemin des papillons bruns[5] 了，这条小路的终点是
一片充满了有珍珠色边缘的小小的豹纹蝶（在我的第一本难忘
的、充满了永久魔力的、当时刚刚出版的小手册，理查德·索
思的《不列颠群岛的蝴蝶》中，就是这样称呼它们的）的低湿

---

1 德语，《鳞翅目》。
2 法语，《新的或罕见的鳞翅目之历史图示》。
3 德语，《欧洲鳞翅目大全》。
4 法语，《回忆录》。
5 法语，褐色蝴蝶之路。

草地。到了第二年，我开始意识到，我们的许多蝴蝶和飞蛾在英国或中欧是没有出现过的，而更为完备的地图集帮助我确定了它们。一九○七年初的一场大病（肺炎，高烧到摄氏四十一度）神秘地消除了在几个月里使我成为神童的算术方面的怪才（今天要是没有纸笔的话，我连十三乘十七都算不出来；不过能够立马把它们加在一起，锯齿形的三插进去正合适）；但是蝴蝶幸存了下来。母亲在我床旁堆积出了一个图书馆和一个博物馆，想要描述一个新的种类的渴望完全取代了发现一个新素数的渴望。一九○七年八月到比亚里茨的旅行增添了新的奇品（虽然不如后来一九○九年的那么清晰、那么多）。到一九○八年的时候，我已经完全掌握了霍夫曼所知的欧洲鳞翅目。到一九一○年，我已经怀着梦想看完了塞茨巨大的画册《世界鳞翅目大全》的头几卷，买了最近才得到记叙的一些稀有品种，正在贪婪地阅读昆虫学期刊，特别是英国和俄国的期刊。分类学的发展正经历着巨大的变化。自十九世纪中期以来，欧洲大陆的鳞翅昆虫学研究，总体说来，一直是在德国人得心应手的操纵下的一件简单而稳定的事情。它的权威人物施陶丁格博士也是最大的昆虫经销公司的首脑。即使是现在，在他去世半个世纪以后，德国的鳞翅昆虫学家仍然没有能够完全摆脱他的权威形成的具有催眠作用的魔力。当他的学派作为一种科学力量的影响开始在世界上减弱的时候，他还在世。在他和他的追随者仍坚持使用约定俗成的具体及一般的名称、满足于根据肉眼能够看到的特征对蝴蝶进行分类的时候，英语世界的作者已经在推行命名学的改革了，这是严格运用优先法则以及建立在对器官的显微研究基础上的生物分类学方面变化的结果。德国人竭尽全力对新潮流置之不理，继续珍视昆虫学集邮特色的一面。他们对"不应被迫去进行解剖的普通的收藏者"的关心，可以和通俗小说的神经紧张的出版商取悦于"普通读者"——他们不应被迫去进行思考——的做法相媲美。

还有另外一个更为一般的变化，正好发生在我青少年时期对蝴蝶和飞蛾产生强烈兴趣的同时。按维多利亚时代和施陶丁格式所分的种类，无论是互不相关的还是有相同特征的，都有各种各样（高山、极地、岛屿等）的"品种"，可以说就像次要的附属物似的，是从外部加上去的；这样的种类被新的、多种形式的和可变的种类所替代，在构成上包括了地理族类或亚种。这样，通过更为灵活的方法和分类，能够更为清楚地把具体进化的方面显示出来，生物学的研究也能够为蝴蝶和大自然之间的中心问题提供进一步的联系。

神秘的拟态对我有着特别的吸引力。这种现象显示出了一种通常和人造事物相关联的艺术上的完美。想想看，通过翅膀上气泡样的斑点（还配有假折射），或者通过蝶蛹身上有光泽的黄色小疙瘩来模仿毒汁的分泌（"别吃我——我已经被压扁了，尝过了，抛弃不要了"）。想想看一只像会耍杂技的毛毛虫（龙虾飞蛾的幼虫）的本事吧，在幼年期它看起来像鸟粪，但是蜕皮后长出了稀少的膜翅目附属物，有了巴洛克式的特征，使得这非同一般的家伙能够同时扮演两个角色（就像东方表演里一个人变成一对交缠在一起的摔跤手的那个演员）：一个角色是蠕动的幼虫，另一个是看上去似乎在折磨它的大蚂蚁。当某只飞蛾在形状和颜色上酷似某只黄蜂时，它行走和摆动触角时也是一副像黄蜂而不像飞蛾的样子。当一只蝴蝶不得不像一片树叶的时候，它不仅出色地表现了树叶的所有细节，而且一般还慷慨地送上斑痕以模仿被蛆虫钻出的洞眼。达尔文意义上的"自然选择"无法解释模仿神态和模仿行为之间神奇的巧合，当一种保护措施在模仿上的微妙、极致和奢华达到了大大超过其捕食者的鉴别力的程度时，人们也无法求助于"生存竞争"的理论来加以解释。我在大自然中发现了自己在艺术中寻求的非实用主义的喜悦。两者都是一种形式的魅力，两者都是一场难以理解的令人陶醉和受到蒙蔽的游戏。

三

　　我在各种气候区、在各种装扮下捕捉蝴蝶：一个穿灯笼裤戴水手帽的漂亮小男孩；一个穿法兰绒裤子戴贝雷帽的四海为家的瘦长侨民；一个穿短裤不戴帽子的胖老头。我的陈列柜大多和我们的维拉住宅有着共同的命运。在我们城里住宅中的那些，以及我留在雅尔塔博物馆里的小小的补充部分无疑已经为皮囊虫和其他害虫所毁。我在流亡期间开始收集的一批南欧品种的收藏品在第二次世界大战期间丢失在了巴黎。从一九四〇到一九六〇年期间我在美国捕捉到的（几千种标本，包括极其稀有的珍品和类型）都在比较动物学博物馆、美国自然历史博物馆和康奈尔大学昆虫学博物馆中，它们在这些地方比在托木斯克或阿托木斯克[1]要安全。难以置信的快乐记忆，事实上几乎可以和我对俄国童年的记忆相媲美的，是和我在马萨诸塞州坎布里奇的比较动物学博物馆所做的研究工作（一九四一——一九四八）联系在一起的。同样使我感到快乐的，是在二十年期间几乎每一个夏天都要从事的、走遍我移居的国家大多数州的采集旅行。

　　在杰克逊洞和大峡谷，在科罗拉多州特柳赖德的山坡上，

1　Tomsk or Atomsk，前者为苏联西伯利亚东南部城市，作者在其前加字母a，杜撰成"阿托木斯克"（Atomsk）。

以及在纽约州奥尔巴尼附近的一片远近驰名的松林泥炭地上，生活着并将继续一代又一代、比书的版次更多地生活着我称为新品种的蝴蝶。我的好几种发现已经被其他人研究过了；有的以我的名字命名。其中之一，纳博科夫尺蠖蛾（Eupithecia nabokovi McDunnough），是我在一九四三年的一个夜晚，在犹他州詹姆斯·劳克林的阿尔塔小舍的落地大观景窗的玻璃上捉住放进盒子里的，它极富哲理地与螺旋发展的主题相切合，这个主题开始于一九一〇年左右的奥雷德兹的树林——或许更早，在一个半世纪之前新地岛的那条河边就开始了。

确实，我在感情或食欲、志向或成就方面体会到的东西，在丰富多彩性和强度上很少能够超越探究昆虫学时感到的激动。从一开始它就具有许多相互辉映的方面。其中之一是独处的强烈愿望，因为任何伙伴，无论多么安静，都会妨碍我专心致志地享受我的癖好。要满足它是不允许有任何妥协和例外的。我十岁的时候，男女家庭教师就已经知道，上午是属于我自己的，于是都小心地避开。

有关这个方面，我想起了一个同学来访的事，这是一个我很喜欢的少年，曾和他在一起玩得非常开心。他是在一个夏夜——我想是一九一三年——从大约二十五英里外的一个城镇来的。他父亲不久前死于事故，家庭破落了，因为没有钱买火车票，这个勇敢的孩子一直骑车走了那么多英里来和我一起待上几天。

他来的第二天早晨，我想尽办法偷偷离开宅子去进行我上午的跋涉，不让他知道我去了哪里。我连早饭也没有吃，歇斯底里地匆匆拿上网子、药筒子和杀虫瓶，从窗子逃了出去。一旦进入了树林我就安全了；但是我仍然继续往前走，小腿打颤，眼睛里满是滚烫的泪水，当我想象我那可怜的朋友，拉着苍白的脸、系着黑领带没精打采地在炎热的花园里转悠——没事可干只好拍拍气喘吁吁的狗，使劲为我不在给自己找理由——我浑身上下因羞愧和自我憎恶而抽搐起来。

让我客观地审视一下自己的恶习吧。除了我的父母，没有人真正理解我的迷恋，很多年以后我才遇到了同病相怜的人。我最先明白的事情之一是，自己收藏品的增加不能依靠别人。一九一一年夏天的一个下午，女士走进我的房间，手里拿着本书，说她想要让我看看卢梭[1]是如何机智地（出于对植物学的偏爱）指责动物学的，而那时她把自己肥硕的身躯落进椅子里的重力过程已经到了我痛苦的呼号也阻止不了的地步：我刚巧把一个有玻璃盖的陈列柜里用的盘子放在了椅座上，盘子里有长长的一系列漂亮的大白蝶。她的第一个反应是被刺痛了的虚荣心：肯定不可能把事实上已经被它毁掉了的东西归罪于她的体重；她的第二个反应是安慰我：Allons donc, ce ne sont que des papillons de potager！[2]——这只能使事情更糟。新近刚从施陶丁格处买来的一对西西里的蝴蝶也被压坏，受到了

1　Jean Jacques Rousseau（1712—1778），法国思想家，文学家。
2　法文，算了，这些只不过是菜园子里的蝴蝶而已！

损伤。一个巨大的比亚里茨蝶的标本被完全损坏了。被毁的还有我的一些精选的本地捕获品。在这些里面，这一个种属中和加那利族相似的一只畸变了的蝴蝶的标本也许可以用几滴胶水修复；但是一只珍贵的雌雄嵌体蝴蝶——左侧雄右侧雌——的腹部找不到了，翅膀也掉了下来，被永远毁掉了：你可以把翅膀重新粘上，但是却不能证明四个翅膀都属于那个钉在一枚弯大头钉上的没有头的胸部。第二天早晨，带着一副极为神秘的样子，可怜的女士动身到圣彼得堡去，晚上回来时给我带来了（"比你那些菜粉蝶要更好的东西"）固定在石膏上的一只平庸的乌拉尼亚飞蛾。"你是怎样地拥抱我、高兴得又蹦又跳啊！"十年后当她在创造一个崭新的过去的时候这样大声说道。

有一次到国外旅行时，我曾把一种稀有的飞蛾蛹留在我们的乡间医生那儿，他写信给我，说全都孵得很好；但是事实上这些珍贵的蛹到了一只老鼠嘴里，我回来后，这个骗人的老头拿出了一些普通的蛱蝶，想来必定是他匆忙从自己的花园里捉来，往繁殖笼里一放，作为貌似可信的替代（他这么认为）。比他强的是一个热心的厨师助手，他有时把我的工具借去，两个小时以后带着一袋子活跃的无脊椎生命和别的几样东西凯旋而归。他会松开用一条绳子系紧的网口，倒出丰富的战利品——一大堆蚱蜢、一些沙子、在回家的路上出于节俭采摘的一个蘑菇的两半、更多的蚱蜢、更多的沙子，和一只遍体鳞伤的小白蛱蝶。

作者父亲和母亲叶连娜·伊万诺夫娜·卢卡维什尼科夫
（一八七六——一九三九）一九〇〇年摄于他们在圣彼得堡
省的维拉宅的花园平台。父母身后园子里的白桦和冷杉树
和一八一页的那张从前的一个夏天所照的照片上背景里的
树木是一样的。

弟弟谢尔盖和我，一个一岁，一个两岁（看起来像有头发和没有头发的同一个婴儿），一九〇一年十二月摄于比亚里茨。想来我们是从那年冬天所居住的波城去到那儿的。对第一次到法国南部去的那次旅行，我唯一的记忆是：一片闪闪发光的湿屋顶。此后有过其他的旅行，两次去到比亚里茨（一九〇七及一九〇九年的秋天）两次去到里维埃拉（一九〇三年秋末及一九〇四年初夏）。

父亲，时年三十五岁，和七岁的我，一九〇六年在圣彼得堡。

在俄国大诗人的作品中，我只能找到两个真正能给人以美感的鳞翅目的意象：蒲宁[1]对无疑是一只蛱蝶的完美无瑕的形象再现：

> 飞进房间里的
> 会是一只身披绸缎的彩蝶
> 在蓝色的天花板上
> 扑动，沙沙和卜卜作响……

还有费特[2]的"蝴蝶"的独白：

> 我从哪里来，又匆匆去到何方
> 请不要询问；
> 此刻我停落在一朵优美的花上
> 此刻在呼吸。

在法国诗歌中，缪塞[3]的著名诗行（在《柳树》中）给了人们很深的印象：

1　Ivan Alekseyevich Bunin（1870—1953），俄国小说家，诗人，获一九三三年诺贝尔文学奖。

2　Afanasy Afanasyevich Fet（1820—1892），俄国诗人，翻译家。

3　Alfred de Musset（1810—1857），法国浪漫主义运动杰出的诗人和剧作家。

Le phalène doré dans sa course légère

Traverse les prés embaumés[1]

这是对在英国被称为橙黄蛾的雄性尺蠖蛾在黄昏时出没飞行的绝对精确的描写；还有法尔格关于一座花园的极为迷人的确切用语（在《四天》中），花园在夜幕降临时 se glace de bleu comme l'aile du grand sylvain[2]（杨树彩蝶）。在英语诗歌中极少的几个真正的鳞翅昆虫学的意象中，我最喜欢的是勃朗宁的：

> 在我们另一侧是耸然直立的岩石；
>
> 山谷和岩石之间是一条
>
> 夹在巨大的砾石中的小路
>
> 砾石上地衣模仿
>
> 飞蛾的斑点，而小小的羊齿植物将它们的
>
> 齿形叶边贴合在光滑的岩块上
>
> （《在火堆旁》）

普通人是多么不注意蝴蝶，真是令人吃惊。为了让我那对这一点表示怀疑的同伴明白，我故意问帆布背包里装着加缪[3]

1　法语，那只金色的尺蠖蛾轻盈地飞舞／飞过芬芳的草地。

2　法语，它蓝色的薄霜犹如大蛱蝶的翅膀。

3　Albert Camus（1913—1960），法国小说家，戏剧家，评论家，获一九五七年诺贝尔文学奖。

作品的健壮的瑞士徒步旅行者，他在沿小路下山的时候有没有看见蝴蝶。"没有，"他平静地回答道。而大群的蝴蝶刚刚才在那里让你我开心不已。可是，下面的情况也是真的，当我回忆有关一九〇六年前的一个夏季——也就是说，在我的第一份地点标签上的日期之前——的一条细节记得清清楚楚、以后再也没有去过的小路的形象的时候，却连一只翅膀、翅膀的一次扇动、一道天蓝色的闪光、一朵亮闪闪的点缀着飞蛾的花都没有能够看得出来，就好像有人在亚德里亚海岸上施行了一种邪恶的妖术，使那里所有的"鳞翅们"（如我们中间爱用俚语的人所说）都隐了形。一个昆虫学家有朝一日在一位兴高采烈、已经摘下了防护帽的植物学家旁边，跋涉在一颗类似的行星上的令人惊骇的植物群中，眼前却连一只昆虫也看不见的时候，可能就会有这种同样的感觉；就这样（奇特地证明了一个奇特的事实：只要可能，一个人幼年时的景象会被一个具有经济头脑的制片人用做我们成年后梦境的现成背景），我的某个反复出现的噩梦里的那座海边的山顶上——我曾在清醒时把一张可折叠的网偷偷弄到了那里去——长满了生机勃勃的百里香和草木樨，但是却不可思议地缺乏那儿应该具有的任何蝴蝶。

我还很快发现，一位沉溺于自己安静的探索之中的"鳞翅家"很容易引起别人的奇怪反应。有多少次，当安排好了要去野餐，而我颇为不自然地企图不引起注意地把自己简陋的工具放进有一股沥青味（用一种沥青制剂使苍蝇不来叮马）的敞篷大马车里，或者放进有茶叶气味的欧宝折篷汽车里（四十年以前，汽油就有这种气味）的时候，某个堂兄弟或姑妈就会说："你真的就非得带上那个网吗？你就不能像个正常的男孩子那样快活地玩吗？难道你不觉得你在扫大家的兴吗？"在巴伐利亚的巴特基辛根，在一块标着 NACH BODENLAUBE[1] 的路标附近，我正要跟父亲和威严的老穆罗姆采夫（四年前的一九〇六年，他曾是第一届杜马主席）一起去远足，后者将他大理石般的脑袋转向我，一个感情上容易受到伤害的十一岁男孩，带着他著名的严肃神情说："尽管跟我们来，但是不要追蝴蝶，孩子，那会破坏走路的节奏。"一九一八年三月，在克里米亚黑海边的一条小路上，在开着柔软光滑的花朵的灌木丛中，一个罗圈腿的布尔什维克哨兵企图逮捕我，因为我给一艘英国军舰发信号（他说，用我的捕蝶网）。一九二九年夏天，我每一次穿过东比利牛斯的一个村庄，并且恰巧回头看的时候，总会看见在我身后，村民们僵在我经过他们那一刻时所处的各种姿态之中，仿佛我是所多玛而他们是罗得的妻子[2]。十年以后，在阿尔卑斯山近海地区，我有一次注意到，草在我背后呈蛇形起伏，因为一个肥胖的乡村警察跟在我后面，肚子贴地蜿蜒爬行，看我是不是在诱捕燕雀。对于我的用网捕捉活动，美国人比其他国家的人表现出更大的病态的兴趣——也许是因为我到美国去定居时已经四十出头了，人年纪越大，手里拿个捕蝴蝶

1　德文，通往博登劳伯。

2　根据《圣经》记载，当罗得带领妻女逃离即将毁灭的城市所多玛时，其妻因违背神意，回头探望，立即变成了一根盐柱。

网看起来就越古怪。严厉的农民要我注意"不得捕鱼"的告示；从公路上驶过我身边的汽车里传出过阵阵嘲笑的放纵喊叫；没精打采的狗，尽管对最恶劣的游民毫不在意，却振作起来扑向我，朝我狂吠；小娃娃们把我指给他们迷惑不解的妈妈看；宽宏大量的度假者们问过我，是不是在逮虫子做鱼饵；一天早晨，在圣菲附近的一片被正在开花的高高的丝兰装点得喜气洋洋的荒原上，一匹黑色的大母马跟了我一英里多路。

四

　　摆脱了所有的追踪者以后，我走上了从我们的维拉宅通向田野和森林的那条崎岖的红土路，白昼的振奋和光彩仿佛是在我的周围颤动着的同情。

　　刚刚长成的、颜色非常深的阿伦棕蝶——它隔年才出现一次（回忆在这一点上很顺利地和事实是一致的）——在冷杉间飞来飞去，或者在路旁的蕨丛上晒太阳时露出了它们的红色斑纹和方格图案的边缘。在青草上飞飞停停的一只叫海洛的微型眼蝶躲过了我的网子。还有几只飞蛾也在飞来飞去——艳丽的太阳的热爱者，像彩色的苍蝇在朵朵鲜花上飞来飞去，或像寻找隐藏着的雌性的睡不着觉的雄性，如那只急速飞过灌木丛的赭色栎树枯叶蛾。我注意到（我童年时代最大的不解之谜中的一个）被蜘蛛网粘住的一片柔软的浅绿色翅膀（那个时候我已经知道是什么了：一只大绿蛾的一部分）。一只木蠹蛾的巨大的幼虫，有引人注目的分节，扁平的头，肉色的躯体发出红色的光泽，一个奇特的家伙，用一个法国式的比喻来说是"像条蠕虫样赤裸裸的"，越过我的小路，疯狂地寻找一个地方化蛹（形变的可怕压力，在公共场合不光彩的突发的预感）。上一个春天，我在那棵白桦树，就是公园边门旁那棵粗壮的树的树皮上找到了一只 Sievers' Carmelite 蝶的深色变种（对于读者那只是又一只灰蛾而已）。在小桥下的水沟里，一只亮黄色的西尔维厄斯弄蝶和蜻蜓（对于我，那只不过是一只蓝色的飞蛾而已）在一起凑近乎。两只雄铜蝶从一朵花的顶端飞起到一个惊人的高度，一路争斗着向上飞——然后，过了片刻，其中一只一闪而下，回到了它的蓟丛上。这些都是熟悉的昆虫，但是时刻会有什么更好的东西使我倒吸一口气停住脚步。我记得有一天，我小心翼翼地把我的捕网越来越近地凑向一只轻巧地落在一根嫩枝上的稀有的小灰蝶。我能够清楚地看到它巧克力色的腹部底面上那白色的 W。它的翅膀合着，副翼以奇特的环形动作互相摩擦着——可能产生某种很小的、轻快的沙沙声，其音高超过了人耳能够听到的范围。我想要这个具体品种已经很久了，离得够近的时候，我突然出手了。你听到过第一流的网球手在漏接了一记易接球后的悲叹。世界闻名的象棋大师威廉·埃德蒙森在明斯克的一家咖啡馆和多人多盘同时对弈时，由于一个荒唐的疏忽，他的车丢在了当地的一个业余棋手、儿科医生沙赫的手里，沙赫最后赢了。你可能看见过埃德蒙森那个时候脸上的表情。但是那一天，没有人（除了年纪更大的自己）能够看到我从一个空网里抖出仅有的一根嫩枝，瞪眼看着塔勒坦网状布上的一个洞。

五

在两条马车道（一条保养得很好，南北连通我们"新"、"旧"两个园子，另一条既泥泞又布满了车辙，如果你往西走，则通向巴托沃）交叉处附近，两旁长满了山杨树的一片凹地上的一个地方，我确信会在六月的第三周发现带纯白条纹的蓝黑色大蛱蝶，在肥沃的湿土上方低低掠过、盘旋，当它们停落下来，收起翅膀时，腹部底面的色泽和湿土正好相配。那些就是老鳞翅目专家们曾称之为杨树蛱蝶的喜爱粪土的雄虫，更确切地说，它们属于它的布科维纳亚种。作为一个九岁的男孩子，不知道有那个品种，但我注意到我们俄国北方的标本和霍夫曼书中插图上的中欧类型有着多么巨大的不同，便鲁莽地写信给库茨涅佐夫，这位俄国、其实也是世界古往今来最伟大的鳞翅目学家之一，给我的新亚种命名为"Limenitis populi rossica"。在漫长的一个月之后，他把我对"rossica Nabokov"的描述和我画的透明水彩图寄了回来，只在我信的背面潦草地写了两个字："bucovinensis Hormuzaki"。我是多么痛恨 Hormuzaki 啊！当我在库茨涅佐夫后来的一篇论文中发现他无礼地提到"总是给杨树眼蛱蝶极其微小的亚种命名的小学生们"时，我又受到了多么巨大的伤害啊！然而，populi 的失败并没有使我气馁，第二年的夏天我"发现"了一种"新"飞蛾。那个夏季我总是在没有月亮的晚上，在园子的林中空地的青草和受到打搅的萤火虫上摊开床单，让乙炔灯的亮光投在上面（六年以后，这盏灯将再照亮塔玛拉），坚持不懈地进行采集。飞蛾会从我周围完完全全的黑暗中飘忽出来，进入到那一片明亮的活动场地，我就是以那种方式，在那张具有魔力的床单上，捉住了一只漂亮的金斑蛾Plusia（现在叫夜蛾Phytometra），我当时立刻就看出，它和它最接近的近亲的不同之处是它紫红和酱红（而不是金棕色）的前翅，较窄的苞片斑纹，在我任何一本书里都没有能够认得出来的图像。我把对它的描述和它的图像寄给了理查德·索思，想要在《昆虫学家》上发表。他也没有见过这种蝴蝶，但是非常好心地在大英博物馆的收藏品中进行查对——发现很久以前就已经被克雷奇马尔称作Plusia excelsa了。我怀着最大的坚忍接受了这个令人伤心的消息，其用词充满了同情（"……应该祝贺能够获得……极其稀有的伏尔加地区的物种……值得赞美的图像……"）；但是多年以后，纯粹出于偶然（我知道不应该对别人指出这些意外收获），我把第一个发现了我的飞蛾的人的名字给了小说里的一个瞎子，就算和他扯平了。

让我也把天蛾，我童年时代的黑宝贝召唤来吧！色彩在六月的黄昏要很长时间才会消失。我手里拿着网子站在盛开着的紫丁香树丛前面，在暮色中现出一簇簇毛茸茸的灰色——微带一丝隐紫。一镰水汪汪的新月悬挂在邻近一片草地的雾霭之上。在后来的年代里，我曾在许多园子里这样站立过——在雅典、安提贝、亚特兰大——但是再也没有像站在那些逐渐隐入黑暗中的紫丁香前那样，怀着如此热切的渴望等待过。突然它来了，低沉的嗡嗡声从一朵花传到另一朵花，以及环绕着一只黄绿和粉红相间的天蛾的流线型身体的颤动的晕圈，它平衡在它已将细舌探入其中的花冠上空。两个月以后能够在阴湿的柳叶菜上找到它漂亮的黑色幼虫（当它把带有单眼的前部体节突出来的时候，很像一条小型的眼镜蛇）。就是这样，每一个时刻和季节都有其特有的乐趣。最后，在寒冷甚至霜冻的秋夜，你可以在树干上涂上糖浆、啤酒和朗姆酒的混合物来捕蛾。穿过狂风阵阵的黑暗，你的灯会照亮树皮上黏糊糊的发亮的道道沟痕，以及上面的两三只吸吮着甜液的大飞蛾，它们的紧张的翅膀像蝴蝶那样半张着，下面的翅膀展露出了在地衣灰的原色下那令人难以置信的绯红丝绒。"Catocala adultera[1]！"当我跌跌撞撞地往家里跑，把捕获物拿给父亲看的时候，我会朝着房子亮灯的窗子怀着胜利的狂喜尖声叫喊道。

---

1 拉丁文，伪勋授夜蛾。

六

　　把我们的宅子和草场隔开的"英国"园子是个非常广阔、精心设计的园林，曲径交错，有屠格涅夫式的长凳，进口的栎树种植在本地冷杉和白桦之中。从我祖父时起就一直进行着的使园林不至返荒的斗争总是功亏一篑。没有哪个园丁能够对付得了鼹鼠粉红的前脚不断在主路整洁的沙地上堆积起来的满是小卷儿的黑土小丘。杂草和各种菌类植物，以及山脊般的树根来回横穿过洒着斑驳阳光的小径。一八八〇年代熊已经在此灭迹，但是偶尔仍有个把麋鹿在园中出没。在一块美丽别致的巨石上攀爬着一棵小小的花楸树和一棵更小的山杨树，手拉着手，像两个笨手笨脚的羞涩的孩子。其他更难发现的私闯者——迷路的野餐者或快活的村民——会在长凳和门上涂鸦，写些不堪入目的脏话，把我们白发苍苍的猎物看守人伊凡气得发疯。从另一个意义上看，这一解体的过程仍在继续着，因为当我现在企图在记忆中沿着这条弯曲的小路从某一特定点到另一点去时，我惊恐地注意到有许多由于遗忘或无知造成的空白，类似过去绘制地图的人称作"睡美人"的空白的未探明地区。

　　园子以外是田野，一片连绵不断的蝴蝶翅膀在花朵上闪烁——雏菊、风信子、飞蓬，等等——如今像某种彩色的薄雾迅速掠过我的身旁，如同人们在横跨大陆旅行时在餐车中看到的那些美丽葱翠的、永远不会去实地探察的草地。在这一片长满青草的奇境的尽头，耸立着高墙般的森林。我漫步其中，仔细查看树干（树的具有魔力的、沉默的部分），寻找某些在英国被称做尺蠖蛾的极小的飞蛾——纤柔的小东西，白天紧附在斑驳的表面上，它们扁平的翅膀和翘起的腹部与之浑然成为一体。在那里，在充满阳光的草木之海的海底，我缓慢地围绕着巨大的树干移动。对我来说，最为美妙的是能够凭着好运气，在已经被别人命名了的尺蠖蛾的长长的名单上添加进一些引人注目的新种类，世界上似乎没有任何别的事情能够与之相比。我的杂色的想象在表面上、并且是近乎荒唐地顺从于我的欲望（但是却始终在幕后悄然的密谋中，冷静地计划着我命运中最遥远的事件），不断向我提供用小号铅字印出的幻觉样本："……迄今为止的唯一标本……""……已知的被称为 Eupithecia petropolitanata 的唯一标本是由一个俄国小学生捕获的……""……由一位俄国青年采集家……""……由我本人在圣彼得堡地区的皇村区于一九一〇年……一九一一年……一九一二年……一九一三年……"然后是三十年以后沃萨奇岭[1]上的那个幸运的黑夜。

最初——在我八九岁的时候——我很少漫步到维拉和巴托沃之间的田野和树林之外的地方去。后来，当我的目的地是六

1　Wasatch Range，美国落基山脉南段的一个支脉。

英里或更远的一个地方时，我就会把网绑在自行车架上骑车去；但是，能够骑车通过的林间小路是不多的；当然，骑马去是可以的，但是由于我们凶猛的俄国虻虫，不论时间长短你都不能让马在林子里停留：有一天，我那匹生气勃勃的栗色马为了躲避它们，差点爬到了拴着它的那棵树上去：都是些大家伙，有着波纹绸样的眼睛和虎纹躯体，以及小得多的、有叮起来更痛的长喙的、但是迟钝得多的灰色家伙：当它们紧叮在我的坐骑的脖子上时，用戴着手套的手一记猛击，消灭上两三个这种肮脏的嗜血者，给了我美妙的移情式同情的慰藉（一个双翅目学家可能不会赞赏这种行为）。总之，在我捕捉蝴蝶的时候，比起其他的移动方式来，我更喜欢步行（自然，例外的是悠闲地飞过一座未经考察的山岭的植物丛和岩石，或在雨林中盛开着鲜花的树顶上方盘旋的飞机上的一个座位）；因为当你步行的时候，特别是当你在非常熟悉的地区步行的时候，当你脱离预定路线，随处去探访路边的这片林间空地、那道幽谷、土壤和植物群的这样或那样的混合之时，会感受到一种极度的愉快——就仿佛是顺路到它特定的栖息地去拜访一只熟悉的蝴蝶，看看它是否已经出现，如果出现了，它又生活得怎样。

在七月的一天——我想，大约是在一九一○年——我感到一种冲动，想要去探察在奥雷德兹河对岸那片广阔的沼泽地。在沿着河岸走了三四英里以后，我找到了一座摇摇晃晃的步行桥。在过桥的时候，我可以看到在我左边一个村庄的小屋，苹果树，放在绿色河岸上的排排黄褐色的松木，以及村姑摊在草皮上的衣服给草地点缀出的鲜亮的斑块。她们一丝不挂地在浅水中嬉戏欢叫，毫不在意我，就好像我是今天的回忆中的无形载体。

河的对岸，在被踩踏的肥沃的泥土和牛粪上啜吸的密密的一群亮蓝色的小雄蝴蝶，在我跋涉着经过的时候一拥飞进闪烁的天空之中，我刚一走过，便又落了下来。

我穿过了几处松树林和桤木丛，来到了沼泽边。我的耳朵一听到周围双翅目昆虫发出的嗡嗡声、头顶上方一只沙锥鸟粗嘎的叫声、脚下泥沼喘气般的咕噜声，就知道自己会在这儿找到相当独特的北极地区的蝴蝶，它们的图像，更好的是不附图片的描述，我已经崇拜了好几个季节了。转眼之间我就置身于它们之中了。一只拥有斯堪的纳维亚女神这样一个名字的微黑的小豹纹蝶低低地掠过长有朦胧的幽蓝色果实的沼地越橘丛、掠过棕色的死水圈、掠过苔藓和泥潭、掠过芬芳的沼地兰花（俄国诗人笔下的夜的紫罗兰）的穗状花序。漂亮的 Cordigera，一种宝石般的飞蛾，嗡嗡地飞遍它用做食物的湿地植物。我追逐有玫瑰红边缘的粉蝶，灰色大理石花纹的眼蝶。我毫不留意盖满了我小臂的蚊子，我欣喜地咕哝着弯下身子，扼杀了在网子的褶皱里悸动着的某个布有点点银色的鳞翅目动物的生命。在沼泽的气味里，我嗅出了蝴蝶翅膀在我手指上的些微芳香，一种随着品种而有所不同的芳香——或香草，或柠檬，或麝香，或一种难以确定的带有些许霉味的甜香。我仍不满足，继续向前。最后，我看到自己已经来到了沼泽的尽头。沼泽以外逐渐升高的土地是羽扇豆、耧斗菜和钓钟柳的乐园。美丽大百合在美国黄松下盛开。远处，疾驶的云影在林木线以上的暗绿色山坡和朗斯峰上洒下一片斑驳。

我承认我不信任时间。我喜欢在使用后把我的魔毯这样折叠起来，使图案的一部分重叠在另一部分之上。让客人们出门旅行去吧。没有时间意识的最大乐趣——在任意选择的场景中——是当我站在稀有的蝴蝶和它们食用的植物之间时所体会到的。这是狂喜，而狂喜背后是别的什么，难以说清。就像是拥进了我所爱的一切东西的片刻的真空。仿佛和太阳、岩石融为一体。还有一阵激动，感激着与此相关的任何人——那位擅长以对位法安排人类命运的天才，或是那位纵容了一个幸运的凡人的温柔幽灵。

圣彼得堡的照相师在我家维拉宅的花园中给我们照的全家福，时间是一九〇八年八月，父亲刚从监狱回来，次日将和母亲一起动身去斯特雷萨。树干上的圆盘是一个箭靶子。母亲把怕光的"火车儿"放在铁桌子上，这张桌子在第二章中谈到蘑菇时提起过。祖母勉强地摆好姿势抱着我的两个小妹妹，在现实生活中她从来没有抱过她们：奥尔加坐在她的膝头，叶莲娜靠在她肩头。背景是我们院子里最古老幽深的部分。穿黑色衣裙的是母亲的姨妈普拉斯科维亚·尼古拉耶夫娜·塔尔诺夫斯基，娘家姓科兹洛夫（一八四八——一九一〇），我的父母去意大利期间由她照料我们和我们的私人教师。弟弟谢尔盖勾着她的左臂；她的另一只手扶着我。我坐在椅子的扶手上，恨死了我的领子和大领带。

第七章

一

　　在二十世纪初的几年中，涅瓦大街上一家旅行社展出了一
节三英尺长、褐如栎木的国际列车卧铺车厢的模型。它细致逼
真，我的上发条的涂漆铁皮火车完全不能与之相比。可惜它是
非卖品。人们可以看清楚它里面的蓝色装饰，车厢中分隔间墙
壁上的压印出浮雕图案的皮质衬垫，抛光护墙板，嵌在墙上的
镜子，郁金香形状的阅读用台灯，以及其他恼人的细节。宽大
的和较窄的窗户交错相间，单扇或双扇，其中一些是毛玻璃
的。有几个分隔间里床都铺好了。

　　当时出色而充满了魅力的北欧快车（第一次世界大战以
后，当它高雅的棕色变成了新贵蓝时，就再也不一样了）完全
由这样的国际列车车厢组成，一周两班，把圣彼得堡和巴黎连
接起来。我本应该说，直达巴黎，如果不是因为旅客不得不在
俄德边境（维尔日波洛沃—伊德库恩）换乘另外一列外表相仿
的火车的话。在那儿，俄国的宽敞懒散的六十英寸半轨距为欧
洲五十六英寸半的标准轨距所取代，煤接替了白桦木木柴。

　　在我意识的远端，我想我能够清理出至少五次这样的巴黎
之行，其最终的目的地是里维埃拉或比亚里茨。在我现在特别
提出的一九〇九年，我们一行有十一个人和一条达克斯小猎
狗。父亲戴着手套和旅行帽，坐在和我们的男家庭教师合用的

隔间里看书。在弟弟和我与他们之间隔着盥洗间。母亲和她的女仆娜塔莎占据了和我们毗邻的隔间。接下去是我两个妹妹，她们的英国女家庭教师拉文顿小姐，和一个俄国保姆。我们一行人中落了单的那个，父亲的贴身男仆奥西普（十年后，他被迂腐的布尔什维克枪毙了，因为他占用了我们的自行车，而没有把它们交给国家）则和一个陌生人为伴。

从历史上和艺术上来讲，那一年是以《笨拙》周刊上的一幅政治漫画开始的：英格兰女神身子俯在意大利女神之上，墨西拿[1]的一块砖头已经落在了后者的头上——这也许是在任何地震启发下画出的最糟糕的一张画。那年四月，皮里[2]到达了北极。五月，夏里亚平[3]在巴黎演唱。六月，美国陆军部因有关新的更好的齐柏林飞艇的谣言而不安，告诉了记者建立海军航空队的计划。七月，布莱里奥[4]完成了从加来到多佛的飞行（加上他迷失方向多飞的一小圈）。现在是八月底。俄罗斯西北部的冷杉林和沼泽在窗外掠过，在次日窗外所见则是德国的松树林和石楠丛。

母亲和我在一张折叠桌上玩一种叫做杜拉克的牌戏。虽然仍是大白天，我们的牌，一只玻璃杯，以及在不同平面上的一

1　Messina，意大利西西里东北港市。

2　Robert Edwin Peary（1856—1920），美国北极探险家，三次探险，最后于一九〇九年成功到达北极。

3　Feodor Shalyapin（1873—1938），俄国著名男低音歌唱家。

4　Louis Blériot（1872—1936），法国飞行家，航空工程师，一九〇九年驾驶自己设计的XI型单翼飞机飞越英吉利海峡，从加来到达多佛。

个箱子的锁映照在窗子上。穿过森林和田野，在突然进入的深谷里，在急速退后的村舍间，那两个脱离了肉体的赌徒不断从容地玩着，押下不断闪闪发光的赌注。这是一场漫长的、十分漫长的牌戏：在今天这个灰暗的冬天的早晨，在我明亮的旅馆房间的镜子里，我看见在闪着光的那些同样的、完全同样的、现在已经七十五岁的旅行皮箱上的锁，那只有点厚、有点重的猪皮的 nécessaire de voyage[1]，在厚厚的银冠冕状饰物下面，精美复杂地交织着银质的"H.N."，是一八九七年为母亲到佛罗伦萨的结婚旅行购置的。一九一七年它从圣彼得堡把少量的珠宝运送到克里米亚，然后又运送到伦敦。一九三〇年左右，它里面昂贵的水晶和银质容器落在了一个当铺老板的手里，空留下皮箱盖内侧巧妙设计的皮托子。但是，那一损失在后来伴随我旅行的三十年中——从布拉格到巴黎，从圣纳泽尔到纽约，以及四十六个州里的二百多家汽车旅馆的房间和租住屋里的镜子中——已经得到了充分的补偿。我们的俄国世袭财产最坚强的幸存者结果是一只旅行包，这一事实既是合乎逻辑的，也是具有象征意义的。

"Ne budet-li，tï ved' ustal［难道你还没有玩够吗，你不累吗］？"母亲会问我，然后她就会慢慢地洗着牌，陷入沉思之中。车厢隔间的门开着，我能够看见过道的窗子，在那里，电线——六根细细的黑色电线——在奋力向上倾斜伸展，升向天

---

1 法语，旅行必需品。

空，不顾一根接一根的电线杆给予它们的闪电般的打击；但是就在所有六根电线在可怜巴巴的高昂精神下得意地猛扑、即将升到窗顶的时候，特别凶狠的一击会把它们打落下来，落到最低程度，它们便不得不重新开始。

在这样的旅行中，当我们穿过某个德国的大城市，火车的速度减慢成庄严的缓行，几乎擦到店面和商店的招牌的时候，我总是感到一种双重的激动，这是终点站所不能给予的。我看到一个有着玩具似的有轨电车、椴树和砖墙的城市进入了车厢里，和镜子拉扯在一起，把过道一侧的窗子填得满满的。火车和城市的这种不拘礼节的接触是令人激动的一个部分。另一个部分是把自己放在某个行人的地位上，我想象这个人在看到下面的景象时会和我一样感动：一长列浪漫的赭色车厢，车厢之间有着像蝙蝠翅膀一样的黑色隔帘，车身上金属的刻字在低斜的阳光下闪着紫铜色的光，不慌不忙地顺利驶过跨越在一条普通的大道之上的铁桥，然后，所有的窗子突然闪闪发光，火车拐过了最后一片街区。

那些视觉的混合是有不足之处的。从远处透过餐车宽大的窗子看到的景象是一瓶瓶纯净的矿泉水，折成主教冠形状的餐巾，和巧克力空壳样品（卡耶、科勒等牌子的包装纸里面包的仅仅是木头），起初会被看做是在一连串摇摇晃晃的蓝色走廊之外的一个从容的憩息所；但是随着一餐进行到它不可避免的最后一道时，一个端着满满一托盘东西的力图保持平衡的人会越来越令人害怕地退到我们的桌边，好让另一个端着满满一托盘东西的力图保持平衡的人通过，我总会发觉车厢、连同东倒西歪的侍者以及其他一切东西一起，被胡乱地包缠在景色之中，而景色本身则经历着一系列复杂的运动，日间的月亮顽固地紧跟人们的盘子，远处的草地像扇子般展开，近处的树木在无形的秋千上向着铁轨荡过来，一条平行的铁路突然与我们并轨，一道眨动着眼睛的草堤不断向上升呀，升呀，升呀，直到这混合速度的小目击者被迫吐出了他那份 omelette aux confitures de fraises[1]。

然而，是在夜里，Compagnie Internationale des Wagons-Lits et des Grands Express Européens[2] 才真正不辜负它名字所具有的魅力。从我在弟弟的铺位下面的卧铺上（他睡着了吗？他究竟是在那儿吗？），在我们昏暗的隔间里，我留意观看事物，事物的一些部分，影子，和谨慎地徒劳移动着的影子的一些部分。木制品发出轻柔的吱嘎声。在通向卫生间的门旁，挂物钉上隐约有件衣服，往上一点，双层壳的蓝色夜灯的流苏有节奏地摆动着。很难将那些犹豫着接近的影子、那掩盖着的偷偷摸摸和车外黑夜的高速飞驰联系起来，我知道它在飞驰而过，拖着道道火花，模糊难辨。

我会用仿效火车司机这样一个简单行为使自己入睡。我刚把一切安排妥当，一种昏昏欲睡的安乐感就涌入了我的血管——无忧无虑的旅客在自己的房间里享受着我给予他们的乘

1　法语，草莓果酱蛋卷。

2　法语，欧洲国际卧车及特快列车公司。

车旅行，吸着烟，交换着会心的微笑，点头，打盹；侍者、厨师和列车警卫（我不得不把他们安排在什么地方）在餐车里畅饮作乐；而我自己，戴着护目镜，浑身肮脏，从火车头的司机室里往外看着尽头处变得尖细的铁轨，看着黑暗的远处深红或翠绿的光点。接着，在睡梦中我会看见完全不同的什么东西———一颗玻璃弹球在一架平台式大钢琴下面滚动，或是一个侧翻着的、轮子还在顽强转动的玩具火车头。

火车速度的变化有时会打断我的睡眠。灯光悄悄地缓慢移过，每一道光线在经过的时候都要审察同一道缝隙，然后，一片被照亮了的区域扫过阴影。不久，随着一声长长的威斯汀豪斯[1]空气制动器特有的叹息声，列车停了下来。有什么东西从上面掉了下来（第二天发现原来是弟弟的眼镜）。我拽了一把被子挪到床脚，好小心地打开百叶窗的锁闩，这令人感到不可思议的激动。百叶窗只能往上推一半，其实它是被上铺的边给挡住了。

就像木星的卫星一样，灰白的飞蛾围着一盏孤灯转。一张支离破碎的报纸在长凳上掀动着。可以听见在列车的某处有压低的说话声，某个人自在的咳嗽声。我面前的那部分车站月台没有什么特别有意思的地方，但我仍然恋恋不舍，直到它自动离开为止。

第二天早晨，湿漉漉的田野上沿水渠辐射种植着奇形怪状

1　George Westinghouse（1846—1914），美国发明家，企业家，发明空气制动器等，一生获专利近四百项。创办威斯汀豪斯电器公司。

的柳树，或者，地平线上一道奶白色的薄雾横飘在远处的一排杨树间，它告诉人们列车正飞速穿过比利时。下午四点到达巴黎，即便只在巴黎逗留一夜，我总是能够有时间在第二天中午登上南方快车之前去买点什么——例如，一个小小的铜制Tour Eiffel[1]，上面很粗糙地涂了一层银色的漆。我们乘这列开往马德里的快车，晚上十点左右在离西班牙边界几英里的比亚里茨的拉内格雷斯车站下了车。

1　法文，埃菲尔塔。

二

　　那时，比亚里茨仍旧保持着它的特色。通向我们别墅的路的两旁是覆盖着尘土的黑刺莓树丛和杂草丛生的 terrains à vendre[1]。卡尔顿大厦仍在建造之中。要再过大约三十六年，陆军准将塞缪尔·麦克罗斯基才会住进建造在过去的一座宫殿旧址上的皇宫酒店的皇家套房，据说在六十年代，那位灵活得不可思议的巫师丹尼尔·霍姆被人撞见在用赤脚（模仿一只幽灵的手）抚摸欧仁尼皇后[2]和蔼、信任的脸。在赌场附近的散步场所，一位上了年纪的卖花女，带着炭画的眉毛和矫揉造作的微笑，敏捷地将一朵康乃馨的粗大的花托插进了一个被半路截住的散步的人的纽扣眼里，使他在斜眼往下看花被羞答答地插进扣眼的时候，左下颌双下巴的巨大褶皱更加突出了。

　　在树丛间寻寻觅觅的色彩浓艳的栎树枯叶蛾和我们那边的很不一样（它们至少不在栎树上繁育），而且在这里，斑点林蛾并不在树林里，而是在矮树篱间出没，有着黄褐色而不是浅黄色的斑点。热带模样、柠檬黄和橘红色相间、在花园里懒洋洋地扑腾来扑腾去的克娄巴特拉黄粉蝶，一九○七年的时候曾轰动一时，到现在用网捕捉它仍旧是极大的乐趣。

1　法文，待售的土地。

2　Empress Eugénie（1826—1920），法国皇帝拿破仑三世的皇后。

沿着 plage[1] 的界限，各种各样的海滩椅和凳子上坐着戴着草帽在面前沙子上玩耍的孩子们的父母。我就跪在那儿，拼命想用放大镜把捡来的一块蜂巢点燃。男人们惹人注目地穿着在今天的人眼里看来仿佛被洗得可笑地缩了水的白色长裤；女士们在那一季的装束是丝绸翻领的薄上衣、大帽顶的宽边帽子、有密密刺绣的白色面纱、胸前和腕部饰有荷叶边的衬衫，以及有荷叶边的遮阳伞。微风在嘴唇上留下了咸味。一只迷路的云状黄粉蝶猛冲过颤动着的海滩。

　　小贩们叫卖 cacahuètes[2]、糖渍卷心菜、绿得可爱的阿月浑子冰淇淋、口香糖球以及从一个红色木桶里拿出来的巨大的片片圆形凸面的、沙砾般干巴巴的像薄脆饼样子的东西，增添了这儿的忙碌和热闹。我以没有因后来的叠置而变得朦胧的清晰程度，看见那个卖威化饼的人重重地走过粗粒的深沙，沉重的木桶背在弯着的背上。有人叫他时，他会把背带一扭，把桶从肩头砰地以比萨斜塔的姿势放在沙上，用袖子擦着脸，开始着手操纵桶盖上一种有数字标记的箭头和刻度盘装置。箭头发出刺耳的声音转动着。运气好的话，应该固定在值一个苏[3] 大小的一片威化饼上。饼越大，我越为他难过。

　　洗海水澡的过程在海滩的另一部分进行。专业的游泳者，身穿黑色游泳衣的魁梧的巴斯克人在那儿帮助女士们和儿童享

1　法文，海滩。

2　法文，花生。

3　sou，旧时法国辅币，二十苏为一法郎。

受海浪的惊骇。这样一个 baigneur[1] 会让主顾背对着向岸边涌来的海浪，抓住他的手，这时，大片不断上升旋转的、充满泡沫的绿色海水猛烈地从身后降下，一记猛击将他撞倒。在这样跌滚了十几次之后，像海豹一样全身发亮的游泳服务员会把他气喘吁吁、浑身哆嗦、湿漉漉的抽着鼻子的照顾对象带上岸，来到平坦的前滩上，在那里，一位令人难忘的、下巴上有灰白汗毛的老妇人迅速从晾衣绳上挂着的浴袍里挑出一件。在一个小木屋的安全环境中，你会得到又一个服务员的帮助，扒下你湿透了的、满是沙子的沉重的游泳衣。它会啪嗒一声落在木地板上，仍在打着哆嗦的你会把脚从里面迈出来，踩在它微带蓝色的散乱的条纹上。木屋里有一股松树的气味。服务员，一个笑脸上满是皱纹的驼背，端来一盆热气腾腾的水，你把脚泡在里面。从他那里我得知，在巴斯克语言中，"蝴蝶"是 misericoletea——至少听起来是这样（在我在字典里找到的七个字中，最接近的一个是 micheletea）——此后我一直将它保存在了记忆中的一个玻璃小囊里。

1　法文，游泳服务员。

三

在海滩棕褐色比较深也比较潮湿的部分，在低潮时露出建造城堡的最好的淤泥的那个部分，有一天，我和一个叫科莱特的法国小姑娘在一起挖掘沙泥。

她到十一月满十岁，我在四月已经满十岁了。注意力被吸引到一小片边缘不齐的紫色贻贝壳上，她窄窄的、脚趾长长的脚丫刚刚在上面踩过。不，我不是英国人。她浅绿色的眼睛里似乎也带上了轮廓清晰的脸上的满脸斑点。她身上穿的是现在会被称为游乐装的那种衣服，包括一件袖子卷起的蓝色紧身套衫和一条蓝色针织短裤。起初我以为她是个男孩子，因此她纤细的手腕上的手镯和水手帽下垂着的棕色螺旋形鬈发让我感到迷惑不解。

她说话像小鸟一样发出一阵阵快速的唧唧喳喳声，把女家庭教师教的英语和巴黎法语混杂在一起。两年前，在这同一个海滩上，我喜欢上了季娜，一个塞尔维亚自然疗法医师的可爱的、晒得黑黑的、坏脾气的小女儿——我记得（很是荒唐，因为她和我那时只不过八岁）她杏黄的皮肤上，就在心脏部位的下面有一颗 grain de beauté[1]，在她家住的寄宿公寓门厅的地上有

1　法语，美人痣。

一大堆可怕的便盆，满的或半满的，其中的一个面上有一层泡泡。一天清早我去到她住的地方，她在穿衣服的时候把猫发现的一只死天蛾给了我。但是当我遇到了科莱特以后，立刻就明白这回是真格的了。我感到科莱特比起我在比亚里茨偶遇的所有其他玩伴来要奇特得多！我不知怎的得到了这样的感觉，她没有我快乐，没有得到这么多爱。她纤细的、毛茸茸的小臂上的一块淤青使人产生可怕的猜测。"它夹起人来像妈妈一样狠，"她提到螃蟹时这样说。我设计了各种各样的方案要把她从她父母手里解救出来，我听有人肩膀微微一耸，告诉我的母亲说，她的父母是"des bourgeois de Paris"[1]。我以自己的方式理解那份鄙视，因为我知道那些人是从巴黎一路乘坐自己的蓝黄色的豪华高级小卧车（在那个时候是很时髦的令人激动的经历）来的，但是却单调地打发科莱特和女家庭教师坐火车的普通旅客车厢来。那狗是只雌性小猎犬，有个挂着铃铛的颈圈，和最善于摆动的屁股。完全是由于精力旺盛，她会从科莱特的玩具水桶里舔吃咸海水。我记得那只桶上画着的帆船、夕阳和灯塔，但是却想不起来那狗的名字，而这使我不安。

我们在比亚里茨的两个月期间，我对科莱特的激情几乎超过了克娄巴特拉蝴蝶。由于我的父母并不热衷于和她父母见面，我就只能在海滩上见到她；但是我总是想到她。如果我注意到她哭过，就会感到一阵无助的痛苦向我袭来，使我热泪盈

1　法语，"巴黎的中产阶级"。

眶。我无法消灭在她瘦弱的脖子上留下了叮咬痕迹的蚊子，但是我能够，而且也这样做了，用拳头打败了一个对她无理的红头发男孩。她常常给我一把把暖暖的硬糖。有一天，我们正一起弯着腰看一只海星，科莱特垂下的卷发轻轻地触到了我的耳朵，她突然转向我，亲吻了我的面颊。我的感情如此强烈，结果能够想到的要说的话只有，"你这个小淘气鬼。"

我有一枚金币，我觉得够我们私奔用的了。我想把她带到什么地方去？西班牙？美国？波城往上的山里？正如我听到卡门在歌剧里唱的，"Là-bas, Là-bas, dans la montagne"[1]的地方？一个奇特的夜晚，我躺在床上睡不着，听着大海反复不停的轰鸣，计划着我们的出逃。大海似乎在上升，在黑暗中摸索，然后重重地扑下。

关于我们实际的逃跑，我没有什么可报告的。我的记忆保持了这样的一瞥：她在被风吹得摆动着的帐篷背风的一面顺从地穿上了绳线底的帆布鞋，而我则正把一只捕蝴蝶的折叠网往一个棕色的包装纸袋里塞。接着的一瞥是我们为了躲避追踪，走进了在赌场（这个地方当然是我们绝对不能进入的）附近的一家漆黑的电影院。我们坐在那里，越过那条狗手拉着手，狗时不时地在科莱特的膝头发出轻柔的叮当声。放映的是在圣塞瓦斯蒂安进行的非常令人激动的斗牛，尽管片子忽动忽停，银幕上灰蒙蒙地像下着毛毛雨。我最后的一瞥是自己被林德洛夫

1　法语，"在那边，在那边，在山里边"。

斯基领着沿着散步场走去。他的长腿带着一种不祥的轻快移动着，我能够看见他现出严厉表情的下巴上的肌肉在绷紧的皮肤下面抽动。我戴眼镜的九岁的弟弟碰巧被他另外的那只手拉着，他不断往前快赶两步，怀着敬畏的好奇盯着我看，活像一只小猫头鹰。

在离开比亚里茨之前得到的小纪念品中，我最喜欢的不是黑石头的小公牛，也不是能够发出声响的海贝壳，而是现在看来几乎具有象征意义的一件东西——一个海泡石笔架，在它的装饰部分上有一个小小的水晶窥视孔。把它举在离一只眼睛很近的地方，紧紧闭上另一只眼睛，当你摆脱了自己睫毛的闪烁后，就能够在里面看见一幅奇妙的像相片里一样的景象：一片海湾和尽头是一座灯塔的一道峭壁。

现在，一件愉快的事情发生了。重现那个笔架和它小孔里的小天地的过程激起我的记忆去进行最后的努力。我再一次试图回想科莱特的那只狗的名字——沿着那些遥远的海滨，越过往昔黄昏中光滑的沙滩，那儿的每一个脚印都慢慢地灌满日落时的海水，它得意洋洋地来了，来了，回响着、震动着：弗罗斯，弗罗斯，弗罗斯！

在继续我们回家的路程前，我们在巴黎停留了一天，那时科莱特已经回到了那里；在寒冷的蓝天下的一座浅黄褐色的公园里，我最后一次见到了她（我相信，是我们的老师安排的）。她拿着一个铁环和一根推铁环用的短棍子，她的一切都十分得体而时髦，是一种秋季的、巴黎的、tenue-de-ville-pourfillettes[1]。她从女家庭教师那里拿了一盒糖衣杏仁塞进我弟弟的手里，这是告别礼物，我知道只是给我一个人的；然后立刻就离开了，推叩着闪闪发亮的铁环，穿过阳光和阴影，一遍又一遍地绕着离我站的地方不远处的一个堵满了枯叶的喷泉滚着。在我的记忆中，枯叶和她鞋子和手套的皮子交织在了一起，我记得，她衣着上的某个细节（也许是她苏格兰式帽子上的一根缎带，或者长袜上的花纹）使我在那时想起了一个玻璃弹子里螺旋形的彩虹。我仍然似乎在拿着那一缕斑斓的彩虹色，不知道究竟把它放在什么地方合适，而她一直推着铁环绕着我越跑越快，最后融入了低矮的环状栅栏交织的圆拱撒落在沙砾小路上的细长的阴影之中。

---

1 法语，城里小姑娘的装束。

第八章

一

　　我要放映几张幻灯片，但是首先让我指出事情的时间和地点。我的弟弟和我出生在俄罗斯帝国的首都圣彼得堡，他在一九〇〇年三月中旬，我比他早十一个月。我们童年时代的英国和法国女家庭教师后来都有说俄语的男家庭教师帮助，后者还在最后取代了她们。男家庭教师多数是首都的大学里的研究生。这个家庭教师的时代开始于一九〇六年左右，延续了将近整整十年，从一九一一年开始和我们的中学时代重叠。每一个教师依次都住在我们家——冬天在我们圣彼得堡的住宅里，其余时间不是在我们离城五十英里的乡间宅第，就是在我们秋天常常去的外国的度假胜地。我最多只要三年就能拖垮那些吃苦耐劳的年轻人中的任何一个（在这些事情上我比弟弟更行）。

　　在挑选男家庭教师的时候，父亲似乎想到了一个巧妙的主意，每一次从另一个阶级或种族雇用一个代表人物，以便使我们接触到横扫过俄罗斯帝国的各种潮流和动向。我不相信从他那方面来说这是个完全有意的计划，但是回想起来，我发现这个模式奇特地清晰，那些出现在记忆发亮的磁盘上的男教师的形象就像那么多放映出来的幻灯片的投影。

　　那位可敬而难忘的在一九〇五年夏天教我们俄语拼读的村里小学的校长一天通常只来几个小时，因此并不真正属于眼下这个系列。不过他有助于连接开始和结局，因为我对他最后的记忆涉及一九一五年复活节假期，我和弟弟是和父亲及一个叫沃尔金的——最后也是最糟糕的一个男家庭教师——一起度过的，我们在自己庄园附近大雪覆盖的乡间滑雪，头上是一片光照强烈、近乎紫色的天空。我们的老朋友邀请我们到房檐上挂着冰柱的学校楼内他的住处去吃一顿他所说的便餐；其实那是复杂而充满深情计划的一顿饭。我至今仍能看见他欣喜的面容，以及我父亲欢迎一道我知道他碰巧讨厌的菜（酸奶油烤野兔肉）时假装得非常出色的喜悦。房间里暖气开得太足了。我的正在解冻的滑雪靴并不是想象的那样防水。我的眼睛因为雪光炫目而仍感刺痛，一直试图辨认出近旁墙上的一幅托尔斯泰的所谓的"排字"画像。就像《爱丽丝漫游奇境记》里的某一页上的老鼠尾巴，完全是由印刷文字构成的。一个完整的托尔斯泰写的故事（《主与仆》）构成了作者有大胡子的脸，顺便说一句，我们主人的相貌有点像那张脸。我们正准备开始狼吞虎咽地吃那只不幸的野兔时，门突然被猛地推开，赫里斯托夫，一个鼻子发青、戴着女人的羊毛头巾的男仆斜着身子，脸上挂着傻乎乎的笑容，带进来一个巨大的午餐篮子，里面装满了精美的食品和葡萄酒，是我那缺少策略的奶奶（她正在巴托沃过冬）认为有必要给我们送来的，生怕校长家的吃食不够。我们的主人还没有来得及感到受到了伤害的时候，父亲把食物篮原封不动地退了回去，加上一张便条，它很可能使那个出于好心的老太太摸不着头脑，就像他的大多数行为都让她摸不着头脑一样。她穿着一件宽松的丝绸长袍，戴双露指网线长筒女手套，更像个时代的代表而不是一个有血有肉的活人。她生命的大部分是在一张长沙发上度过的，拿把象牙扇子给自己扇风。手边总有一盒 boules de gomme[1] 或者一杯杏仁露，还有一把手镜，因为她每一个小时左右总要用一个很大的粉红色粉扑重新往脸上扑粉，面颊骨上的一粒小痣透过所有搽的粉显露出来，像颗小小的无核葡萄干。尽管她平时日子过得懒洋洋的，却始终是个非常耐寒的女人，执意一年到头在大开着的窗子近旁睡觉。一天早晨，在整夜的暴风雪后，她的女仆发现她躺在一层扫过她的床和身体的晶莹的白雪下，她睡梦中的健康红润丝毫没有被侵犯到。如果她爱过哪个人的话，就只可能是她最小的女儿娜杰日达·冯里亚利亚尔斯基了，为了她的缘故她在一九一六年突然卖掉了巴托沃，在帝国历史那段走向黄昏的时期，谁都没有从这桩买卖里得到好处。她对我们所有的亲戚抱怨那股黑暗的力量，是这股力量唆使她那极有天赋的儿子鄙视他的父辈追随的为沙皇效劳的那种"光辉"事业。她感到特别难以理解的是，我的父亲——她知道他非常欣赏巨大的财富带来的一切乐趣——竟然能够变成一个自由派人士，影响了对这种乐趣的享受，并因此帮助引起了一场革命；从长远来看，正如她正确地预见到的那样，这革命将使他沦为贫民。

---

1 法文，口香糖球。

二

　　我们的拼读老师是个木匠的儿子。在下面的一系列幻灯片里，第一张显示的是一个我们叫他奥多的年轻人，一位希腊天主教助祭的开明的儿子。在一九〇七年那个凉爽的夏季，他和我及弟弟散步的时候，披一件拜伦式的带 S 形银搭扣的黑斗篷。在巴托沃树林的深处，在靠近一条小溪、据说一个被绞死的人的鬼魂出没的地方，奥多会进行一场相当亵渎神明的愚蠢表演，每一次经过那个地方，弟弟和我都吵着要他表演。他一面低着头，用怪异的、吸血鬼的样子摆动他的斗篷，一面缓慢地绕着一棵阴森的山杨树蹦跳。一个雨天的上午，在这场仪式中他的香烟盒掉了，在帮助他寻找的过程中，我发现了两个新出现的阿穆尔天蛾的样本，在我们地区很少见——丝绒般光滑、紫灰色的可爱小生灵——在平静地交配，用像裹着绒鼠毛的腿紧抓着树根旁的青草。那年秋天，奥多陪我们一起到了比亚里茨，几个星期后突然离去，在枕头上留下了我们送给他的礼物，一把吉列牌安全剃刀，和别在上面的一个条子。我很少会搞不太清楚究竟一个回忆是我自己的，还是从别人那儿来的，但是在这件事情上我确实感到踌躇，特别是在很久以后，母亲在缅怀往事的心情下，常常饶有兴味地提到她无意中点燃的火焰。我似乎记得通向客厅的门半开着，就在里面，在地板中间，奥多，我们的奥多，跪伏在我年轻、美丽、惊呆了的母亲面前绞着双手。我似乎在脑子里用眼角的余光看见了奥多起伏的肩头周围浪漫的斗篷的波动，这个事实表明，我已经把先前林中舞蹈的某些东西转移到了我们比亚里茨公寓的那个模糊不清的房间里了（公寓的窗子下面，在广场用绳子拦出来的一片地方，西吉斯蒙德·勒日瓦欧，当地的一位气球驾驶员，正在给一个巨大的奶黄色气球充气）。

接着来的是一位乌克兰人，一个有黑色八字胡和灿烂笑容的精力旺盛的数学家。他和我们一起度过了一九〇七到一九〇八年冬天的部分时间。他也有自己的才艺，其中特别吸引人的是使硬币消失的戏法。一枚硬币，放在一张纸上，用一个平底玻璃杯盖上，立即就消失了。拿一只普通的酒杯。把一张圆形的纸整齐地糊在杯口上。纸上应该画上直线（要不然有图案也行）——这会加强幻觉。在一张画着相似直线的纸上放一个小硬币（一枚二十戈比的银币就可以）。迅速把平底玻璃杯轻轻移放在硬币上，注意让两套直线或图案吻合。图案的叠合是大自然的奇迹之一。在那个小小的年纪，大自然的奇迹已经开始给我以深刻的印象。在一个他休息的星期日，这个可怜的魔术师倒在了大街上，被警察塞进关着一打醉汉的冰冷的牢房里。其实他是犯了心脏病，几年以后因为这个病去世了。

下一张图片看上去好像是颠倒地放映在银幕上了。上面是我们的第三个男教师正在拿大顶。他是魁梧的、健壮得令人生畏的列特，他倒立着用手行走，举起巨大的重物，耍哑铃，一眨眼的工夫能使一大间屋子里充满了相当于一支警卫部队造成的汗臭。当他认为应该为了某个小小的不端行为（我记得，比方说，让一粒小孩玩的弹球从上一层楼梯平台落在了他吸引人的、看起来很硬的头上）惩罚我的时候，他会采取出色的教师式的方法，建议他和我都戴上拳击手套小小地对打一番。于是他会对着我的脸准确而令人无比疼痛地猛击一拳。虽然比起女士想出来的诸如让我把谚语 Qui aime bien, châtie bien[1] 抄上两百遍、写得手发麻的 pensums[2] 来，我宁愿这样，但是在风波迭起的一个月后他离开之时，我并没有想念这位好人。

然后来的是一位波兰人。他是个英俊的医学院学生，有水汪汪的褐色眼睛和油亮的头发，看上去很像法国演员麦克斯·林德，一个很受欢迎的电影喜剧演员。麦克斯从一九〇八年待到一九一〇年，在圣彼得堡冬季的一天赢得了我的敬佩。那天早晨我们正和平时一样在散步，突然，一阵骚动打断了我们。挥动着皮鞭、神色凶狠愚蠢的哥萨克们正面对着激动的人群驱策他们腾跳着的打着响鼻的矮种马。雪地上黑乎乎地躺着许多帽子和至少三只高筒橡皮套鞋。一瞬间，似乎其中一个哥萨克在朝我们逼来，我看见麦克斯从里面的一个口袋里半抽出了一把小型自动手枪，我立刻就爱上了它——但遗憾的是，混

1 法文，爱之深，责之严。
2 拉丁文，额外作业。

乱平息了。有一两次，他带我们去看望他的哥哥，一位消瘦的、享有很高声誉的罗马天主教神父，当麦克斯和他用一连串咝擦音很重的波兰语讨论政治或家庭问题的时候，他苍白的手心不在焉地在我们小小的希腊天主教徒的脑袋上移动着。我心目中清楚地浮现出了一个夏日父亲和麦克斯在乡间比枪法的场面——用手枪子弹把我们林中的一块生了锈的"禁止打猎"的牌子打得千疮百孔。他，这个令人愉快的麦克斯，是一个精力充沛的家伙，因此当他抱怨偏头痛，懒洋洋地拒绝和我一起踢足球，或者到河里去游一会儿泳的时候，我总是感到很吃惊。现在我知道了，那年夏天他正和一个房产在十二英里之外的有夫之妇私通。白天有空的时候，他会偷偷到狗舍去喂我们用锁链锁着的看家狗，想要哄骗它们。这些狗会在夜里十一点钟被放出来在宅子四周转悠，他在夜深人静之时溜到灌木丛去的时候需要面对它们，而他的盟友，我父亲的波兰贴身男仆，已经偷偷为他在灌木丛里准备好了一辆自行车，附件一应俱全——按铃、气筒、棕色的皮工具箱，甚至裤腿夹。坑坑洼洼的泥土路和起伏不平的林中小道会把迫不及待的麦克斯带到偏僻的幽会处所，一所打猎用的木屋——符合文雅通奸的伟大传统。黎明时分的清冷薄雾和四条健忘的大丹狗会看到他骑车回来，早晨八点，新的一天就开始了。我不知道那年（一九〇九年）秋天，当麦克斯离开他每夜战绩的场所，陪我们第二次到比亚里茨去，是不是感到了某种解脱。他虔诚地、忏悔地请了两天假，和漂亮而放荡的爱尔兰姑娘一起去了卢尔德，她是我在海滨最要好的玩伴科莱特的家庭教师。麦克斯第二年弃我们而去，到圣彼得堡一家医院的 X 光部门工作。后来，在两次世界大战期间，据我所知，他成了波兰医学界一个相当有名的人物。

天主教徒走后来了新教徒———一位犹太血统的路德派教徒。在这里他不得不以兰斯基的名字出现。我弟弟和我在一九一〇年末和他一起到德国去了，次年一月份回来开始在圣彼得堡上学以后，兰斯基继续在我们家待了大约三年，辅导我们的家庭作业。正是在他的统治期间，从一九〇五年冬天起就和我们在一起的女士最后放弃了和入侵的莫斯科人的斗争，回洛桑去了。兰斯基出身贫寒，喜欢回忆从他在黑海边故乡的高级中学毕业到进入圣彼得堡大学期间，他从布满砂石的海滩上捡来石头，在上面画上明亮的海景做装饰，然后作为镇纸出售，自食其力。他有一张椭圆形的粉红色的脸，睫毛很短，一副无框夹鼻眼镜后面是古怪的毫无遮蔽的眼睛，以及剃光的淡青色脑袋。我们立刻就发现了有关他的三件事：他是一个出色的老师；他没有任何幽默感；而且和我们过去的家庭教师截然不同，他是一个我们需要加以保护的人。我们的父母在的时候他具有的安全感，一旦他们离开，就可能在任何时候被我们的姑姑们的某种爆发击得粉碎。对于她们来说，父亲针对对于犹太人的集体迫害以及其他政府措施所写的激烈的文章只不过是一个任性的贵族的异想天开的念头。我常常在无意中听见她们憎恶地讨论兰斯基的出身和我父亲的"荒唐的实验"。在发生

1910года

母亲三十四岁时的彩色粉笔画像（60 厘米 ×40 厘米），列昂·巴克斯特一九一〇年画于我们圣彼得堡家中的音乐室。此处的复制品是在他的监督下于同年画成的。画她线条起伏的唇形时画家遇到了很大的困难，有时把母亲为他坐着画一次的时间全都花在一个细节上。其结果是画像酷似母亲，而且这幅画还代表了他艺术发展中的一个有趣的阶段。我父母还拥有一些他为芭蕾舞《天方夜谭》画的水彩素描作品。大约二十五年以后，亚历山大·贝努瓦在巴黎告诉我，在苏维埃革命后不久，他把所有巴克斯特的作品以及他自己的一些作品，如《布列塔尼的雨天》，都从我们的住宅运到了亚历山大三世博物馆（现为国家博物馆）。

母亲和哥哥瓦西里·伊万诺维奇·卢卡维什尼科夫（一八七四——一九一六），一九一三年摄于他在下比利牛斯的波城的城堡平台。

了这种情况以后，我会非常无理地对待她们，然后在僻静的马桶间里失声痛哭。倒不是我特别喜欢兰斯基。他那干巴巴的嗓音、他的洁癖、他不断用一块特别的布擦眼镜、或用一种特殊的小物件修指甲的样子、他那迂腐得正确的言辞，都有种使人不快的东西；也许最主要的，是他清晨古怪的习惯：大步走到最近的水龙头（似乎是刚下床，但是已经穿上了鞋子和裤子，背后垂着红色的裤子背带，一件奇怪的网子一样的背心裹在汗毛很重的躯干上），在那儿，他的洗礼仅限于彻底浸透他粉红的脸、发青的脑瓜和肥胖的脖子，跟着是某种痛快淋漓的俄国式的擤鼻子，然后他以同样的果断，不过现在头上往下滴着水，半瞎地大步走回卧室，他在那儿一个秘密的地方藏了三条神圣不可侵犯的毛巾（顺便提一句，他是如此 brezgliv——用的是这个词无法翻译的俄语含义——以至于在碰过钞票或栏杆后都要洗手）。

他对我的母亲抱怨说，谢尔盖和我是小外国佬、怪物、纨绔子弟、势利小人，我们对于像冈察洛夫、格里戈罗维奇、柯罗连科、斯坦尤科维奇、马明-西比尔雅克以及其他令人感到昏沉的讨厌鬼（可以和美国的"地区性作家"媲美），拿他的话来说，是"病态的漠不关心"，据他说，这些人的作品"使正常的男孩子着迷"。令我无名恼火的是，他建议我的父母让他们的两个儿子——三个更小的孩子不在他管辖范围之内——按一种更为民主的生活方式去生活，意思是，例如在柏林，从阿德龙饭店搬到一条死气沉沉的小巷里的阴暗的膳宿公寓中的一套巨大的房间里住，乘坐摇晃颠簸、地面肮脏、充满了陈腐污浊的雪茄烟雾的快车，取代铺着长绒毛地毯的国际特快列车。在国外的城市，以及在圣彼得堡，他会一动不动地站立在商店前面，好奇地看着我们全然不感兴趣的货物。他快要结婚了，除了工资之外一无所有，正以极端的巧妙和谨慎规划着未来的家庭。时而，轻率的冲动打乱了他的预算。有一天他注意到一个肮脏不整的丑老婆子在一家女帽店里贪婪地看着一顶陈列在那儿的带鲜红羽毛的帽子，就买下来给了她——又费了好大的劲才摆脱了这女人。给自己添置东西的时候，他力求慎而又慎。当他分析在心里面为他的妻子和他自己准备的那套温馨然而节俭的房间的每一个角落的时候，弟弟和我耐心地听他讲述他详尽的白日梦。有时候他的幻想会翱翔太空。有一次它落在了亚历山大店的一盏昂贵的吊灯上，这是圣彼得堡一家出售相当乏味的中产阶级小装饰品的特色商店。他不愿让商店猜到他想要的是什么东西，兰斯基说只有我们发誓控制住自己、不直接注视那东西从而引起不必要的注意，他才带我们去看。他做好了各种预防措施后把我们带到了一个可怕的青铜章鱼下面，他唯一用来表明这就是那向往已久的物件的是一声带着嘶嘶声的叹息。他以同样的谨慎——踮着脚尖行走、窃窃私语，为的是不要惊醒命运的巨人（他似乎认为它对他怀有私怨）——把我们介绍给他的未婚妻，一个娇小优雅的年轻女子，有一双受惊的瞪羚般的眼睛，黑色的面纱上带着紫罗兰清馨的香气。我记得我们是在波茨坦街和普里瓦特街的拐角处一家药店附近见到她的，我们的膳宿公寓就在这条遍地枯叶的狭窄的普里瓦特街上，他恳求我们，替他把未婚妻在柏林的事情在父母面前保密。药店橱窗里的一个机械人体模型正在做着刮胡子的动作，有轨电车发出刺耳的声音经过，而这个时候天开始下雪了。

三

现在我们准备对付本章的主题了。在下一年冬天的某个时候，兰斯基想出了一个可怕的主意，隔周的星期日在我们圣彼得堡的家里放映教育幻灯片。他打算通过这个方式，在一群人面前——他天真地相信将会包括入迷地分享一个值得记忆的经历的男孩子和女孩子们——用图例阐明（"充分地，"他薄薄的嘴唇一咂，说道）增进知识的读物。他认为，除了增加我们知识的储存外，还可能有助于我弟弟和我成为善于交际的孩子。他利用我们作为核心，在这个郁郁寡欢的中心的周围聚集起了好几层新成员——碰巧在附近的我们同龄的堂表兄弟姐妹、每年冬天我们在多少有些乏味的聚会上遇到的各种各样的年轻人、我们的一些同学（他们出奇的安静，但是，唉，却记住了每一件琐事），还有仆人们的子女。我温和乐观的母亲放手让他去做，于是他租了一套复杂的设备，雇用了一个神情沮丧的大学生来操纵；我现在明白，除了其他原因之外，热心的兰斯基是在力图帮助一位一贫如洗的同志。

我永远也不会忘记那第一次阅读。兰斯基选择了莱蒙托夫 [1]

---

[1]　Mikhail Yurievich Lermontov（1814—1841），俄国诗人，小说家，因普希金决斗受伤致死写挽诗《诗人之死》，指出真正的凶手是沙皇宫廷贵族，因而被流放到高加索。主要作品有长诗《童僧》、《恶魔》，长篇小说《当代英雄》等。

的一首叙事诗，写的是一个年轻的僧人离开了高加索的隐居地到山中流浪历险。和莱蒙托夫通常的作品一样，这首诗把平淡无奇的陈述和非凡的温柔伤感的幻觉效果结合在了一起。诗相当长，它那七百五十个颇为单调的诗行被兰斯基毫不吝惜地铺开在仅仅四个幻灯片上（第五张在就要放映之前被我笨手笨脚地弄破了）。

考虑到失火的危险，选择了一间废弃不用的儿童室来放映，房间的一角立着个漆成铜褐色的圆柱状的热水器，以及一个有蹼足形装饰脚的浴缸，为了这个活动，浴缸被一本正经地罩上了。拉紧了的窗帘使人看不见下面的院子、一堆堆的桦木木柴，以及里面有马厩（其中一部分已经改成了一个两车车库）的昏暗的附属建筑的黄色墙壁。尽管把一个古老的衣柜和两只箱子驱逐了出去，在这间令人压抑的后房一端仍安放了幻灯机，并为二十个观众（包括兰斯基的未婚妻，三四个女家庭教师，还不算我们自己的女士和格林伍德小姐）安排了一排排横放的椅子、厚坐垫和长靠椅，使这间房显得拥挤，令人感到闷气。我的左侧是我最坐不住的一个堂姐妹，十一岁左右的碧眼金发的难以捉摸的小姑娘，有一头漫游奇境的爱丽丝的长发，面色粉红中微带淡黄，她坐得离我这样近，每一次她在座位上挪动，摸摸自己挂在脖子上的纪念品小盒，或者手背在她洒过香水的头发和颈背之间掠过，或者在发出沙沙声的黄色丝绸衬裙下——衬裙透过她连衣裙的花边显露出来——两膝互相撞击，我都能够感觉到她臀部细长的骨头蹭到了我的臀部。我的右侧有父亲的波兰贴身男仆的儿子，一个穿着海军装的一动不动的男孩。他和沙皇的太子长得非常相像，而更为巧合的是，患有同样悲惨的疾病——血友病——因此每年几次，一辆宫廷马车会把一位著名的内科医生送到我们家来，马车在缓慢地斜落下来的雪片中等了又等，如果你选了这些发灰的雪片中最大的一片，在它（经过你往外看的凸肚窗的窗扉）落下来的时候紧盯着它看，就能够看清它相当粗糙的不规则的形状，还有飞落时的上下波动，使人感到木然而晕眩，晕眩而木然。

灯光熄灭了。兰斯基投入到开篇诗行之中：

时间——不是多年之前；
地点——美丽的阿拉戈瓦和库拉赫河
交汇并如姐妹般相拥而流
的地方；就在那儿
耸立着一座隐修院。

那座隐修院，和它的两条河一起，顺从地出现了，苍白而恍惚，并在大约两百行诗的期间一直停留在那里（要是有只褐雨燕能够擦过它有多好），然后被一个拿着带柄的大水罐、有点像格鲁吉亚人的少女所替代。当操作幻灯机的人把一张幻灯片抽走的时候，图像奇特地突然一抖，一下子就从幕布上消失了，放大不仅影响演示出的图像，而且也影响了图像消失的

速度。此外就没有什么别的魅力了。给我们演示的是常见的山峰，而不是莱蒙托夫笔下浪漫的山岭，这些山岭

升起在灿烂的黎明之中
仿佛腾起烟雾的祭坛，

而当年轻的僧人对一位同是隐居的人讲述他和一头豹子的搏斗——

啊，我的样子看上去十分可怖！
我自己就是豹子，疯狂而勇猛，
豹的怒火，豹的怒吼，就是我的

——之时，从我身后传来了一声压低了的抱怨；可能来自小日夫斯基，我以前和他一起上过舞蹈课，或者是亚历克·尼特，他在一两年以后将以恶作剧的勾当闻名，或者是我堂表亲中的一个。慢慢地，随着兰斯基尖细的声音持续不断地响着，我开始意识到，除了几个例外——诸如，也许有塞缪尔·罗索夫，我的一位敏感的同学——听众都在私下里嘲笑这场表演，并且事后我将不得不对付各种各样的侮辱性的言论。我感到了对兰斯基的一阵强烈的怜悯——对他的光头后面的顺从的褶皱，对他的胆量，对他的教鞭的犹豫不定的移动，当他把教鞭移动得离幕布太近时，色彩有时会像小猫爪在漠不关心地舞动着那样

滑来滑去。将近结束的时候，整个过程单调得实在难以忍受；慌张的操作者把第四张幻灯片和其他放映过的混在了一起，找不着了，当兰斯基耐心地在黑暗中等待的时候，有的观众开始举起手来把黑色的影子投到惊恐的白幕布上，不久，一个粗俗而灵活的男孩（可能终究还是我吧——作为杰克尔的我的海德的一面[1]？）设法把一只脚的侧影投在了幕布上，当然这一来就引起了一阵喧闹的竞赛。当那张幻灯片终于被找到并放映在幕布上以后，它使我想起了很小的时候的一次穿过又长又暗的圣哥达隧道的旅行，我们的火车在暴风雨中进入隧道，但是出来的时候已是风停雨止，这时

> 蓝色，绿色和橙红，
>
> 为自己的美丽和幸运而惊讶不已，
>
> 一道彩虹横跨险崖落下
>
> 在那里捕获了一只一动不动的瞪羚。

　　我应该补充说，在这一次和以后更为拥挤、更为糟糕的星期日下午的放映中，我听到过的一些家庭故事总是回荡在我的耳际。在一八八〇年代早期，我的外祖父伊万·卢卡维什尼科夫因为没有能够为儿子们找到他满意的私立学校，就建立了一

1　杰克尔（Jekyll）和海德（Hyde）是英国著名作家斯蒂文森（Robert Louis Stevenson，1850—1894）的小说《化身博士》中一个昼善夜恶的具有双重人格的人物，杰克尔是善的一面，海德代表恶的一面。

个自己的学院，他雇用了十二个能够找得到的最好的教授，聚集了二十个男孩，在圣彼得堡自己宅子（海军部码头十号）的大厅里提供了几个学期的免费教育。这一冒险事业并不成功。他想让自己的儿子和他们的儿子结交的他的那些朋友们并不总是顺从他，而在他招来的男孩里面，许多证明是令人失望的。我在脑子里形成了他的令人极端不快的形象，他为了自己顽固的目的考察各个学校，正用我从照片上如此熟悉了的那双悲哀而奇特的眼睛从最优秀的学生中挑出最俊俏的男孩来。据说为了给他的两个儿子搜集同伴，他真的付钱给贫苦的家长。尽管我们老师天真的幻灯放映和卢卡维什尼科夫的异想天开的行为没有什么关系，但由于我思想上把这两件雄心勃勃的事业联系了起来，使我更加无法容忍兰斯基干些蠢事和令人厌烦的事使他自己出丑，因此，在又进行了三次放映以后（普希金的《青铜骑士》，《堂吉诃德》和《非洲—神奇的土地》），母亲答应了我的发狂的恳求，整个事情就终止了。

现在想想，那些胶冻般的画面，投映在潮湿（认为潮湿能够让画面展现得更为鲜艳一些）的亚麻幕布上，看起来是多么艳俗和浮华，但是，话又说回来了，当你就那样将那些玻璃幻灯片拿在拇指和食指之间，举起来对着光，它们显示出的是怎样的美丽啊——半透明的微型图画，袖珍的奇境，色泽绚丽而宁静的灵巧的小天地！在后来的年月里，我在显微镜魔力无边的镜筒被照亮了的底部重又发现了同样精确而宁静的美。在用于放映的幻灯片的玻璃片上，一幅景色被缩小了，这激发了人们的想象；在显微镜下，一只昆虫的器官被放大了，以进行从容的研究。看来，在世界的大小比例之中，似乎在想象和知识之间有着某个微妙的汇合点，这一个汇合点是通过缩小大的事物和放大小的事物达到的，这在本质上具有艺术性。

四

　　鉴于兰斯基显得是多么多才多艺，有关我们的学习上的任何事情能够解释得多么彻底，他在大学里受到的不断磨难就令人感到惊奇。最后人们得知，原因是他顽固地要搞那些自己完全缺乏悟性的经济和政治问题。我回想起了当他不得不参加最重要的课程终结考试之一的时候的紧张不安。就在即将到来的考试前夕，我和他一样担心，禁不住在房门外偷听，里面，父亲在兰斯基的恳求下私下帮他练习，考一考他对查尔斯·纪德的《政治经济学原理》这本书的知识。父亲翻着书页，会问他，比方说："价值的由来是什么？"或者："钞票和银行票据之间的区别是什么？"兰斯基会急切地清清嗓子——然后是完全的沉默，仿佛断了气一样。过了一会儿以后，甚至连他那小声轻促的咳嗽也不再出现了，只有我父亲敲桌子的声音不时打断间隔着的沉默，除了那么一次，在一阵快速和抱有希望的抗辩中，这个苦难的人突然高声说："这个问题书里面没有，先生！"——但是里面有。最后父亲叹了口气，合上了课本，温和然而清晰地说道："Golubchik [我亲爱的朋友]，你不可能及格的——你根本什么都不知道。""在这一点上我不同意你的看法，"兰斯基不无尊严地反驳道。他直挺挺地仿佛是个标本般坐在我们的汽车里，被送到大学去，在那里一直待到天黑，乘雪橇在暴风雪中蜷缩成一团，回到家里，在无声的绝望中上楼走进自己的房间。

兰斯基在我们家的最后一段时间结了婚，到高加索，到莱蒙托夫的山岭中去度蜜月，然后回到我们家又待了一个冬天。他不在的期间，在一九一三年的夏天，一位瑞士家庭教师诺耶尔先生接替了他。他是个身体强壮的人，八字胡又短又硬，给我们读罗斯丹[1]的《西哈诺·德·贝热拉克》，每一行都装腔作势地用最甜腻的声音读出来，并且根据他所模仿的人物，把声音从长笛音变成巴松管的低音。打网球的时候，如果轮到他发球，他会坚定地站在端线处，穿在皱巴巴的紫花布长裤里的两条粗腿大大叉开，突然膝盖一弯给球猛烈的但却是少有的缺乏效果的一击。

当兰斯基在一九一四年春天永远离开我们以后，一个来自伏尔加某省的年轻人给我们当家庭教师。他是个绅士家庭出身的令人愉快的年轻人，网球打得不错，还是个出色的骑手；能够依靠这样的才艺使他大大地松了一口气，因为在晚期，我和弟弟都不需要多少他的乐观的保护人向我的父母所保证的、这个可怜家伙能够给予我们的教育方面的帮助了。就在我们第一次的交谈中，他随口告诉我们狄更斯写了《汤姆叔叔的小屋》[2]。我一把抓住这个机会和他打赌，赢得了他的指节铜套。

1　Edmond Rostand（1868—1918），法国戏剧家。其最著名的剧本为《西哈诺·德·贝热拉克》。

2　*Uncle Tom's Cabin*，应为美国作家斯陀夫人（Harriet Beecher Stowe，1811—1896）所著。

从那以后，他小心地不在我的面前提到任何文学作品中的人物或主题。他很穷，从他褪色的大学校服上散发出一种奇怪的、模糊的、并不十分讨厌的乙醚似的气味。他风度翩翩，性情温和，一手令人难忘的、张牙舞爪的书法（类似的书法我只有在疯子的书信里看见过，这类东西，唉，从公元一九五八年以后我有时会收到），以及一肚子无穷无尽的关于他的伙伴和妓女的下流故事（他偷偷用梦幻的、软绵绵的声音讲给我听，不用一点污言秽语），有的是关于我们的各色亲戚的，其中的一位时髦女士，年龄几乎比他大一倍，他不久就和她结了婚，结果后来把她给除掉了——是他此后在政府里工作的期间——他把她打发到了劳改营，她死在了那里。我越想到这个人，就越相信他整个是个疯子。

我并没有和兰斯基完全失去联系。他向岳父借了一笔钱，还在我们家的时候就开始干起了买下和开发利用各种发明的异想天开的行当。说他把这些当成是自己的发明，这是既不宽厚也不公平的；但是他采用它们、谈论它们的时候所表现出来的热情和温柔，暗示出一种当然的发明者的味道——在他这方面，是一种没有事实支持也没有欺骗打算的感情态度。一天，他骄傲地邀请我们所有的人用我们的汽车去试一下一种他负责修建的新路面，是由（就我能够穿越岁月，依稀看清的那奇特的微光而言）金属条离奇古怪地编织而成的。结果是扎破了轮胎。然而，他从购买另一件热门东西上得到了安慰：一张他称之为"电动飞机"的蓝图，那东西看起来像一架老布莱里奥飞机，但是有一个——我在这里再次引用他的话——"伏打式"发动机[1]。它只在他的——以及我的——梦里飞翔过。在战争期间，他推出了一种神奇马饲料，形状像 galette[2] 那样的薄饼（他会自己啃一点，给朋友咬几口），但是大多数的马还是认准了吃它们的燕麦。他做了许多其他的专利交易，全都是些异想天开的东西，在他的岳父去世、他继承到一大笔遗产的时候，早已是债台高筑。这肯定是在一九一八年初，因为我记得他写信给我们（我们正被困在雅尔塔地区），提出要给我们钱和各种帮助。他迅即把遗产投资在东克里米亚海滨修建一所露天游乐场，费尽心机找来好的乐队，用某种特别的木材建造了一个旱冰场，建起了用红绿电灯泡照射的喷泉和小瀑布。一九一九年布尔什维克到来，关掉了那些电灯，兰斯基逃到了法国；我最后听到他的消息是在二十年代，据说他在里维埃拉靠在贝壳和石头上画画勉强维持朝不保夕的生活。我不知道——也宁愿不去想象——在纳粹侵占法国的时期他的遭遇如何。尽管有一些怪癖，他其实真是一个非常纯洁、非常正派的人，他的个人原则和他的语法一样严格，回忆起他的令人振奋的听写使我感到很开心：kolokololiteyshchiki perekolotili vïkarabkavshihsya vïhuholey——"铸造教堂钟的铸工们杀死了四散奔逃的麝鼹"。多年以后，在纽约的美国自然历史博物馆里，一个动

---

1 "voltaic" motor，使用由化学作用产生的电流的发动机。
2 法语，圆形烘饼。

物学家问我，俄语是不是像人们普遍认为的那么难，我恰好给他引了那个绕口令。几个月后我们又遇到了，他说："你知道，我老在想那些莫斯科的麝鼠：为什么说它们四散奔逃？它们是在冬眠还是在躲藏着，还是怎么的？"

五

　　在想到我那些一个接一个的家庭教师的时候，我更多关心的是他们带到我年轻的生命中的至关重要的稳定和完整性，而不是它们带来的古怪的不和谐。我愉快地目睹了记忆的至高无上的成就，那就是在把悬浮着的、游荡着的往昔的音色汇集到它的栏圈中时，对内在和谐的高超利用。我喜欢想象，在将这些发出噪音的不谐和弦转变为和谐的过程中，在回顾时有某种东西犹如那张长桌一样耐久：夏天在生日或命名日时，它总是被搬到室外供下午吃巧克力时用，放置在白桦树、酸橙树和枫树覆盖的小径的出口处，那片把园林和宅子分开的花园本身的平坦的空沙地上。我看见桌布和坐在桌旁的人们的脸，在摆动着的令人叹为观止的绿叶下分享生机勃勃的光与影，这无疑被同样的充满激情的纪念和无尽重复的能力夸大了，它使我总是从外面、从园林深处——不是从宅子里——走近那张宴会桌，仿佛心灵为了能够回到那个地方，不得不迈着因激动而虚弱的浪子的无声的步子这样去做。透过一个颤抖着的棱镜，我分辨出了亲戚和熟人的面容，无声的嘴唇安详地说着已被遗忘了的话语。我看见了巧克力饮料冒出的热气和一盘盘蓝莓果馅蛋糕。我注意到像一架小直升飞机般的旋转着的翅果轻轻落在了桌布上，一个少女赤裸的手臂横过桌面，懒洋洋地尽量往前伸出去，显露出青绿色静脉的胳膊背面朝着片片阳光，手掌张开懒懒地期待着什么——也许是胡桃夹子。在我当时的家庭教师坐的地方是一个变化着的形象，一系列的淡入淡出；我思想的起伏和叶影的起伏混在了一起，把奥多变成了麦克斯把麦克斯变成了兰斯基把兰斯基变成了小学校长，而这颤抖着变形的整个队列重复地出现着。然后，就在颜色和轮廓终于落定在各自不同的职责上的时候——微笑着的琐碎的职责——突然，某个按钮被按下，响起了声音的洪流：说话声同时响起，一个核桃被夹开，毫不在意地传递一只胡桃夹子时发出的咔嗒声，三十个人的心脏的有规律的跳动声淹没了我心脏的跳动；一千棵树木的飒飒和轻叹，现场响亮的夏鸟的和谐的鸣啼，以及，在河的对面，充满了韵律的树木的后面，在河中洗澡的年轻的村民们热情而杂乱的喧嚣，像是由狂热的掌声构成的背景音乐。

第九章

一

我面前有一本黑布面装订的破旧的大剪贴簿。里面收集有旧的文件，包括学位证书、草稿、日记、身份证、铅笔写的便条，以及一些印刷品，我母亲在布拉格去世之前一直由她精心保管，后来，在一九三九到一九六一年之间经历了各种各样的变迁。靠着这些文件的帮助和我自己的回忆，我写出了父亲如下的简短的传记。

弗拉基米尔·德米特里耶维奇·纳博科夫，法学家、政论家和政治家，司法大臣德米特里·尼古拉耶维奇·纳博科夫和玛丽亚·冯·科尔夫女男爵的儿子，一八七〇年七月二十日出生在圣彼得堡附近的皇村，一九二二年三月二十八日在柏林死于一名刺客的子弹之下。十三岁以前他在家中接受法国和英国女家庭教师及俄国和德国男家庭教师的教育；从后者之一那里他获得并传给了我 passio et morbus aureliani[1]。一八八三年秋，他开始上一所在当时的加加宁街（想来在二十年代被短视的苏维埃人改了名字）上的"高级中学"（相当于美国的把"中学"和"大专"结合在一起的学校）。他想要出类拔萃的愿望是无法抑制的。一个冬夜，因为落下了指定的作业，他宁愿得肺炎

1　拉丁语，对鳞翅目的爱和恨。

也不愿在黑板前受嘲笑，希望能够及时地病上一场，便把自己暴露在极地的严寒之下，只穿件衬衫式长睡衣坐在打开的窗前（窗子朝向皇宫广场和它在月光下十分光洁的柱形纪念碑）；第二天早晨他身体依然十分健康，而他不该有的好运气是，病倒的恰是那个他害怕的老师。一八八七年五月他十六岁时完成了高级中学的课程，获得金奖，进入圣彼得堡大学学习法律，于一八九一年一月毕业。他到德国继续深造（主要在哈雷）。三十年后，他的一个曾和他一起在黑森林骑车旅行的同学，把我父亲当时带着的那本《包法利夫人》寄给了我寡居的母亲，在书的扉页上写着"法国文学中不可超越的明珠"———一个至今仍然适用的观点。

一八九七年十一月十四日（此后每一年，在我们这个重视纪念日的家庭里，都一丝不苟地纪念这个日子）他和乡间邻人二十一岁的女儿叶连娜·伊万诺夫娜·卢卡维什尼科夫结婚，生了六个子女（第一个是个死产男婴）。

一八九五年他成了宫廷初等侍卫官。从一八九六到一九〇四年，他在圣彼得堡帝国法学院教授刑法学。作为宫廷侍卫官，在从事社会行为之前应该请求获得"侍卫大臣"的同意。自然，我父亲在《法律评论》上发表他著名的文章《基什涅夫大屠杀》时并没有提出请求，他在这篇文章里谴责了警方在一九〇三年推行基什涅夫方案中所扮演的角色。根据帝国裁定，他在一九〇五年一月被免去了宫廷里的头衔，在那之后，他和沙皇政府断绝了一切联系，坚定地投入了反对专制的政治活动，同时继续从事法律工作。从一九〇五到一九一五年他是国际犯罪学协会俄国分会的主席，在荷兰开大会的时候，如果需要，他把俄语和英语的讲话口译成德语和法语，反之亦然，自己找到乐趣，也令听众大感惊奇。他口若悬河地反对死刑。在公私事务上都毫不动摇地遵守自己的原则。在一九〇四年的一次官方宴会上，他拒绝为沙皇的健康干杯。据说他在报纸上泰然地刊登广告出售自己的宫廷制服。从一九〇六到一九一七年他和 I·V·黑森及 A·I·卡明卡合编了俄国少数几种自由派报纸之一的 Rech（《言论》），和法学评论杂志《法律评论》。政治上他是个"Kadet"，即立宪民主党——后来改名为更加恰当的人民自由党——的一员。苏联的词典编撰者们在少见的对他生平的评论中，对他的见解和成就作了虽然可恶却是徒劳的杂七杂八的论述，想必以他强烈的幽默感，他会觉得极其可笑。在一九〇六年，他被选为第一届俄国国会（国家杜马）议员，这是一个人道的、崇高的机构，主导思想是自由主义的（但是受到苏联宣传的影响，无知的外国出版家常常把它和古老的"贵族杜马"混为一谈！）。他在那里做了好几次精彩的演讲，引起了全国性的反响。不到一年，当沙皇解散杜马的时候，一些议员，包括我父亲（如他在芬兰火车站照的一张相片上显示的那样，把火车票塞在帽箍下面）在内，到维堡去召开了一届不合法的会议。一九〇八年五月，他开始了三个月的监狱生活，这是对他和他们群体在维堡发表的革命宣言的多少有点迟来的惩罚。"V 在今年夏天弄到 'Egerias'［斑点林蛾〕了吗？"他在从狱中秘密传递出来的一张条子上问道，这是通过一个被收买的警卫和一个忠实的朋友（卡明卡）传到我在维拉的母亲手里的。"告诉他我在监狱的天井里看到的只有黄粉蝶和菜粉蝶。"他释放后被禁止参加民众的选举，但是（在沙皇统治之下的一个十分普遍的自相矛盾的现象）却可以自由地在尖锐的自由派杂志《言论》中工作，他每天为此投入多至九个小时的时间。在一九一三年，因为他从基辅发出的一篇报道，他被政府象征性地罚款一百卢布（约等于现在同等数目的美元）。在基辅，一场暴风骤雨般的审判后，贝利斯被判无罪，他并没有为了"祭祀仪式"的目的杀死一个基督教男孩：正义和公众舆论在旧俄国偶尔仍旧能够取胜；而旧俄国只剩下五年的时间了。第一次世界大战开始后不久，他就应征入伍，被派往前线。最终他被派到圣彼得堡的参谋部。军人的道德使他没有积极参加到一九一七年三月第一次自由派革命的动乱中去。从一开始，历史似乎就急切地要剥夺他在一个西方模式的俄罗斯共和国里充分展现政治家的伟大天才的机会。在一九一七年临时政府的初期——也就是说，在立宪民主党仍旧参与其中的时期——他在内阁会议中担任重要但是并不引人注目的执行书记的职位。在一九一七到一九一八年的冬季，他被选入立宪会议，结果却在它解散时被精力充沛的布尔什维克的水手们逮捕。但是在那些日子里，命令和收回成命的命令造成的混乱有利于我们这方：父亲沿着一条幽暗的走廊往前走，看见尽头处有一扇开着的门，出门走上了一条小街，前往克里米亚，只带了他预先嘱咐他的贴身男仆奥西普给他放在一个隐蔽的角落里的背包，和我们好心的厨师尼古拉·安德烈耶维奇主动加上的一包鱼子酱三明治。从一九一八年中到一九一九年初，在布尔什维克的两次占领之间，在和邓尼金军队中的好战分子的不断摩擦中，他是一个地区——克里米亚地区——政府中的司法部长（"少法部长"，他常常挖苦地说）。一九一九年他开始了自愿流亡的生活，先是住在伦敦，然后在柏林，在那里，他和黑森合作编辑自由派的流亡者日报 *Rul'*（《舵》），直到一九二二年被一个阴险的暴徒暗杀，此人在第二次世界大战期间被希特勒任命为俄国移民事务行政官员。

他写了大量的东西，主要是关于政治和犯罪学方面的文章。他熟知好几个国家的散文和诗歌，能够背诵几百首诗（他最喜欢的俄国诗人是普希金、邱特切夫[1]和费特——他发表过一篇关于费特的很好的文章），是一个狄更斯权威，除了福楼拜之外，还高度评价司汤达，巴尔扎克和左拉，依我之见是三个令人生厌的平庸之辈。他曾经承认，创作一篇故事或一首诗歌，任何故事或诗歌，对他来说都和制造一台电动的机器一样，是难以理解的奇迹。但另一方面，他写法学和政治方面的文章则一点问题都没有。他的写作风格得体、尽管颇为单调，即使在今天，虽然里面充斥着来自古典文学教育的古老的比喻和俄罗斯新闻写作的夸张的陈词滥调，仍然有着——至

1　Fyodor Ivanovich Tyutchev（1803—1873），被认为是俄国十九世纪三大诗人之一，与普希金和莱蒙托夫齐名。

少对我迟钝了的耳朵而言——自身特有的吸引人的古老的尊严，和他多彩的、富有奇趣的、常常是充满诗意的、有时粗俗的日常言谈形成强烈的对照。保存下来的他的一些声明（以"Grazhdane!"开头，意思是"Citoyens!"[1]）和社论的草稿是以描红簿式的斜体、极其明快流畅、均匀得难以相信的字迹写出来的，几乎没有任何修改，有一种纯净、一种确信、一种思想和物质的共同作用，把它和我自己的贼眉鼠眼的字迹和凌乱的草稿、和现在对我花了两个小时描写他两分钟时间内写下的完美的书法的字行进行大屠杀般的修改和重写、再修改相比，我觉得很有意思。他的草稿是他当时思想的誊清稿。他就这样以惊人的自如和速度（很不舒服地坐在一座凄凉的宫殿的教室里的儿童书桌前）写出了米哈伊尔大公（在沙皇声明他和他儿子放弃王位后的下一个王位继承人）退位的全文。难怪他也是一个令人钦佩的演说家，一个具有"英国风格"的沉着冷静的雄辩家，他回避使用剁肉的手势和煽动家们辞藻华丽的狂吠，而在这一点上，我这个如果面前没有一张打好了字的纸，就是个可笑的用词不当的家伙的人，一点也没有继承下来。

仅仅是在不久以前我才第一次看到了他的一部重要的Sbornik statey po ugolovnomu pravu（刑法文集），是在一九〇四年在圣彼得堡出版的。这本书极为罕见的、可能是独一无二的一册（原先是一位叫米哈伊尔·耶夫格拉福维奇·霍杜诺夫的

1　法语，公民们。

人所有，这是用紫墨水印章打在扉页上的）是一位好心的旅行者安德鲁·菲尔德一九六一年访问俄国时在旧书店里买了送给我的。这是一本三百一十六页的书，包括了十九篇文章。在其中的一篇里（一九〇二年写的《性犯罪》），父亲在某种奇怪的意义上颇具预言性地讨论了（在伦敦）"à l'âge le plus tendre[1] 小姑娘，就是说，八到十二岁，成了好色之徒的牺牲品"的案例。在同一篇文章中，他对各种反常行为表现出了一种极其开放和"现代"的态度，附带着给"同性恋"造了一个便利的俄语词：ravnopolïy。

　　想要列出他发表在各种期刊，如《言论》或《法律评论》上的实实在在是数以千计的文章是不可能的。在后面的一章里我谈到他的一本具有历史趣味的书，是关于在战时对英国进行的一次半官方性质的访问的。他的一些涉及一九一七到一九一九年的回忆录被收集在黑森在柏林出版的《俄国革命文献》中。一九二〇年一月十六日，他在伦敦国王学院以"苏联的统治和俄国的未来"为题发表了一篇演说，一周以后刊登在《新联邦》第十五期的增刊上（整齐地粘贴在我母亲的剪贴簿上）。同年春天，我在剑桥大学为大学俱乐部组织的辩论会做准备时，把父亲文章的大部分都背了下来；（获胜的）布尔什维克主义的辩护士是一个来自《曼彻斯特卫报》的人，我忘了他的名字了，但是记得我在背完了记在脑子里的东西以后，

1　法语，年幼的。

就一个字都说不出来了，那是我第一次也是最后一次的政治讲话。父亲去世前两个月，流亡者的杂志《戏剧和生活》开始连载他对童年的回忆（他和我此时有了重叠——时间太短了）。我看到里面精彩地描述了第三高级中学他的那位学究式的拉丁语老师发脾气之可怕，以及父亲从很早就开始了的对歌剧的终生热爱：他想必听过一八八〇到一九二二年之间的几乎每一个一流欧洲歌唱家的演唱，虽然不会演奏任何音乐（除了非常庄重地奏出《鲁斯兰》序曲的开头部分的和弦之外），却记得他最喜欢的歌剧的每一个音符。沿着这条震动的琴弦，一个漏过了我的传承优美旋律的基因，从十六世纪的那位管风琴手沃尔夫冈·格劳恩开始，流经我的父亲到了我儿子的身上。

二

　　我十一岁的时候，父亲认为进入特尼谢夫学校可能会给我在家里受到的并仍在接受的家庭教师的教育以有利的补充。这是圣彼得堡最杰出的学校之一，远比它所属范畴中的一般高级中学要年轻、现代化和自由化得多。全部课程包括十六个"学期"（八个高级中学的年级），大约相当于美国中学的后六年加上大学的头两年。我在一九一一年一月份入学时，发现自己在第三"学期"，或者说，按美国学制是第八年级的开始。

　　学校从九月十五日开学，课一直上到五月二十五日，中间有几次间歇：一次两周长的学期间的间隔——似乎是为那棵巨大的、树端的星星触及我们最漂亮的客厅的浅绿色天花板的圣诞树腾出位置来——和一周复活节假，放假期间彩蛋使早餐桌上的气氛活跃起来。由于雪和霜从十月份一直持续到四月份，无怪乎我有关学校的记忆一般都明显和冬季有关。

　　当伊万第一（有一天突然消失了）或伊万第二（他将会看到我派他去执行浪漫差事的时候）在八点左右来叫醒我的时候，外面的世界仍旧笼罩在北极严寒褐色的昏暗之中。卧室里的电灯带有一种阴沉、刺目的黄疸色彩，刺痛我的眼睛。我会用手托着嗡嗡作响的耳朵，把胳膊支在枕头上，迫使自己做十页没有做完的作业。在我的床头桌上，在有两个青铜狮头的低矮的台灯旁，放着一座别致的小钟：一个直立的水晶容器里面，像书页一样的、有黑色数字的象牙白色的薄片从右向左翻动，每一片停留一分钟，就像在老式电影银幕上的商业广告剧照一样。我给自己十分钟把内容用铁版照相法印在脑子里（如今要用上我两个小时！），然后，比方说，花十几分钟洗澡、穿衣（在伊万的帮助之下）、飞奔下楼、吞下一杯温吞吞的可可——我从它表面的中心揭去了一圈凝结了的褐色起皱的薄层。上午总是塞得满满的，而诸如一位绝妙的、坚韧的法国人卢斯塔罗先生给我上的拳击和击剑这样的课程就不得不中断了。

然而他仍旧几乎每天都来，和我父亲斗拳或击剑。我会连皮大衣都没有全穿好就冲过绿色的客厅（在圣诞节过了很久之后，那里还会萦绕着杉树、热蜡和橘子的气味），向书房跑去，从那儿传出来跺脚和刮擦混合的声音。我会在那里看见我的父亲，一个高大、强壮的男人，因为穿着白色训练服而显得更加高大，在猛刺和闪避，而他那灵敏的教练则在花剑撞击的锵锵声中加进有力的喊叫（"Battez！"[1]"Rompez！"[2]）。

父亲会微喘着从流着汗的红脸上摘下凸面的击剑防护面罩，亲吻我说早安。这个地方把学术和体育、书封面的皮革和拳击手套的皮革令人愉快地结合了起来。沿着排满了书的墙壁放着宽大的皮扶手椅。一个在英国购买的练习拳击用的考究

----

1 2　法文，分别意为"刺呀！"和"停止！"。

的"吊球"装置——四根钢柱支撑着一块吊着梨形拳击袋的厚木板——在宽敞的房间的一头闪闪发光。这个装置的目的受到了质疑，特别是在它的拳击袋发出的嗒–嗒–嗒的像机关枪一样的声音这一点上，男管家的解释被一九一七年从窗户进来的一些全副武装的街头战士勉强接受，认为是对的。当苏维埃革命使我们必须离开圣彼得堡时，那书房就解体了，但是它的一些残留下来离奇古怪的小东西不断在国外出现。大约十二年以后，我在柏林的一家书店里无意中发现了一个这样的流浪儿，上面有我父亲的藏书标志。结果，特别相称的是，这本书是威尔斯[1]的《星际战争》。又过了十年之后，一天，我在纽约公共图书馆里发现，在我父亲名下的索引中有一本简明的书目集，那是当开列在里面的有名无实的书仍旧红润光亮地站立在他的书架上的时候，他私人出钱印刷的。

1　H. G. Wells（1866—1946），英国小说家，著名作品有《时间机器》和《星际战争》。

三

　　我匆匆沿着原路回去的时候，他会重新戴上他的防护面罩，继续他的踩脚和猛刺。门厅的大壁炉里，木柴发出噼啪的爆裂声，离开这温暖的地方，门外冰冷的空气给人的肺以强烈的震撼。我需要弄清我们两辆汽车中的哪一辆，是奔驰还是沃尔斯利，在等着送我到学校去。奔驰是灰色单排座活顶轿车，是较老的一辆，开车的是沃尔科夫，一个温和的、脸色苍白的司机。比起在它之前的那辆没有特色、没有突出的车头、开起来没有声响的电动双门厢式轿车来，它的线条似乎显然有活力得多；但是，那辆相对较长的黑色英国高级豪华小轿车刚一来到，和他共用车库的时候，就轮到它带上了一种过时的、头重脚轻的样子，引擎罩可怜巴巴地缩在那里。

　　能够坐比较新的那辆车意味着兴高采烈地开始这一天。另一个司机皮洛戈夫是个矮胖子，黄褐色的皮肤，和他穿在灯芯绒套服外面的皮衣以及橙褐色的绑腿颜色非常相称。当有什么交通障碍迫使他不得不刹车的时候（他刹车时总是突然以一种奇特的富有弹性的方式伸展开自己），或者当我企图通过那吱吱作响而且不很有效的通话管和他交谈打搅了他的时候，透过玻璃隔板看得见他的粗壮的脖子的背后会变成深红色。他毫不掩饰地偏爱开有三四个季节我们在乡间使用过的结实的欧宝折篷汽车，会开到时速六十英里（想要明白在一九一二年这开得有多么猛，你得把今天速度的膨胀考虑进去）：确实，夏季自由的实质——不用上学的非城市生活——在我的脑子里一直和畅通的减音器排放在长长的公路上的那引擎任性的轰鸣联系在一起。在第一次世界大战的第二年，当皮洛戈夫应征入伍后，肤色很深、圆睁着眼睛的齐加诺夫接替了他，他曾是个赛车好手，参加过俄国和国外的各种比赛，在比利时的一次严重的撞车事故中断了好几根肋骨。后来，在一九一七年的某个时候，我父亲从克兰斯基内阁辞职后不久，齐加诺夫决定——尽管父亲极力反对——为了避免大马力的沃尔斯利被充公，把汽车给拆了，把零部件分散藏在只有他才知道的地方。再后来，在一个阴暗悲惨的秋天，随着布尔什维克的优势日益加强，克兰斯基的副官之一向我父亲要一辆结实的汽车，以备总理被迫仓促离开时可能要用；但是我们老弱的奔驰不行，而沃尔斯利已经令人难堪地消失了，如果我仍珍视对这个要求的记忆的话（最近我的这位著名的朋友否认了这件事，但是他的副官肯定是提出过这个要求的），那只是从写作的观点出发的——是因为它在主题上和一七九一年克里斯蒂娜·冯·科尔夫在瓦雷纳事件中的作用产生了有趣的回响。

虽然在圣彼得堡冬天下大雪比，譬如说，波士顿周围地区要经常得多，但是在第一次世界大战前，夹杂在这个城市的无数雪橇中行驶的几辆汽车，不知怎的似乎从来没有陷入现代汽车在新英格兰地区一个美好的下雪的白色圣诞节的那种令人讨厌的麻烦中。许多奇怪的力量参与了这个城市的建设。人们会得出结论，认为雪的堆积——沿着人行道的被风吹积成的整齐的雪堆和坚实地平铺在路面上八角形的大木块上的雪——是由街道的几何学原理和雪云的物理学定律之间的某种非神明因素结合造成的。总之，开车到学校从来没有超过一刻钟的时间。我们的家在莫斯卡亚街四十七号。然后是奥金斯基王子的府邸（四十五号），然后是意大利大使馆（四十三号），然后是德国大使馆（四十一号），然后是宽阔的玛丽亚广场，进了广场门牌号码递减。广场的北面有一个小公园。有一天，人们在里面的一棵椴树上发现了一个耳朵和一个手指——个恐怖分子的残骸，他在广场的另一面自己的房间里安装一个致命的小包时失手。那些同样的树木（在珍珠色的雾霭中的银丝图案，背景中浮现出圣以撒教堂的青铜圆穹）也见证过儿童们徒劳地想爬进枝叶间以逃避镇压第一次革命（一九〇五至一九〇六年）的马上宪兵队，被任意开枪打落下来。不少这类的小故事都和圣彼得堡的广场及街道有关。

到了涅夫斯基大道后，要沿着它开上一大段，在此期间，开心的事是不用费劲就超过某个乘轻便雪橇的披着斗篷的卫兵，他的两匹拉雪橇的黑色牡马呼哧呼哧地吐着气，在防止硬雪块飞到乘客脸上的鲜亮的蓝色防护网下飞奔。左手边的一条名字很可爱的街——商队街——带你经过一个令人难忘的玩具店。然后是西尼泽力马戏场（以其摔跤比赛闻名）。最后，在跨过一条冰封的运河后，车子就开到了莫霍瓦雅街（青苔街）上的特尼谢夫学校的大门前。

四

　　我的父亲是俄国伟大的无阶级的知识分子中的一员，这是他自己的选择，他认为把我送到一所以其民主的原则，在阶级、种族和宗教信仰方面一视同仁的政策和现代化的教育方法著称的学校去学习是正确的。除此之外，特尼谢夫学校和别的任何学校在时间和空间上没有什么不同。和所有的学校一样，男孩子们容忍一些老师，讨厌另一些老师，而且，也和所有的学校一样，存在着下流的俏皮话和色情信息的不断交流。因为我在体育运动方面很出色，要是我的老师不那么急切地企图拯救我的灵魂的话，我是不会觉得上学这事让人那么沮丧的。

　　他们指责我不去适应环境；指责我"炫耀"（主要是俄语作业里充斥着英语和法语词汇，而对我来说这些词很自然就出现）；指责我拒绝碰盥洗室里肮脏的湿毛巾；指责我打架的时候用手指关节，而不是像俄国爱打架的人那样用拳头的底面扇人。对体育运动甚少了解的校长，虽然很称赞其需要密切合作的优点，却对我在足球中总是守门，"而不是和别的球员一起跑来跑去"而心存疑虑。另一件激起愤慨的事是我坐小汽车上下学，而不是像别的学生、那些听话的小民主分子那样坐有轨电车或马车上学。有一个老师把脸厌恶地皱成一副怪样子，给我建议说，至少我可以让汽车停在两三个街区之外，这样我的同学就可以不用看见一个穿制服的司机脱帽致意的样子了。好像是学校允许我提着一只死老鼠的尾巴到处走,只要我不把它举在别人的鼻子底下晃悠就行。

然而,最糟糕的情况出自这样一个事实,那就是,即使在那个时候,我对参加任何种类的活动和社团都极其反感。我不愿参加课外小组的活动——郑重地选举负责人员、宣读就历史问题所写的报告的辩论社,以及,到了高年级,讨论当前政治事件的更为雄心勃勃的集会——惹怒了老师里最和蔼和最好心的一位。不断要我参加这个或那个组织的压力从未能够使我放弃抵抗,而是造成了一种紧张关系,这种紧张并没有因为每个人都在唠唠叨叨地反复提起我父亲树立的榜样而有所缓和。

确实,父亲是个非常活跃的人,但是,就像经常发生在著名的父亲的子女们身上的那样,我通过自己的多棱镜看待他的活动,它将我的老师们看到的相当威严的光分解成许多迷人的色彩。由于他的多种兴趣——犯罪学的、立法的、政治的、编辑的、慈善的——他需要参加许多委员会的会议,这些会常常在我们家召开。总是能从我们巨大而回声荡漾的门厅的另一端传过来的奇怪的声音中推测出即将召开一个这样的会议了。我放学回家的时候,我们的看门人会在那里,在大理石楼梯下面的凹室里,忙着削铅笔。他用的是一个笨重的老式机器,有一个转轮,他一只手迅速转动转轮的把手,另一只手握着塞在一个侧面的小孔里的铅笔。多年以来,他一直是能够想象出来的最老式的那类"忠仆",充满了奇特的才智,他风度翩翩地用两根手指左右抹平他的八字胡，身上总有淡淡的炸鱼的气味：它来自他神秘的地下室住所，他在那里有一个极其肥胖的妻子和一对双胞胎——一个和我同龄的男生和一个蓝色的眼睛有点斜视、有一头红棕色头发、经常出没的邂逅的小黎明女神；但是削铅笔这份例行工作想必使可怜的老乌斯金十分气愤——因为我欣然地对他充满了同情，我，这个只用非常尖的铅笔写东西的人，总是在周围的小瓶子里存放着大把的B3铅笔，每天要转动装置上（夹在桌子边上）的那个把手百来次，在它的小抽屉里很快就积满了那么多黄褐色的铅笔屑。后来发现他早就和沙皇的秘密警察有接触——当然，和捷尔任斯基或雅戈达的手下相比都是些新手，可仍然是相当麻烦。例如，早在一九〇六年，警方怀疑我父亲在维拉举行秘密会议，就雇用了乌斯金为他们服务，他于是恳求我父亲在那年夏天把他作为额外的门房（他原来在卢卡维什尼科夫家当过餐具管理员）带到乡间去，用了什么借口我想不起来了，但是深藏的目的是刺探发生的不论什么事情；正是他，无处不在的乌斯金，在一九一七到一九一八年的冬天英勇地带领获胜的苏维埃代表来到父亲在二楼的书房，并且从那儿，穿过一间音乐室和我母亲的起居室，到了我出生的东南角的房间，到了墙上的壁龛，到了闪着彩色光芒的冠冕形头饰旁，这成了他当年给我捉到的一只凤蝶的充分的报偿。

晚上八点左右，门厅将存放上一大堆的厚长大衣和套鞋。在藏书室旁边的一间委员会议室里，在一张铺着绿色台面呢的长桌旁（那些削得漂亮的尖尖的铅笔已经分放好了），我的父亲和他的同事们会聚集在一起讨论他们反对沙皇的某个阶段。在喧闹的声音之上，幽暗角落里的一座高大的钟会突然发出威斯敏斯特的钟乐声[1]；越过委员会议室是神秘的深处——储藏室，盘旋而上的楼梯，一间勉强算做餐具室的房间——我和堂兄尤里曾常常在到得克萨斯去的路上举着拔出来的手枪在此稍作停留，也是在这里，一天夜里警察安放了一个睡眼惺忪的胖间谍，他被发现后吃力地跪在我们的图书管理员柳德米拉·鲍里索夫娜·格林伯格面前。但是我怎么可能和学校的老师讨论这一切呢？

---

1 指英国威斯敏斯特议会大楼钟楼上的"大本钟"报时的钟乐声。

五

　　反动的报刊从来没有停止过对父亲政党的攻击，我对那些时不时出现的、多少有点庸俗的漫画——我父亲和米柳科夫把圣徒俄罗斯放在盘子里交给犹太世界之类的东西——也已经相当习惯了。但是有一天，我想是在一九一一年冬天，右翼报纸中最有影响力的一家雇用了一名声名不好的记者，编造了一篇恶言诽谤的文章，包含了我父亲不能置之不理的含沙射影的东西。既然文章具体作者的尽人皆知的无赖性使他成为"不可决斗"的人物（如俄国决斗准则所说的 neduelesposobnïy），我父亲要求和刊登那篇文章的报纸的声名或许不那么恶劣的编辑决斗。

　　俄国式的决斗比起传统的巴黎式决斗来是一个严重得多的事件。这位编辑用了好几天来决定是否接受这个挑战。在这些日子的最后一天，一个星期一，我和平常一样去上学。由于我没有看报纸，我对整个事件一无所知。那天的某个时候，我意识到一本打开在某一页的杂志在大家手里传递着，引起了唞唞的笑声。看准了时机的一扑使我拥有了证明是一份低级周刊的最新一期，上面登着关于我父亲挑战的耸人听闻的报道，还有对他让对手挑选武器这事的极其愚蠢的评论。针对他回到在自己的文章中批评过的一种封建习俗上去，这篇文章也进行了狡黠的挖苦。还大谈他仆人的数量和成套服装的数量。我发现他选择了自己的姻兄海军上将科洛梅茨耶夫，日俄战争中的一位英雄，作决斗助手。在对马海峡之战中，我的这位当时具有海军上校军衔的姑父设法把他的驱逐舰靠拢了燃烧着的旗舰，救出了海军总司令。

下课以后，我弄清了这份杂志属于我的一个最要好的朋友。我指责他背叛和嘲弄我。在接着发生的打斗中，他向后撞倒在了一张书桌上，脚夹在一道缝里，踝子骨断了。他卧床一个月，但是却侠义地在他家人和老师面前隐瞒了我在事件中的责任。

看到他被抬下楼时的痛苦被淹没在了我整体的苦恼之中。不知什么原因，那天没有车来接我，在乘着出租雪橇回家的又冷又单调的、慢得难以置信的归途中，我有足够的时间来仔细考虑问题。现在我明白了，为什么在前一天，母亲和我在一起的时间这么少，而且没有下楼来吃晚饭。我也明白了，泰尔南特，一位甚至比卢斯塔罗还要出色的武器教师，近来对我父亲进行的是什么样的特殊训练。他的对手会做出什么样的选择，我不断问自己——剑还是子弹？抑或已经做出了选择？我小心翼翼地唤起父亲击剑时那我所热爱的、熟悉的、生气勃勃的形象，并试图将这个形象去掉防护面罩和护垫后，转移到某个谷仓或骑术学校的决斗场上。我能够看到他和对手都敞着胸，都穿着黑裤子，正在激烈地格斗，他们有力的动作带有即便是最有风度的击剑手在真正交战时也无法避免的那种古怪的别扭

劲。这个景象是这样的令人反感，我是这样真切地感觉到一颗
即将被刺穿的狂暴地跳动着的心脏的丰满和无助，以至我发现
自己在似乎短暂的一瞬间希望有一种比较抽象的武器。但是很
快我就陷入了更深的痛苦之中。

雪橇沿着涅夫斯基大道缓慢行进，那儿，模糊的灯光在越
来越深的暮色中摇曳，我想到父亲放在他书桌右上抽屉里的那
把沉重的黑色勃朗宁手枪。我熟悉那把手枪，就和我熟悉他书
房里其他更显著的东西一样：水晶艺术品或有纹理的石头，那
个时候很时髦；发亮的家人的照片；巨大的、用柔和的光线
照亮的佩鲁吉诺[1]的一幅画；荷兰画家的明亮的蜜黄色小油画；
还有，就在桌子上方，是巴克斯特[2]为我母亲画的朦胧的玫瑰
色的彩粉画像：画家展示了她四分之三的脸部，绝妙地表现出
了她清秀的相貌——往上梳的浅灰的头发（她二十几岁头发就
变灰了），前额的完美的曲线，鸽子一样蓝色的眼睛，脖子的
优美轮廓。

当我催促像个碎布娃娃一样的赶雪橇的老头走快点的时
候，他就光是身子往一边一歪，胳膊做一个特别的半圆动作，
好让他的马相信他就要从右边的毡靴里抽出放在那儿的短鞭子
了；这就足以使那匹粗毛小马做出加速的样子来，和赶雪橇的
人刚才做出来的拔出他的 knutishko[3] 的样子同样含含糊糊。在

1　Pietro Perugino（1446—1523），意大利文艺复兴时期画家。

2　Léon Bakst（1866—1924），俄国画家，舞台美术家。

3　用拉丁字母转写的俄语，小鞭子。

我们裹在雪中的行驶形成的一种几乎是幻觉的状态下，我重演了对一个俄国少年来说如此熟悉的所有著名的决斗。我看见普希金，第一枪就受了致命的伤，不屈地坐起身子把枪里的子弹射向丹特士。我看见莱蒙托夫微笑着面对马尔蒂诺夫。我看见矮胖的索比诺夫在扮演兰斯基这个角色时一头栽下，手里的武器飞进了乐队。没有一个稍有名气的俄国作家忘记过描写 une rencontre[1]，一次敌对的邂逅，当然都属于古典的 duel à volonté[2]（不是电影或卡通中那种著名的背对背开步走——向后转——砰砰式的荒唐可笑的表演）。在好几个显赫的家族中，在多少可以算得上是近期的时间里，都有过可悲地死在决斗场上的事情。我如在梦中的雪橇沿莫斯卡亚街行驶，决斗者模糊的轮廓缓慢地走向对方，举枪瞄准后开枪——在黎明的瞬间，在古老的乡间庄园潮湿的林中空地上，在无遮蔽的军事训练场上，或者在两行冷杉树之间纷飞的大雪之中。

而在这一切背后仍然存在着一个非常特殊的我极力想要绕过去的情感深渊，唯恐自己会涕泪滂沱，这就是潜存在我对父亲的尊敬之下的温柔的友情；我们之间完美和谐的魅力；我们密切关注的伦敦报纸上有关温布尔登网球比赛的消息；我们解决的象棋排局；每当我提到当前的某个次要诗人时从他舌尖如此得意洋洋地滚滚而下的普希金抑扬格诗行。我们之间关系的特点是习惯性地交流些平常的无聊话、可笑地混乱不清的语

---

1 法语，一次冲突。
2 法语，自由式的决斗。

句、对想象的语调的建议性的模仿，以及标志着幸福家庭的秘密准则的私下的玩笑。尽管如此，他对行为问题极端严格，当他对用人或小孩生气的时候，常爱说些尖刻的话，但是他天生充满了人道精神，不允许自己在责备奥西普给他准备错了衬衫的时候真正很无礼，同样，直接了解一个男孩子的自尊心会缓和指责的严厉程度，导致突然宽恕的结果。因此，有一天，当我为了逃避在课堂上进行没有准备好的背诵而故意用剃刀在膝盖上方划了个口子（我至今仍有那道疤痕），他似乎无法使自己真正发起脾气来的时候，我是困惑多于高兴；他接着承认自己童年时一次类似的过失，这是对我没有隐瞒真情的奖赏。

我记得那个夏天的下午（那时已经觉得好像是很久以前了，其实只过去了四五年），他突然冲进我的房间，一把抓起我的捕蝶网，冲下游廊的台阶——不久就溜溜达达地走回来了，大拇指和食指间捏着一只稀有而华丽的俄国杨树雌蛱蝶，他从书房阳台上看见它在一片山杨树叶上晒太阳。我记得我们沿着平坦的卢加公路长时间地骑自行车，以及他利落地——结实有力的小腿，穿着灯笼裤、花呢上衣，戴着方格帽子——完成骑上他那辆高鞍座的"杜克斯"的样子。他的贴身男仆会把自行车推到门廊前，好像那是一匹听话的马一样。父亲会一面查看着车子擦得亮不亮，一面戴上他的小山羊皮手套，在奥西普焦急的目光下试验一下轮胎气够不够足。然后他会握住车把，把左脚放在突出在车架后部的金属栓上，右脚在后轮的另一边蹬地，这样蹬了三四下以后（这时自行车已经启动），再悠闲地把右脚移到脚蹬子上，把左腿往前移，坐在了车座上。

　　我终于到家了，一走进门厅，我就听见了响亮快活的声音。带着梦境里的安排的及时性，我的海军上将姑父正从楼梯上走下来。我的父母在铺着红地毯的楼梯平台上——那里一尊无臂的希腊女子大理石雕像掌管着放置来访者名片的孔雀石钵——还在和他说着话，他往楼下走的时候，笑着抬头向上看，并用手里拿着的手套拍打栏杆。我马上就明白不会有决斗了，对方用道歉迎接了挑战，一切都没事了。我擦过姑父身边到了楼梯平台。我看见了母亲平日的宁静的面容，但是却无法看我的父亲。这时事情发生了：我心中涌起了和布伊内号的船长将它开到燃烧着的苏沃洛夫号旁边的时候将它托起的同样的巨浪，而我没有手绢；要在十年以后，在一九二二年的某个夜晚，在柏林的一次公开讲演会上，我父亲才会在挡住两个俄国法西斯分子射向讲演者（他的老朋友米柳科夫）的子弹、同时有力地击倒其中一个刺客时，被另一个击中要害。但是这个未来的事件并没有在我们圣彼得堡宅子明亮的楼梯上投下任何阴影；那只放在我头上的冷静的大手没有颤抖，而在一盘困难的象棋排局中的几种走棋的设想也还没有在棋盘上交融起来。

作者，一九一五年摄于圣彼得堡。

第十章

一

　　梅恩·里德[1]上尉的美国开拓时期的西部小说，经过翻译和简写后，二十世纪初期在俄国儿童中非常流行，那时他在美国的声名早已衰退很久了。因为懂英语，我能够欣赏原文的未经删节的《无头骑士》。两个朋友交换衣服、帽子、坐骑，不该死的人被错杀了——这就是它错综复杂的情节的主涡流。在我记忆的书库里，我有的那个版本（可能是英国版）始终是一本红布装订的鼓鼓囊囊的书，有一幅淡灰色的卷首插图，书新的时候，蒙上了一页绵纸保护插图的光泽。我看见这页绵纸的时候它正在逐渐破损——先是错误地被折叠，然后被撕去——但是卷首插图本身，无疑描绘的是露易丝·波因德克斯特那倒霉的兄弟（也许还有一两只郊狼，除非我想到的是《致命射击》，梅恩·里德的另外一个故事），已经这样长久地暴露在我想象的烈焰下，以致现在颜色已经完全褪去（但是奇迹般地被真正的东西取代了，如我在一九五三年春天把现在这一章翻译成俄语的时候所注意到的那样，也就是说，被从你我那年所租的牧场看到的景色所取代了：一片长满了仙人掌和丝兰的荒

1　Mayne Reid（1818—1883），出生在爱尔兰，一八四〇年到美国，做过记者、商人、小学校长、演员，和印第安人作战。写过许多以美国南部和西部为背景的浪漫小说。

原，那天早晨从那儿传来了一只鹌鹑的悲鸣——我想是甘贝尔鹌鹑——使我充满了受之有愧的成就和报偿感）。

我们现在要见到我的表哥尤里了，一个瘦瘦的、肤色灰黄的男孩，有个头发剪得很短的圆脑袋和明亮的灰色眼睛。双亲已经离异，没有男家庭教师照顾，是个没有乡间宅第的城里孩子，在许多方面都和我不一样。冬天他和父亲叶夫根尼·劳施·冯·特劳本堡男爵在华沙度过，他的父亲是华沙的军事长官；夏天则在巴托沃或维拉，除非他母亲，我那古怪的尼娜姑妈把他带出国，到枯燥乏味的中欧温泉疗养地，她在那儿独自长途散步，把他留给跑腿报信的男孩或女服务员照顾。在乡间，尤里很晚才起床，在我捕捉蝴蝶四五个小时后回家吃午饭前都见不到他。从他很小的时候起，他绝对是无所畏惧的，但是对"博物学"却十分神经质，总是提防着，从来无法迫使自己去摸蠕动的东西，无法忍受一只小青蛙像个人那样在你握着的手里摸索着爬来爬去时的有趣的触痒，或一条毛毛虫爬上你赤裸的小腿时那谨慎的、令人愉快地凉凉的、有节奏地起伏着的轻抚。他收集涂上彩色的铅制小士兵——这些对我毫无意义，但是他熟悉他们的军装，就和我熟悉不同的蝴蝶一样。他不玩任何球类游戏，不会像样地投掷一块石头，不会游泳，可是他从来没有告诉过我他不会，有一天，我们试图从漂堵在锯木厂附近的大堆圆松木上走过河去，当一根特别滑的树干开始在他脚下扑通一声下沉并转动的时候，他差一点被淹死。

我们初次开始意识到彼此的存在是一九〇四年在威斯巴登

的圣诞节前后（我五岁半，他七岁）：我记得他从一家纪念品商店出来向我跑过来，手里拿着一个 breloque[1]，一把一英寸长的小银手枪，急着要给我看——突然摔趴在人行道上，但是自己爬了起来，没有哭，不顾一个膝盖流着血，仍然紧抓着他那微小的武器。在一九〇九或一九一〇年的夏天，他热情地将我带进了梅恩·里德的充满潜在戏剧性的作品之中。他读的是俄文译本（除了姓之外，他的其他一切都比我更具俄国特点），在寻找一个适合表演的情节的时候，往往会和费尼莫尔·库珀[2]的作品以及他自己充满激情的创造结合起来。我则以较为超然的态度看待我们的游戏，力图按照原文进行表演。我们的表演一般在巴托沃的园子里进行，那里的小径比维拉的还要曲折、还要危机四伏。我们相互进行搜捕时用的是弹簧枪，它以相当大的力度发射出像铅笔那么长的小棍子（我们很是勇敢地从棍子的铜头上拧下了防护橡皮吸杯）。后来有了各种形式的气枪，用来发射蜡弹或小簇飞镖，造成并不致命但常常是相当痛苦的后果。在一九一二年，他带来的那把用珍珠母板装饰的威风的左轮手枪被我的家庭教师兰斯基平静地拿走锁了起来，不过是在我们已经把一个皮鞋盒的盖子崩成了碎片（作为真东西，一张纸牌 A 的前奏）以后——我们在传说中许多个朦胧的岁月之前曾经进行过一次决斗的绿色林荫道上，在一个合于绅士身份的距离之外的地方轮流举着盒盖。第二年夏天，他和

1　法语，小饰物。

2　James Fenimore Cooper（1789—1851），美国小说家。

他母亲去了瑞士——在他去世后不久（一九一九年），当她重回同一个饭店，住进他们那年七月住过的房间时，她把手塞进一把扶手椅的凹缝里找一枚掉落的发卡，却摸出了一个小小的上半身披着铠甲的骑兵，马没有了，但是罗圈着的两腿仍旧紧夹在一匹无形的战马上。

当他在一九一四年六月来住一个星期的时候（现在相对于我的十五岁，他是十六岁半，年龄间隔开始表现出来了），我们刚刚发现花园里只有我们俩，他做的第一件事情就是从一个时髦的银烟盒里随手拿出了一根"琥珀嘴"香烟，他让我仔细看镀金的内侧上刻的公式 $3 \times 4 = 12$，纪念他终于和伯爵夫人 G 一起度过的三个夜晚。现在他爱上了在赫尔辛基的一位老将军的年轻的夫人和在加契纳的一个上尉的女儿。我怀着一种绝望见证了他情场老手式的每一次新揭示。"我在什么地方可以打几个相当私密的电话？"他问我。于是我带他穿过那五棵杨树和那口干涸的老井（只不过几年前，我们被三个吓坏了的园丁用绳子从里面拽了上来），来到宅子仆人住的厢房的一条过道上，在那里，从诱人的窗台上传来鸽子的咕咕叫声，在那里的一面阳光印满了图案的墙上挂着我们乡间住宅里最偏僻最古老的一台电话，一个盒子式的又大又笨的玩意儿，需要叮叮当当地用曲柄摇动才能引出一个小声音的接线员来。现在的尤里比过去那个骑野马的家伙更从容自在和好交际得多了。他坐在一张靠墙的冷杉木桌子上，两条长腿垂着，和仆人闲聊（这是我不该做、也不知道怎么去做的事情）——和一个我从来没有看见他咧嘴笑过的留着连鬓胡子的老门房，或和一个轻佻的厨娘，我只是在那时才意识到她裸露的脖子和放肆的眼睛。尤里结束了第三次长途通话后（我怀着慰藉和惊愕混杂的心情注意到他的法语说得多么糟），我们步行到村子里的食杂店去，要不是和他一起，我是做梦也不会想到要去那儿的，更不用说买上一磅黑白葵花子了。在漫步回家的路上，在傍晚准备栖息的蝴蝶群中，我们津津有味地嚼着吐出瓜子壳，他教我怎样像传送带那样运作：用右面的后牙嗑开瓜子壳，用舌头慢慢把瓜子仁舔出来，吐出两半个壳，把光滑的瓜子仁移到左面的白齿咀嚼，与此同时，轮到对已经在右面嗑开了的下一粒瓜子进行同样的处理。说到右面，他承认自己是一个坚定的"君主主义者"（带有与其说是政治的不如说是浪漫的性质），接着谴责起我的所谓的（并且是完全抽象的）"民主主义"来。他背诵了收集在剪贴簿里的他的一些流畅的诗歌的例子，并骄傲地说迪拉诺夫-托姆斯基，一个时髦诗人（他喜爱意大利的格言和章节的标题，如"失去的爱之歌"，"夜之瓮"，等等），曾称赞过他出众的"长"押韵诗"vnemlyu múze ya"（《我倾听着缪斯》）和"lyubvi kontúziya"（《爱之伤害》），而我则以自己最好的（还没有利用过的）发现来回敬他："zápoved'"（戒律）和"posápïvat'"（嗤之以鼻）。他对托尔斯泰摈弃兵法满腔怒气，而对安德烈·博尔康斯基亲王则充满了炽热的敬佩——因为他刚刚才发现了《战争与和平》，而我在十一岁时就第一次读了这本书（在柏林普里瓦街我们昏暗的洛可可式公寓里的一张土耳其式的沙发上，公寓朝着一座有落叶松和侏儒雕像的阴暗潮湿的后花园，它们像一张旧明信片，永远留在了那本书里）。

我突然看到自己穿着一所军官训练学校的制服：一九一六年，我们再度漫步走向村子，并且（和莫里斯·杰拉尔德和注定要死去的亨利·波因德克斯特一样）换穿了衣服——尤里穿着我的白色法兰绒衣服和条子领带。在那年他待在我们家的短短的一周里，我们想出了一种我从来没有看见在什么地方描写过的奇特的娱乐。在我们花园尽头一个茉莉花环绕的圆形小游乐场中间有一架秋千。我们把绳子调节得使绿色的秋千踏板在仰卧于下面沙地上的人的额头和鼻子之上仅仅两英寸处荡过。我们中的一个会站在踏板上开始玩，以越来越大的冲力荡起秋千；另一个会躺下，把后脑勺放在规定好的地方，从一个似乎极高的高度，荡秋千人的踏板会从仰卧者脸的上方嗖地飞过。三年后，作为邓尼金军队里的一名骑兵军官，他在克里米亚北部与红军作战时牺牲。我在雅尔塔看见了他的遗体，他整个头骨的前部被几颗子弹的冲力压陷了下去，当他越过了自己的小分队，正要不顾危险地孤身攻击一个红军的机枪掩体时，子弹像一架巨大的秋千的铁踏板击中了他。如果我能够胜任为他写墓志铭的话，我可能这样总结说——用比我在这里搜索枯肠能够得到的丰富得多的词汇——在尤里身上，一切感情、一切思想都为一种天赋所支配：即相当于道德上绝对巅峰的荣誉感。

二

　　最近我重读了《无头骑士》(一个乏味的版本，没有插图)。它有自己的意义。举例说，在公元(那位上尉会这么说)一八五〇年得克萨斯的一家用圆木做墙的旅店的酒吧里，有个只穿衬衫不穿外衣的"沙龙接待员"——一个当之无愧的花花公子，因为那是件有褶裥饰边的"上等亚麻和花边"做的衬衫。彩色细颈玻璃酒瓶(一个荷兰时钟在酒瓶中间"有趣而别致地嘀嗒作响")像"在他肩后闪闪发光的彩虹"，像"环绕着他洒过香水的头的光环"。冰块和酒和莫农加希拉威士忌从一只杯子流到又一只杯子。一股麝香、苦艾酒和柠檬皮的气味充满了沙龙。松蜡灯耀眼的光把地板白沙上"咳吐物"黑黑的星状凸显出来。在公元另一年——即一九四一年——在达拉斯和沃思堡之间一家加油站的霓虹灯光下，我捉到了一些非常出色的飞蛾。

　　酒吧里走进了那反面人物，那个"鞭打黑奴的密西西比人"，美国义勇军前上尉，英俊、神气活现、面色阴沉的卡修斯·卡尔霍恩。在为"美国是美国人的美国，混乱属于一切外国干涉者——特别是那些 d—d[1][我初次碰上这个回避说法的时

————————————

1　英文 damned (该死) 一词的回避写法。

候着实迷惑：是 dead（死的）？ detested（讨厌的）？］的爱尔兰人！"干杯后，他故意撞上了骑手莫里斯（红围巾，有装饰性长嵌缝的天鹅绒裤子，暴躁的爱尔兰脾气），一个年轻的马贩子、实际上是位男爵的莫里斯·杰拉尔德爵士，正如他激动无比的新娘在书的最后所发现的那样。类似这样的不该有的激动，可能是这位爱尔兰出生的作家的名声在他移居的国度里这么快就衰落的原因之一吧。

撞上之后，莫里斯按下列顺序做了几个动作：把酒杯放在柜台上，从衣袋里抽出了一条丝绸手绢，擦去绣花衬衫胸口处的"威士忌污渍"，把手绢从右手换到左手里，从柜台上拿起半满的酒杯，把剩酒往卡尔霍恩的脸上一泼，平静地把酒杯重新放回在柜台上。这个序列我仍然熟记在心，我表哥和我曾经如此经常地表演这一段。

当时就在那里进行了决斗，在赶走了客人之后的酒吧里，两个人使用的是柯尔特六响手枪。尽管我对这场决斗很感兴趣（……双方都受了伤……他们的鲜血喷在铺了沙子的地板上，到处都是……）还是禁不住在想象中离开了沙龙，混在旅馆前肃静的人群之中，以便能辨认出（在"充满了香水味的黑暗"中）某些"从事令人怀疑的职业"的señoritas[1] 来。

我怀着更为激动的心情读到露易丝·波因德克斯特，卡尔霍恩漂亮的表妹，她父亲是个糖料作物种植园主，"他这个阶

---

1 西班牙文，女士们。

级中最高傲和盛气凌人的人"（虽然为什么一个种糖料作物的老头竟会高傲和盛气凌人，对我来说是个谜）。描写她承受着嫉妒的巨大痛苦（在一些难受的聚会上，当马拉·勒热夫斯基，一个黑头发上扎着白绸蝴蝶结的苍白的小女孩，突然莫名其妙地不再理会我的时候，我也曾经强烈地感受过这种痛苦），站立在 azotea[1] 的边缘，一只白皙的手放在低矮的挡墙的"仍被夜露沾湿了的"压顶石上，她的双乳在迅速的阵阵抽搐的呼吸中起伏着，她的双乳，让我再读一遍，起伏着，她的长柄眼镜指向……

那副长柄眼镜后来我发现在包法利夫人手里，再后来，安娜·卡列尼娜拥有了它，然后又传给了契诃夫的抱着叭儿狗的女士，被她遗失在雅尔塔的船码头上。当露易丝举着它的时候，是指向牧豆树下面斑驳的阴影，在那儿，她看中的骑手正在和一个富有的 haciendado[2] 的女儿伊西多拉·科瓦鲁比奥·德洛斯利亚诺斯女士进行着天真无邪的交谈（她的"头发浓密得可以和一匹野马的尾巴媲美"）。

就像一个骑手对另一个骑手解释那样，莫里斯后来对露易丝解释说："有一次我曾经有机会为伊西多拉女士效劳，把她从一些粗鲁的印第安人手里救了出来。""你管这叫一个微不足道的功劳！"年轻的克里奥尔姑娘[3]大声说道。"要是一个男人

1　西班牙语，屋顶平台。

2　西班牙语，牧场主。

3　Creole，出生在美洲的欧洲人及其后裔，也指这些人和黑人的混血后代。

为我做了这么多——""你会为他做什么？"莫里斯急切地问道。"Pardieu[1]！我会爱他！""那么我愿意付出一半的生命看你落到野猫和他的醉鬼伙伴手里——然后用另一半把你从危险中救出来。"

此处，我们发现这位豪侠的作者插进了一段奇特的自白："我一生中有过的最甜蜜的亲吻是一个女子——一个漂亮的尤物，在猎场上——骑在马上倚身亲吻坐在马上的我时的那个吻。"

这一个"坐"字，我们不得不承认，给予了这位上尉如此舒服自在的"有过"的这个吻以长度和醇度，但是我却不禁感到，即便是在十一岁的年纪，那种半人半马状态下的亲热也并非没有其特殊的局限。再说，尤里和我都认识一个做过这样尝试的男孩，但是那女孩的马把他的马挤到了沟里。在灌木丛里的冒险活动使我们筋疲力尽后，我们躺在草地上谈论女人。鉴于各种各样的"性自白"（能够在哈夫洛克·蔼理士[2]的书里或其他地方看到），其中包括了疯狂交配的小娃娃，如今我感到我们当时的无知几乎是骇人听闻的。我们对贫民化的性是一无所知。如果我们偶然听说两个正常的小伙子愚蠢地当着彼此的面手淫（正像在现代美国小说中如此充满同情地、连带其所有的气味加以描写的那样），仅仅想到有这种行为对我们来说

1　西班牙语，还用说吗。

2　Havelock Ellis（1859—1939），英国随笔作家，编辑，医师。研究人类的性行为，发表《男人与女人》、《性心理研究》等作品。

就会像和一个没有四肢的胎儿一起睡觉一样可笑和不可能。我们的理想是圭尼维尔王后[1]，伊索尔德[2]，一个不过于无情的belle dame[3]，另一个男人的妻子，骄傲而驯服，时髦而忠实，有修长的脚踝和窄小的手。我们和别的小男孩在舞蹈课或圣诞树晚会上遇见的穿着整洁的袜子和无带轻软舞鞋的小女孩们，她们闪烁着点点火焰的虹膜上保存了圣诞树的一切魅力、一切糖果的甜蜜和星星的闪烁，她们挑逗我们，她们回头顾盼，她们快乐地加入我们略带节日气氛的梦境中，但是她们，那些仙女般的少女，属于和我们实际上渴望的青春美女及戴着大帽子的荡妇不同的另一个类别的生灵。在让我用鲜血签下保守秘密的誓言后，尤里告诉我在十二或十三岁时，他暗恋着华沙的一位已婚女子，两三年后和她做爱了。相比之下，我怕如果告诉他我在海滨的玩伴，听起来会显得幼稚，但是现在想不起来我虚构了什么东西来代替，以和他的浪漫史相匹敌。不过，大约在那个时期前后，一场真正的浪漫冒险确实降临到了我的头上。现在我要做一件相当困难的事情，一种带威尔士式摆动的双滚翻（老杂技演员会知道我是什么意思），我需要绝对安静，行吗。

---

1 Queen Guinevere，传说中的不列颠国王亚瑟之妻。

2 Isolda，中世纪传说中爱尔兰王之女。

3 法语，美丽女士。

三

一九一〇年八月，弟弟和我跟父母及家庭教师（兰斯基）一起在巴特基辛根；以后我父母到慕尼黑和巴黎去旅行，回到圣彼得堡，然后到柏林，我们两个男孩和兰斯基一起在那里治牙，度过了秋天和初冬。一个美国牙医——名字叫洛厄尔还是洛温，我记不确切了——在用矫正架把我们的容貌毁掉之前，猛地拔掉了我们的几颗牙齿，并把别的牙齿用细线扎紧。比起用梨形橡皮球往龋齿洞里注入灼热的疼痛这个行为还要穷凶极恶的是棉垫——我无法忍受它们干干的接触和发出的吱吱声——是为了操作者的方便，用来塞在牙龈和舌头之间的；在你无助的眼睛前面的窗玻璃上会有一幅透明画，某种阴沉沉的海景或灰色的葡萄，随着远处单调的天空下电车的单调回声而颤动。"In den Zelten achtzehn A"[1]——这个地址以抑扬格的节奏蹦跳着回到了我的记忆中，紧跟着的是那辆把我们载到那儿去的米黄色的电动出租车的沙沙移动。我们期待着对那些可怕的上午的一切可能的补偿。弟弟酷爱位于下椴树街游乐中心的蜡像馆——腓特烈一世的掷弹兵，和一具木乃伊交谈的拿破仑，在睡梦中写成了一首狂想曲的青年李斯特，还有死于非命

1　德语，营盘街 18 号 A。

的马拉[1];对我来说（那时还不知道马拉曾是个热情的鳞翅昆虫收集者），在那个游乐中心的一角有著名的格鲁伯蝴蝶商店，那是在一道狭窄陡直的楼梯顶端的充满樟脑气味的乐园，我每隔一天就要爬上楼去询问，是否终于给我买来了查普曼的新小灰蝶，或曼的新近重新被发现的白粉蝶。我们试着在公共网球场打网球；但是冬季的大风不断把枯叶吹过球场，此外，兰斯基并不真正会打网球，尽管他坚持参加，连大衣也不脱，和我们打一场不对称的三人赛。后来，我们大多数下午都在选帝侯大街的旱冰场度过。我记得兰斯基总是不可阻挡地滑向一根他企图抱住的柱子，却随着巨大的哐啷声跌倒在地；在坚持了一阵以后，他会满足于坐在衬垫着长毛绒的低矮挡墙一侧的一家店里，吃一块块微咸的涂了掼奶油的楔形德国咖啡蛋糕，而我则不断充满自信地超过正在勇敢地跌跌绊绊地滑着的可怜的谢尔盖。这是那种在你的脑海里反复出现的恼人的小图景之一。一支军乐队（德国那时还是音乐之乡），由一位罕见的动作一抽一抽的人担任指挥，每隔十分钟左右活跃一番，但是几乎无法淹没滑轮那永不休止的、势不可挡的辘辘声。

在俄国曾存在过，而且无疑仍旧存在着，一类特别的学龄男孩，他们不一定在外表上很强壮，或在思想见识上很突出，事实上，他们在课堂上经常是无精打采的，体态相当瘦小，也许甚至肺部还有点毛病，却在足球和象棋上惊人地出

1　Jean-Paul Marat（1743—1793），法国大革命时期雅各宾派领导人之一。

众，学习任何种类的技巧型运动和游戏都极其轻松自如（鲍利亚·希克，柯斯佳·布凯托夫，著名的沙拉巴诺夫兄弟——现在他们在哪里，我的队友和对手？）。我滑冰滑得很好，转到滑旱冰对我来说并不比一个人用安全剃刀代替普通剃刀更困难。很快我就在旱冰场的木地板上学会了两三种难滑的舞步，我还没有在哪个舞厅里跳得这样兴致勃勃或这样好过（一般说来，我们，希克们和布凯托夫们，交际舞跳得不怎么样）。几位指导穿着大红的制服，半像轻骑兵半像旅馆听差。他们全都说某种类型的英语。在经常来的人中，我很快就注意到了一群年轻的美国女子。起初她们都在共同的旋转中融合成灿烂的异国风情的美。区别的过程是在我一次独舞时开始的（在我摔了在冰场上从来没有摔过的最重的一跤前几秒钟），我在旋转着经过的时候，有人正在说到我，一个美妙的、带鼻音的女性的声音回答道："确实，他灵巧极了，不是吗？"

我至今仍能看到她穿着定做的海军蓝套装的高高的身材。她巨大的丝绒帽子用一枚光彩夺目的发卡别住。出于明显的原因，我认定她的名字是露易丝。夜里我会醒着躺在那里，想象出各种浪漫的情景，想到她苗条的腰肢和雪白的脖子，为一种奇怪的、过去只和短裤的磨擦相联系的不舒服而担忧。一天下午，我看见她站在旱冰场的大厅里，而指导中最爱卖弄的那位，一个卡尔霍恩式的油嘴滑舌的流氓，正拉着她的手腕，带着一丝坏笑质问她，而她则眼看别处，孩子气地来回扭动着被他抓住的手腕，那天夜里，他被枪杀、被套索套住、被活埋、再次被枪杀、被掐死、被尖刻地辱骂、被冷静地瞄准、被赦免，让他痛苦地熬过可耻的一生。

有原则但是相当单纯的兰斯基是第一次出国，在把观光的愉悦和他的教师职责保持一致方面存在一些困难。我们利用了这一点，把他引向父母可能不会允许我们去的地方。例如，他无法抗拒冬园剧场，因此，一个晚上，我们就发现自己到了那里，在一个包厢里喝着冰巧克力。演出按通常的路数发展：一个穿晚礼服的魔术师；然后是一个女子，胸口的莱茵石闪闪发光，在流光溢彩的红绿交替的灯光下用颤音唱音乐会上演出的咏叹调；然后是个穿着旱冰鞋表演的滑稽演员。在他和一项自行车技（后面还要详述）之间，在节目单上有一个叫做"欢乐姑娘"的表演，当我从那些挽在一起、发出尖声的、不知羞耻的戴着花环的"姑娘"中认出了我的那些美国女士们的时候，我感到了和在旱冰场上摔那一大跤时类似的那种猛烈、可耻的肉体震动，她们全都从左到右、从右到左地扭动着，有节奏地从十条裙子荷叶边的花冠中猛地伸出十条一模一样的、高高抬起的腿。我找到了我的露易丝的脸——并且立刻知道一切都结束了，我失去了她，我永远也不会原谅她唱得这么响，笑得脸这么红，用如此荒唐的方式把自己装扮成既和"骄傲的克里奥尔人"也和"令人怀疑的小姐们"的魅力全然不同的样子。当然，我无法完全不去想到她，但是这次震惊似乎解放了我身上的某种归纳过程，因为我很快就注意到，任何女性形象的再现都会伴有我已经熟悉了的那种令人困惑的不适感。我向父母问起了这情况（他们到柏林来看看我们过得如何），父亲沙沙地翻动着刚刚打开的德文报纸，用英语回答说（模仿着可能是引文的话——他常常使用这种说话方式来开展谈话）："这，我的儿子，只不过是又一种自然的荒唐结合，像羞耻和脸红，或悲伤和眼睛发红。""Tolstoy vient de mourir，"[1] 他突然用另外一种震惊的声音加了一句，转向了我母亲。

"Da chto tï [意思有点像'天哪']！" 她悲痛地惊呼道，双手十指交错，在膝头紧握着。"Pora domoy [是回家的时候了]，" 她结束道，好像托尔斯泰的去世是预示大灾难来临的征兆似的。

1　法语，"托尔斯泰去世了"。

四

现在是自行车表演了——至少是我对它的描述。第二年夏天，尤里没有到维拉来，我只能独自应付我浪漫的焦躁。下雨的日子，我会蜷缩在很少使用的书架脚下，在尽力想阻止我偷偷摸摸地探究的昏暗的光线下，在俄语版的布罗克豪斯八十二卷本的百科全书中查找晦涩的、带有晦涩的挑逗性和耗人精力的术语，为了节省地方，这个或那个条目的标题词在整个详尽的讨论中会被缩略成大写的首字母，因而用七号活字排印的密密的一栏栏文字，除了使注意力不胜重负之外，还具有了假面舞会的浅薄花哨的魅力，在其中，一个一点儿也不熟悉的词的缩写和你渴切的眼睛玩起了捉迷藏："摩西试图废除P，但是失败了……在近代时期，殷勤好客的P在玛丽亚·特蕾西娅[1]统治下的奥地利繁荣发展……在德国的许多地方，从P获得的收益归入神职人员名下……在俄国，自一八四三年以来，P就一直得到了官方的容忍……一个孤儿如果在十或十二岁时受到主人、主人的儿子或家仆的诱奸，其结局几乎必然是P。"——如此等等，所有这些都以神秘感强化了，而不是冷静地阐明了，我初次沉浸在契诃夫或安德烈耶夫作品中时所遇到

1　Maria Theresa（1717—1780），奥地利女大公，匈牙利女王，波希米亚女王，神圣罗马帝国皇帝弗兰茨一世的皇后，十八世纪欧洲重要人物之一。

的对娼妓式的爱情的影射。捕蝴蝶和各种运动打发掉了有太阳的钟点，但是无论多少运动也不能阻挡每天晚上使我投入到茫然的发现之旅中去的焦躁不安。骑了大半个下午的马以后，在色彩绚丽的黄昏骑自行车有一种奇怪地微妙的、几乎是纯精神的感觉。我把我那辆恩菲尔德牌自行车的车把翻转过来，降到比车座还低，把它变成了我设想中的一种赛车车型。我会循着昨天的邓禄普轮胎的印痕图案，在公园的小径上掠过；利落地躲过隆起的条条树根；选中一根落在地上的细枝条，用我灵活的前轮将它啪地折断；从两片平展的树叶间、接着又从一块小石头和它在前一晚从中脱落出来的那个小坑间摇晃着穿过；享受小溪上一座桥的短暂的平坦；沿着网球场的铁丝网围栏骑行；轻轻拱开公园尽头那扇粉刷成白色的门；然后，怀着获得了自由的忧郁的心醉神迷，沿着长长的乡间道路被晒得硬硬的、有着舒适的黏性的边沿飞驰。

那年夏天，我总会骑过某一个小木屋，它在低斜的夕阳下泛着金黄色，在它的门口会站着波兰卡，我们马车夫长扎哈的女儿，一个和我同龄的姑娘，她倚在门框上，赤裸的双臂以俄国农村特有的柔美舒缓的样子交叉着抱在胸前。她脸上会焕发着奇妙的欢迎的容光看着我骑近，但是当我离得更近的时候，就会减弱成似笑非笑的样子，然后变成紧闭着的嘴唇角上的一线微光，最后连这也会消失，因此当我到达她面前的时候，她那漂亮的圆脸上已经没有了一点表情。然而，我刚一骑过去，在冲上山坡前回过头去看最后一眼时，甜美的笑容会重现，那神秘莫测的光彩又会摇曳在她可爱的脸上。我从来没有和她说过话，但是在我不再在那个时刻骑车经过那儿以后很久，在两三个夏季里，我们时不时地会恢复目光的接触。她会从不知什么地方出现，总是独自站在一旁，总是光着脚，左脚的脚背轻轻蹭着右腿肚，或者用小手指轻挠浅棕色头发分缝的地方，而且总是靠在什么东西上——当我的马在装鞍的时候，靠在马厩的门上，当乡间宅第所有的仆人在九月的一个清冷的早晨我们进城过冬时送别我们的时候则靠在一棵树干上。每一次，她的胸脯似乎又柔软了一些，她的小臂也结实了一些，有一两次，就在她将要移出我的视野之前（她在十六岁时嫁给了很远的一个村子里的铁匠），我觉察到她两只分得很开的黄褐色的眼睛里的一丝善意的嘲弄。说来也怪，她是第一个具有这种强烈的力量的人，仅仅靠不让她的微笑消失，就能够进入我睡梦中的隐秘之处，而且每当我梦见她，都会冰冷黏湿地被震醒；虽然在现实生活中，我害怕她结满泥土的脚和衣服上的污浊气味会使我反感，更甚于害怕以准庄园主的老一套的挑逗去侮辱她。

五

　　她有两个特别生动的面貌，在结束她的难以忘怀的形象之前我想同时把它们举在眼前。第一个在很长的时期里生活在我心中，和我与门廊及日落联系在一起的波兰卡是分隔开的，仿佛我瞥见了她可怜的美的仙女般的化身，最好不要去打搅。在她和我都是十三岁那年的一个六月天，在奥雷德兹河岸上，我正在捕捉一些所谓的绢蝶——更确切地说是 Parnassius mnemosyne——有着古老谱系的奇特的蝴蝶，有沙沙作响的、具有釉光的、半透明的翅膀和柳絮般毛茸茸的肚子。我的搜寻将我带进了冰冷的蓝色河流的边缘处的一片由奶白色的总状花序植物和黑色的桤木构成的茂密的林下灌木丛之中，这时突然爆发出一阵水的溅泼声和喊叫声，从一个散发着香气的灌木丛后面，我看到波兰卡和另外三四个赤裸着的小孩在几英尺以外的一个破败的旧浴室里洗澡。她湿漉漉的，大喘着气，狮子鼻的一个鼻孔流着鼻涕，青春期的身体上肋骨拱起在苍白的起鸡皮疙瘩的皮肤下面，小腿上粘着黑泥斑点，一把弯弯的梳子在她颜色变深了的湿头发上闪闪发光，她正在急忙躲闪挥舞着的噼啪作响的水莲茎干，这些是一个剃光头的肚子圆鼓鼓的女孩，和一个激动得不知羞耻的、腰间系着一种当地用来避邪的绳子的小伙子从水里拔出来用以袭击她的；有那么一两秒钟——当我在一片厌恶和欲望的阴郁的混沌中悄悄离开之前——我看到了一个陌生的波兰卡蹲在一半已经损坏了的码头的木板上发抖，双臂交叉在胸脯前面抵挡东风，一面吐舌头奚落追赶她的人。

另外一个景象是指一九一六年圣诞节期间的一个星期日。在华沙铁路线上锡韦尔斯基站白雪覆盖的寂静的月台上（这是离我们的乡间住宅最近的一个站），我正注视着远处一片银白色的树丛在黄昏的天空下渐渐变成铅灰色，等待着它发散出在滑了一天雪之后会把我带回圣彼得堡去的火车的深紫色的烟雾。烟雾按时出现了，就在同一个时刻，她和另外一个女孩子从我身边走过，裹着厚厚的头巾，穿着巨大的毡靴和难看的、不成样子的长棉外衣，粗黑布上破了的地方露出了里面的填料，在她经过的时候，眼睛下面有一块乌青的、嘴唇肿起的（她丈夫在星期六都要狠揍她吗？）波兰卡用留恋的、悦耳的声音并不特别针对着谁说道："A barchuk-to menya ne priznal [瞧，少爷不认识我了]——"那是我唯一一次听见她说话。

六

　　我少年时常常骑车经过她的小屋的那些夏日黄昏，如今就用她的那个声音在和我说话。在一条田间道路和荒凉的公路相交的地方，我会下车把自行车靠在电话线杆上。日落以其几乎令人敬畏的壮丽在一览无余的天空中流连徘徊。在它那难以觉察地变化着的聚合中，你可以分辨出天空的肌体上色彩明亮的细部结构，或黑色的积云中发亮的狭长裂缝，或看起来像海市蜃楼中的荒岛般平坦缥缈的海滩。那时我不知道（而我现在非常清楚地知道）该把这些事情怎么办——如何摆脱它们，如何把它们变成可以用印刷文字交给读者的东西，让他去对付那幸福的颤抖——这种无能为力增加了我的压抑感。一个无比巨大的阴影会开始侵入田野，电话线杆在寂静中发出嗡嗡的声音，夜间觅食的动物爬上了它们的植物的茎干，一点一点地咬啮、咬啮——一条漂亮的有条纹的毛毛虫——在施普勒中没有对它的描绘——紧附在风铃草茎上，用上颚沿着最近的一片叶子的边缘从上往下咬啮着，把叶片悠闲地吃出了一个半圆来，然后再次伸长脖子，在把凹进部分越吃越深的时候，脖子再次渐渐弯下。出于习惯，我可能把它连同一点它的小植物塞进火柴盒里拿回家，让它明年变出个出色的惊奇来。但是我的思想不在这里：季娜和科莱特，我海滨的玩伴；露易丝，那个跳舞的人；节日聚会上所有那些脸色发红、腰带系得低低的、头发丝般柔软的小女孩子们；懒洋洋的伯爵夫人 G，我表哥的情妇；在我的新梦的痛苦中微笑的波兰卡——所有这些将会融合在一起，形成某个我不认识但是必定很快就会认识的人。

我回忆起一次特殊的日落。它给我的自行车铃添上了一抹余烬。头顶上方，在电话线的黑色乐谱之上，一些深紫色的、边缘是火烈鸟的粉红色的长条云呈扇形一动不动地悬在那里；整个景象宛如色彩和形状构成的奇妙的欢迎仪式！然而它在消失，其他一切也在逐渐变暗；但是就在地平线上方，在一片明澈的青绿色空间里，在黑色层云下，眼睛发现了一片远景，只有傻子才会把它误认为是这次日落或任何别的日落的额外部分。它占据了极大的天空中很小的一片，有着从倒过来的望远镜里看见的东西的那种奇特的匀整。它在那里等待着，宁静的云的群落的缩影，聚集在一起的明亮的盘旋形结构，因其柔和和极度遥远而成为错时现象；遥远，但是在一切细节上都是完美的；难以相信地缩小了，但是造型无懈可击；我的美妙的明天已经一切就绪，就要交付给我了。

作者十九岁时和弟弟妹妹们的合影，一九一八年十一月摄于雅尔塔。基里尔七岁；谢尔盖（可惜因照片的瑕疵影响了面容）十八岁，戴一副无框夹鼻眼镜，身穿雅尔塔预科大学校服；奥尔加十五岁；叶莲娜（紧紧抓着博克斯二号）十二岁。

第十一章

一

　　为了重构狂暴的写诗的痴迷最初将我攫住的一九一四年的那个夏季，其实我只需要将某一座亭子具体化就行了。就在那儿，当时的我，那个瘦长的十五岁的小伙子正在躲一场暴风雨，那年七月，暴风雨格外的多。我一年至少梦见我的亭子两次。一般说来，它在我的梦里出现时往往和梦的主题没有什么关系，而当然，主题可以是任何内容的，从劫持到动物崇拜。这亭子可以说老是在那里，像画家的签名一样不引人注目。我发现它紧附在梦的画布的一角，或巧妙地穿插在画的某个装饰性部分中。但是，有时候它似乎被悬在中等距离的地方，带一点巴洛克风格，然而却和漂亮的大树、暗黑的冷杉和明亮的白桦树十分协调，它们的树汁曾在亭子的木材中流淌。酒红、瓶绿、深蓝的彩色玻璃给了它的窗格一丝教堂的样子。它如今依然是我童年时的样子，我们维拉园林中较为古老的靠河部分，那长满了羊齿植物的峡谷上方的一座结实的旧木结构建筑。依然是那个样子，也许更完美了一点。在那真亭子里，有的玻璃缺损了，碎叶被风扫了进来。像一条凝结的彩虹在半中间当空升起的、跨越沟壑最深部分的那座狭窄的小拱桥，下过一场雨之后滑得像涂了一种黑色的、在某种意义上具有魔力的油膏似的。从词源学上看，"pavilion（亭子）"和"papilio（凤蝶）"

有着紧密的关系。亭子里面，除了被铁锈斑斑的铰链固定在东窗下的一张折叠桌外，没有什么家具之类的东西，透过那两三块没有玻璃的窗格，或者夹杂在过大的蓝色和摇晃的红色玻璃之间的灰白玻璃的窗格向外看去，能够望得见河水。在我脚下的地板上，一只死马蝇朝天躺在桦树柔荑花棕色的残骸附近。门内侧正在剥蚀中的片片白涂料被各色各样的私闯者用来匆匆记下这样的句子："达莎、塔玛拉和列娜到此一游。"或："打倒奥地利！"

暴风雨很快过去了。原来的猛烈地直泻而下、把树木打得痛苦扭动翻卷的瓢泼大雨，突然减弱成无声的金色斜线，在草木的摇动逐渐平息下来的背景的衬托下，断裂成或短或长的线条。在巨大的云团之间，丰满放浪的蓝色鸿沟不断扩展——一堆又一堆洁白和紫灰色的 lepota（"庄严美"的古俄语），飘动的神话，水粉画和水鸟粪，在它们的曲线中你可以辨认出暗示乳房的线条，或一个诗人死亡时的面部模型。

网球场成了一片大湖。

在园林以外，在冒着腾腾水汽的田野之上，一道彩虹悄悄进入了视线；田野尽头是远处冷杉树林黑黢黢的锯齿状边缘；彩虹的一部分横越其上，森林边缘的那一段，透过遮着它的浅绿和粉红色的灿烂面纱，闪烁得最为神秘迷人：一种柔媚和辉煌，使得重新出来的太阳带到亭子地面上那些菱形的、彩色的反光成了低劣的对比。

片刻之后，我的第一首诗开始孕育了。是什么触发了它？

我想我知道。没有任何风的吹动，一滴在一片心形树叶上闪烁着的、享受着寄生的舒适的雨点，完全是由于本身的重量，使得叶片的尖端开始下垂，看起来像是一个小水银球的东西突然沿着叶片的主脉表演了一曲滑奏，接着，摆脱了它晶莹的重负的叶片又伸直了起来。叶尖，叶片，下垂，解脱——发生这一切所占的瞬间对我似乎更像时间的一道缝隙而不是时间的一个片断，心脏的一次缺跳，立刻被一阵连珠炮般的韵律偿还了：我故意用了"连珠炮般的"，因为当一阵风真的吹来的时候，树木会轻快地开始粗劣模仿刚刚过去的大雨，一起滴下所有的水珠，就像我已经在喃喃吟诵的诗节，在模仿着我的心脏和叶片一体时的那片刻间我感受到的奇妙的震惊。

二

　　在午后不久的强烈暑热中，长凳、桥和树干（事实上是除了网球场之外的所有一切）都以难以置信的速度在变干，很快，我最初的灵感已经所剩无几了。虽然那明亮的缝隙已经闭合，我仍固执地继续创作。我的工具碰巧是俄语，但其实也不妨是乌克兰语，或基础英语，或沃拉卜克语[1]。我在那些日子里创作的那种诗歌只不过是我做出的还活着、经受着或已经经受过了人的某种强烈感情的表示。与其说它是个艺术现象，不如说是个指明方向的现象，因此可以比做路边岩石上画的条纹或一堆标志山路的柱子形石堆。

　　不过，从某种意义上说，一切诗歌都是和位置有关的：试图表明一个人就被意识所接受的宇宙而言的位置，是一种亘古及今的强烈欲望。意识之臂向外探伸摸索，越长越好。阿波罗[2]身体自然的一部分是触角而非翅膀。维维安·布拉德马克，我的一个研究哲学的朋友，在晚年常常说，科学家看到空间中一点上发生的一切，而诗人则感受到时间中的一点上发生的一切。他陷入沉思之中，用魔杖般的铅笔轻轻叩击膝盖，而在这

1　Volapük，一八七九年德国传教士所创的一种人造语言，在世界语出现前曾被学习使用过。

2　Apollo，希腊罗马神话中的太阳神。

同一瞬间，一辆汽车（纽约州的牌照）在路上开过，一个小孩砰地关上邻家房子门廊的纱门，一个老人在土耳其斯坦一片雾蒙蒙的果园里打哈欠，一颗熔渣灰颜色的沙粒在金星上被风吹得翻滚着，格勒诺布尔的一位叫雅克·希尔斯的博士戴上了阅读用眼镜，无数这类琐事在发生着——所有这一切都在形成事件的瞬间的和透明的有机体结构，而诗人（坐在纽约州伊萨卡的一把草坪椅上）则是这一切的中心。

那年夏天，要我开发"宇宙同步"（再次引用我的那位哲学家的话）的任何宝藏实在是过于年轻，是做不到的。但是至少我确实发现，一个希望成为诗人的人必须具备同时思考几件事情的能力。在伴随着我创作第一首诗的懒散的漫步的过程中，我碰上了乡村小学的校长，一个热切的社会党人，一个好人，极为爱戴我的父亲（我再一次欢迎这个形象），总是拿紧紧的一束野花，总是在微笑，总是在出汗。我一面有礼貌地和他谈论父亲突然进城，同时却同样清晰地不仅注意到他的枯萎着的花朵、飘垂的领带和鼻孔肉涡上的黑头粉刺，而且还注意到了远处传来的杜鹃低沉的啼声、停落在大路上的一只西班牙女王蛾的闪光，以及记忆中对我去过一两次的乡村学校通风良好的教室里的图片的印象（放大了的农业害虫和大胡子俄国作家）；还有——继续开列出一份表格，它不能充分表现整个过程那超凡的简明——某个完全不相关的回忆的悸动（我丢失的一个记步器）从相邻的一个脑细胞里释放了出来，我正在咀嚼的一根草茎的味道和杜鹃的啼声及豹纹蝶的飞去混合在一起，而在所有时间里我一直都浓烈地、安详地感觉到自己多层次的意识。

他满脸笑容，弯腰欠身（以一个俄国激进分子的过于热情的方式），往后退了几步，转过身，步子轻松地继续前行，而我也拾起了我那首诗的思路。就在我干别的事情的那短暂的时间里，在我已经串起来了的词语身上似乎发生了些什么：它们看起来不像在被打断前那么光彩夺目了。我脑子里出现了一些怀疑，我经营的会不会是假货。幸运的是，这挑剔感觉的冷光的闪现并没有持续多久。我试图表现的那激情又一次占据了主导地位，把它的媒介带回到幻想的生活中去。我审视的行行词语再度变得如此夺目，它们小小的胸脯鼓起，制服整齐，使我把从眼角注意到的萎靡不振归结为纯粹的想象。

三

　　除了轻信和经验不足之外，一个年轻的俄国作诗者还需要
对付一个特殊的障碍。对比讽刺诗或叙述诗的丰富的词汇而
言，俄国的伤感怀旧的诗歌患有重度词汇贫血症。只有在超群
的高手那里才能够超越其卑微的出身——苍白的十八世纪法国
诗歌。确实，在我年轻的时候，一个新的流派正在撕毁旧的韵
体诗，但是保守的初学者在寻找一件中性的工具时仍旧求助
于后者——可能是因为他不希望为了探索冒风险的形式而转
移了对简单感情的简单表达的注意力。然而，形式也为自己报
了仇。十九世纪早期俄国诗人将灵活的伤感怀旧诗歌扭曲成了
相当单调枯燥的作品，结果是某些词语或某些类型的词语（如
fol amour[1] 或 langoureux et rêvant[2] 在俄语中的对等词）一而再地
被结合使用，后来的抒情诗人整整一个世纪都没有能够摆脱这
种局面。

　　在四或六音步抑扬格诗歌中特有的一种特别难以摆脱的排
列中，一个长长的、像条毛虫一样的形容词会占据诗行最后三
个音步的头四五个音节。四音步诗行的一个好例子会是 ter-pi

1　法语，疯狂的爱。

2　法语，倦怠而幻想的。

bes-chis-len-nï-e mu-ki（en-dure in-cal-cu-la-ble tor-ments[1]）。年轻的俄国诗人很可能轻松却致命地滑进这个诱人的音节的深渊，我选择了 beschislennïe 作为例子来说明，仅仅是因为它可以得当地翻译出来；真正受宠的是如下这些伤感诗歌的典型成分：zadumchivïe（沉思的）、utrachennïe（迷失的）、muchitel'nïe（痛苦的）等等，重音都在第二个音节上。尽管词很长，但是这类词本身只有一个重音，因此诗行倒数第二个扬音韵就遇到了一个通常不重读的音节（上述俄语例句里的"nï"，和英语例句里的"la"）。这产生了一种悦耳的一掠而过的效果，但是也正由于这个效果过于熟悉，而无法弥补其意义上的陈腐平庸。

作为一个天真的初学者，我落入了音乐般的表述词语所设下的一切陷阱之中。我不是没有斗争过。事实上，我非常努力地创作我的伤感诗歌，每一行都费尽了心机，选择、抛弃，像个品茶者那样目光凝滞、严肃地用舌头试词语的读音，可是它照样会来，那可怕的背叛。镜框左右画幅，外壳塑造果肉。陈腐的词序（短动词或代词——长形容词——短名词）造成了思想的陈腐混乱，而诸如这样的诗行"poeta gorestnïe gryozï"——可以翻译过来并加上重音成为"诗人忧郁的幻想"——不可避免地会导向以 rozï（玫瑰）或 beryozï（白桦）或 grozï（暴风雨）结尾的押韵诗行，这样，某些情感就和某

---

1 英语，"忍－受 数－不－清－的 折－磨"。

些环境，不是出于人的意志的自主行动，而是被传统的褪了色的丝带连在了一起。不过，我的诗越是接近完成，我就越是肯定，无论我眼前看见的是什么，一定也会被别人看见。当我把目光集中在一座腰形的花坛上的时候（并且注意到一片粉红色的花瓣躺在肥土之上，一只小蚂蚁正在察看着它腐烂了的边缘），或者是琢磨着一棵白桦树干深褐色的中间部分，那里的薄得像纸一样的、有芝麻点的树皮被某个小无赖剥掉了，我真的相信这一切会被读者透过我的像 untrachennïe rozï 或 zadumchivoy beryozï 这样的词语的神奇面纱感知到。那时我并没有想到，那些可怜的词语不仅不是面纱，事实上，它们根本不透明，成了一堵墙，人们只能够从中分辨出我模仿的大大小小的诗人的老掉了牙的零星东西。多年以后，在一个异国城市的肮脏的郊区，我记得看见了一道木围栏，上面的木板是从别的什么地方来的，显然已经被用做过巡回马戏团的围墙。一个多才多艺的招徕观众的人在上面画了动物；但是拆下这些木板然后又把它们草草钉在一起的人必定是个瞎子或者疯子，因为现在围栏上出现的只是动物被肢解了的部分（而且有的还倒着）——一块黄褐色的腰腿部分，一个斑马头，一条象腿。

四

在身体的层面上，我的认真努力表现在若干不甚明确的行动或姿态上，如行走、坐着、躺卧。每一种又分裂成没有空间上的重要性的碎块：例如，在行走阶段，我可能某一刻正漫步在园林深处，而马上又会在宅子里踱步。或者，拿坐着的阶段来说，我会突然意识到一盘我甚至不记得尝过的什么东西正被拿开，我母亲从长餐桌一端她的座位上密切地观察着我的闷闷不乐和缺少食欲，左侧的面颊抽动着，只要她担心的时候就会这样。我会抬起头来解释——但是桌子已经消失了，我正独自坐在路边的一个树桩上，我的蝴蝶网的把杆以机械呆板的动作在微带棕色的沙地上画着一个又一个的弧形；泥土的虹，用深浅不同的笔画显示不同的色彩。

当我无可救药地献身于完成我的诗歌，否则就死去的时候，出现了一种最为恍惚的状态。我几乎一点也不惊奇地发现自己不在别处，却偏偏在曾经是祖父的书房的那间冰冷的、散发着霉味的、很少使用的房间里的皮面长沙发上。我俯卧在那上面，像爬行动物般僵呆在那里，一条胳膊垂着，指关节轻轻地触到了地毯上的花卉图案。当我从那恍惚状态下清醒过来以后，那微绿的花卉图案仍旧在那里，我的胳膊仍旧垂着，但是这时我是俯卧在摇摇晃晃的码头的边缘，我所触到的睡莲是真实的，水面上波动着的桤木树叶的团团阴影——被神化了的墨迹，超大型的变形虫——正在有节奏地颤动着，黑色的伪足伸出又缩回，在收缩的时候，圆形的边缘会碎裂成捉摸不定的、多变的斑点，然后又会聚拢，摸索着重新形成其外缘。我再度陷入了属于自己的迷雾之中，而当我又一次浮现时，支持着我伸展的身体的已经变成了园子里的一张低矮的长凳，我的手垂入其中的鲜活的阴影这时在地面上移动着，在淡紫色而不是水的黑色和绿色里移动。一般的生存范围在那种状态之下是如此的不重要，如果从它的洞穴里出来直接就进入了凡尔赛的园林，或蒂尔加滕区[1]，或红杉国家公园[2]，我都不会感到吃惊；相反的是，当过去的恍惚状态在今天出现时，清醒过来后，我会很自然地发现自己高高地爬在某一棵树上，就在我童年的那张阳光斑驳的长凳的上方，肚子紧贴着一根粗大舒适的树枝，一条胳膊垂在树叶间，上面摇曳着别的树叶的阴影。

各种各样的声音在各种各样的处境下传到我的耳朵里。可能是开晚餐的锣声，或不那么平常的什么声音，例如手摇风琴的难听的音乐声。那个老流浪汉会在马厩附近的什么地方摇奏，凭借着在早年吸收的更为直接的感受，我会在心里从高处看见他。他的手摇风琴的正面画着在帕尔默德柳树间跳舞的各色巴尔干农民。他时不时地会换一只手摇摇把。我看见他

1　Tiergarten，柏林市的一个区，区内有著名的蒂尔加滕公园。

2　Sequoia National Forest，美国加州国家公园，其中最大的红杉树树龄已有三四千年。

的那只小小的秃头母猴穿的紧身套衫和裙子，她的颈圈，她脖子上的露着肉的疮，每次那人拽动链子使她非常疼痛时，她总是会去扯那链子，还有那几个站在旁边傻看着，咧嘴笑着的仆人——单纯的人，被一只猴子的"滑稽动作"逗得那么开心。就在不久前，在我现在记载这些事情的地方附近，我遇到了一个农民和他的儿子（是你在早餐食物广告上看到的那种热情健康的孩子），他们也同样被一只小猫折磨一只幼金花鼠的景象所吸引——让它跑几英尺后又向它猛扑过去。它大部分的尾巴已经没有了，残余部分在流血。由于它无法通过跑来逃脱，这个勇敢的小家伙尝试了最后的一招：它停了下来，侧身躺下，以便融合进地面上的一点光影之中，但是它胁部过于激烈的起伏使它暴露了。

在夜晚到来时开动的家庭留声机是我通过诗歌能够听见的另一件乐器。在亲友们聚集的凉台上，从它铜质的扬声器中发出了我们这一代人热爱的所谓的 *tsiganskie romansi* [1]。这或多或少是些无名氏对吉卜赛歌曲的模仿——或者是对这类模仿的模仿。构成其吉卜赛风格的是一种深沉单调的悲怆声调，间隔有某种呃逆声，一颗相思成疾的心的听得见的碎裂声。在最好的情况下，真正的诗人（我特别想到的是亚历山大·勃洛克）的作品中这里或那里颤动着的喧闹的乐音要归功于它们。而在最糟的情况下，可以将它们比做平庸文人创作的、由粗壮的女

1　用拉丁字母转写的俄语，《茨冈人浪漫曲》。

士在巴黎夜总会里吟诵的流氓作品。它们的自然环境特征是流泪的夜莺，盛开的丁香花，还有装点乡绅的园林的一行行发出沙沙低语的树木。那些夜莺在啼鸣，松树丛中，西下的夕阳在不同的高度将树干染成火红的道道横条。一只小手鼓，仍在振动着，似乎躺在黑影越来越浓的苔藓上。有一会儿时间，沙哑的女低音最后的几个音符穿过黄昏将我追逐。当一切重归寂静时，我的第一首诗业已写成。

五

　　那确实是一个可怜的大杂烩，除了伪普希金式的调节之外，还包含了许多借用的词语。只有邱特切夫雷声的回响和来自费特的一道折射的阳光是说得过去的。其余部分，我依稀地记得提到了"记忆的蜇针"——vospominan'ya zhalo（我真的把它想象成一只骑在卷心菜毛虫身上的姬蜂的产卵器，但是不敢这么说）——还有些什么关于遥远的手摇风琴的旧大陆的魅力之类的东西。最糟糕的是可耻地拾取了阿普定和康斯坦丁大公的茨冈式的抒情诗的零星词语。过去我的一位年纪尚轻、相当漂亮的姑姑总是竭力要我看这些诗，她还能够滔滔不绝地背诵路易·布耶著名的诗篇（《致一位女士》），里面一把比喻性的小提琴弓被不相称地用来在一把比喻性的吉他上演奏，以及许多埃拉·惠勒·威尔科克斯的东西——在女王和她的女侍臣中极为轰动。看来几乎不值得补充的是，就主题而言，我的伤感诗歌表现的是失去一个挚爱的情人——戴利亚、塔玛拉或勒诺尔——一个我从来没有失去过，从来没有爱过，从来没有遇见过，但却做好充分准备去遇见、去爱和失去的人。

　　在我愚蠢的天真状态下，我相信自己写的东西是美丽和奇妙的。当我带着仍未写下来、却完整到连标点符号都已深印在我脑子里的诗歌，就像入睡的人脸上的枕头印一样，走在回家的路上时，我毫不怀疑母亲会骄傲地用快乐的泪水迎接我的成就。我脑子里连想也没有想过，她在那个特定的晚上可能会一心专注在别的事情上而没有心思听诗歌。我一生中还从来没有这样渴望得到她的夸奖过。我从来没有这样脆弱过。我神经很是紧张，因为大地一片黑暗，我没有注意到它已经把自己裹了起来，也因为赤裸的苍穹，我也没有注意到它已脱去了衣衫。在头顶上方，在我的消失中的小径两侧的没有一定形状的树木之间，满天繁星使夜空变得惨白。在那些年里，那神气杂乱的星座、星云、星际空间以及其他所有令人敬畏的景象在我的心中引起了难以形容的恶心感和彻头彻尾的恐慌感，就仿佛我是从地球上头朝下倒挂在无限太空的边缘，地球的引力仍然抓着我的脚跟，但是随时就会把我放开。

除了楼上（母亲的起居室）两扇角窗之外，整座宅子已经一片漆黑。守夜人放我进去，我慢慢地、小心地走上楼去，以免打乱了我疼痛的脑袋里文字的排列。母亲斜靠在沙发上，手里拿着圣彼得堡的《言论》，膝头上是一份没有打开的伦敦的《泰晤士报》。一台白色的电话隐约闪现在她旁边的玻璃面的桌子上。尽管已经很晚了，她还是老在期盼着我父亲从圣彼得堡打电话来，战争临近时的紧张局势使他在那里耽搁了下来。沙发旁是一把扶手椅，但是由于它金黄色的缎子面我总是避开它，只要一看见它就会引起一阵锯齿样的颤抖，像夜里的闪电一般从我的脊柱中衍生而出。我轻轻咳了一声，在一张脚凳上坐下，开始了我的背诵。在背诵的过程中，我不断盯着远处的那面墙，在回忆中，我异常清晰地看见上面一些镶在椭圆形镜框里的用达盖尔银版法摄制的小幅照片和剪影，一幅索莫夫的透明水彩画（小白桦树，半道彩虹———一切都十分柔和湿润），亚历山大·贝努瓦[1]的一幅壮丽的凡尔赛之秋，还有一张我外祖母少年时代画的蜡笔画——还是园林里的那个亭子，漂亮的窗子被相连的树枝遮住了一部分。索莫夫和贝努瓦的那两幅画现在在苏联的某个博物馆里，但是那亭子是永远不会被国有化的。

　　我的记忆在最后一个诗节前犹豫了片刻，我尝试过用这么多的词来开头，结果最后选定的那个词在某种程度上被大量错误的开端给掩盖了起来，这时我听见母亲鼻子吸气的声音。不久我背诵完了，抬起头来看她。她透过从脸上流下的热泪心醉神迷地微笑着。"多么奇妙，多么美啊，"她说道，随着越来越温柔的微笑，她递给我一面手镜，好让我看见我颧骨上的那点血迹，在某个无法确定的时刻，我的一个把面颊支在拳头上的无意识的动作把一只饱餐中的蚊子给压死在了那里。但是我看见的还不止这个。看着我自己的眼睛，我发现了仅仅是寻常那个自我的渣滓，一个蒸发后的本体的残留，这使我产生了一种极度的震惊感，我的理智尽了相当的努力才在镜子里将其重新收集起来。

1　Alexandre Benois（1870—1960），俄国戏剧美术指导、画家和芭蕾台本作家。

一九二〇年春天作者在剑桥。当一个俄国人逐渐发现剑河具有的乐趣时，起初自然会喜爱上划艇，而不是更合乎体统的独木舟或方头平底船。

第十二章

一

　　我第一次遇见塔玛拉——给她一个和她真实的名字有同样色彩的名字——的时候，她十五岁，我比她大一岁。地点就在圣彼得堡以南崎岖而美丽的乡间（黑色的冷杉树，白色的白桦树，泥炭沼，草田，以及荒漠）。一场遥远的战争久拖不决。两年以后，那传统的解围之神，俄国革命，发生了，导致我离开了那难以忘怀的景色。事实上，那个时候，在一九一五年七月，隐约的预兆和幕后的议论、难以置信的动乱的炽热气息都对所谓的俄国诗歌的"象征主义派"产生着影响——特别是亚历山大·勃洛克的诗歌。

　　从那年夏初和上一年整个夏季，塔玛拉的名字在我们的宅第中（禁止擅入）和奥雷德兹河对岸我舅舅的庄园里（严禁擅入）各处不断意外地出现（以命运在认真时典型的故作天真状）。我会发现它被用小棍写在园林里大道的发红的沙地上，或者用铅笔写在刷白了的边门上，或者新刻在（但是没有刻完）某张古老的长凳的木头上，仿佛大自然在给予我塔玛拉的存在的神秘预告。那个寂静的七月下午，当我发现她一动不动地（只有她的眼睛在动）站在白桦树丛中的时候，她仿佛是自然而然地在那儿生下的，在那些警惕的树木之中，具有神话中显灵的无声的完美。

她啪的一声打死了她正等着它落下的那只马蝇，然后去追赶在呼唤她的另外两个不如她漂亮的姑娘。不久，从河的上方一个有利地位我看见她们步行过桥，高跟鞋发出轻快的咔嗒咔嗒声，三个人都把手塞在海军蓝外衣的口袋里，因为有苍蝇，她们不时地晃动着系着丝带插满了花的头。很快我追踪着塔玛拉到了她家在村子里租的不大的dachka（避暑别墅）所在之处。我会在附近骑马或骑自行车，常常在一阵突然的炫目的爆炸感中（然后我的心脏要用相当长的时间才能从落到的地方回到原处），在路的这个或那个乏味的拐弯处遇见塔玛拉。大自然先是除去了她的一个女伴，然后又除去了另一个，但是直到八月——是一九一五年八月九日，以彼得拉克[1]式的准确说法，那个季节里最晴朗的一个下午的四点半钟，在有七彩玻璃窗的那座亭子里，直到那时，我才注意到了我的擅入者进来了——直到那时我才鼓起足够的勇气和她说话。

　　透过仔细擦拭的时间的镜头，她面貌之美仍然是离得那么近、那么光彩照人。她个子不高，稍趋丰满，但是非常优雅，有修长的脚踝和柔软的腰肢。些许鞑靼人或切尔克斯人的血统也许是她快活的黑眼睛的眼角稍稍上翘，以及她容光焕发的脸颊皮肤微黑的原因。轻柔的汗毛，和在扁桃类水果上能够看到的那样，以纤细明亮的边缘勾勒出她的身影。她埋怨自己深棕色的头发老是打理不平整，让她烦恼，并扬言要剪短它，而且

1　Francesco Petrarch（1304—1374），意大利诗人，欧洲文艺复兴运动主要代表。

一年以后确实把它剪短了，但是我总是回忆起它最初的样子，紧紧地编成一根粗辫子，成环形扎在脑后，用巨大的黑丝带大蝴蝶结系牢。她可爱的脖子总是裸露着，即使在圣彼得堡的冬天也是如此，因为她设法得到允许，免掉了俄国中学女生校服上那令人窒息的领子。每当她讲了句有趣的话，或者从她记得的大量二流诗歌中背诵一首重复简单韵律的诗歌时，她会鼻孔微张顽皮地轻轻哼一声，非常动人。然而对她什么时候是认真的而什么时候不是，我从来也没有十分的把握。她随时发出的荡漾着的笑声，她快速的话语，她卷小舌音很强的"r"音，她下眼皮上柔和湿润的闪光——确实，她所有这些特点全都使我心醉神迷，但是不知怎的，它们不是暴露出她这个人，而往往是形成一幅艳丽的面纱，每次我想要更多地了解她的时候，就会被缠在面纱里面。当我对她说我们在一九一七年末我一毕业就结婚的时候，她总是平静地叫我傻瓜。我设想她的家的样子，但是很模糊。她母亲的名字和父系的姓（这是我对这位女性所知道的一切）具有商人阶级或神职人员的意味。她的父亲，我得出的印象是，对家庭几乎毫不关心，他是南方什么地方一个大庄园的管家。

那年秋天来得早。八月底，一层层落下的枯叶已经堆积得齐脚踝深了。有奶黄色边缘的黑色丝绒般的黄缘蛱蝶在林中空地上轻快地飞过。那年夏天弟弟和我被交托给一位家庭男教师，由他以古怪的行径照看。他常常躲在灌木丛中，为的是借助于一架他在阁楼上发现的旧望远镜监视塔玛拉和我；但是有一天，轮到这位偷窥者被我舅舅的紫红鼻头的老园丁阿波斯托尔斯基注意到了（顺便说一句，对于除草姑娘，他是头了不起的小猎兔犬），他好心地向我的母亲报告了。她不能忍受窥探行为，此外（虽然我从来没有对她说起过塔玛拉），从我以值得称赞的客观精神背诵给她听的、她充满深情地抄在一本专门的大本子里的诗歌中，有关我的浪漫史她想知道的都知道了。我父亲和他的军团在一起，没有在家；当他一个月后从前线归来，获悉了这件事之后，他感到有责任问我一些相当难堪的问题；但是母亲心灵的纯洁支持着她、并还将支持她渡过更大的难关。她满足于疑惑地但仍然带着温情地摇摇头，并告诉男管家每晚在亮着灯的露台上给我留点水果。

我把我可爱的姑娘带到树林里所有那些秘密的地方，我曾经如此热烈地幻想在那些地方遇到她、塑造她。在某一片特别的松林中，一切都实现了，我撩开了想象编织而成的东西，我尝到了现实。由于那年我舅舅不在家，我们还可以自由地在他那巨大的、茂密的、已有两个世纪历史的园林中漫游，它的以一座中央喷泉为中心呈辐射状的主路和迷宫似的曲折小径上，有长了绿苔的传统的跛足者石雕。我们按乡间的样子"甩着手"走路。我在远处的老普里亚波斯托尔斯基善意的目光下，沿着沙砾车道边为她摘下大丽花。我总是送她回家，或到家的附近，或至少送到村子的桥头，这时我们就不觉得那么安全了。我记得在某扇白色的大门上把我们俩的名字以奇怪的昵称连在一起的粗鲁的涂鸦，以及和村里的白痴的涂写稍微隔开一点的那句用我熟悉的粗硬笔迹写下的格言"谨慎是激情之友"。有一次在日落时分，在橘红色和黑色的小河附近，一个手里拿着一条短马鞭的年轻的dachnik（度假者）经过时向她点头致意；因此她像个小说里的女孩子那样脸红了，但只是强烈地嘲笑了一句说，他这辈子从来没有骑过马。还有一次，当我们在公路的拐弯处出现的时候，我的两个妹妹由于狂热的好奇心，差点从拐向桥去的家用红色"鱼雷"车上掉下来。

在黑暗的雨夜，我会把自行车灯装满神奇的碳化钙小块，挡着防止大风把火柴吹灭，点燃了灯罩里的白色火焰，然后小心翼翼地骑进黑暗之中。车灯投下的那圈亮光能够照出在路中间的一系列小水坑和路两旁长长的草地之间的潮湿平滑的路肩。像一个摇摇晃晃的幽灵，当我开始下山向小河骑去时，那道苍白的光线会在拐弯处扫过一道黏土堤岸。在桥的对面，路又向上和罗日杰斯特维诺—卢加公路相交，就在交叉处往上一点，湿淋淋的茉莉丛间有一条小径沿一道陡坡而上。我不得不下车推着自行车走。当我到达坡顶时，我的苍白的灯光掠过舅舅那阒然无声、百叶窗紧闭——可能和今天，半个世纪以后，同样阒然无声、百叶窗紧闭——的宅第背后有六根柱子的白色柱廊。在那里，从那个拱形结构隐蔽处、目随着我蜿蜒而上的灯光，塔玛拉会等着我，背靠着一根柱子高踞在宽宽的挡墙上。我会灭掉灯，摸索着向她走去。人们很想更为明晰流利地讲述这些事情，讲述他总是希望能够免遭囚禁在文字的动物园里的许多其他的事情——但是挤在房子近旁的古老的欧椴树在不平静的黑夜里的吱嘎涌动淹没了摩涅莫辛涅的独白。它们的叹息声会消退。可以听见门廊一侧的雨水管道里，一股小小的闲不住的雨水不停地汩汩流淌。有时，别的沙沙声搅乱了树叶上雨声的节奏，会使得塔玛拉向想象中的脚步声转过头去，那时，在一线微光下——现在升起在我记忆的地平线上，尽管有着那些雨水——我能够分辨出她脸的轮廓，但是没有使她害怕的东西和人，于是她会轻轻呼出屏了片刻的那口气，再度闭上眼睛。

二

　　随着冬天的到来，我们不管不顾的浪漫史迁移到了严酷的圣彼得堡。我们发现自己被可怕地剥夺了我们已经习惯了的田园间的安全。名声糟到愿意接待我们的旅馆我们没有勇气去，而在停着的汽车里偷情的伟大时代仍很遥远。在乡间如此令人愉悦的秘密状态现在成了一个负担，然而我们俩都无法面对在她家或我家在有人陪伴下会面的念头。因此，我们被迫在城里到处转悠（她穿着灰色毛皮小大衣，我则是白色鞋罩、卡拉库尔羊羔皮领子、丝绒衬里的口袋里装着指节铜套），这种对某种庇护处所的永恒寻求产生了一种奇怪的绝望感，而它又预示了其他更久以后的更为孤独的游荡。

　　我们逃学：我忘记了塔玛拉采取的是什么做法；我的做法包括了说服两个司机中的一个让我在去学校路上的这个或那个街角下车（两个都是很讲交情的人，而且还真拒绝接受我给的金钱——方便的五卢布一枚的硬币，从银行出来时是沉甸甸的吊人胃口的十或二十枚一串的亮闪闪的硬币，今天，当我骄傲的流亡中的贫困已经成为过去，便能够自由地沉溺在以审美情趣对此的回忆之中了）。我和我们极好的、特别易于收买的乌斯金之间也没有任何的麻烦，他管接听我们家一层的电话，号码是 24–43（dvadtsat' chetïre sorok tri）；他很快回答说我喉咙发炎了。顺便说说，不知道如果我现在立刻从书桌旁给那个号码打一个长途电话会怎么样？没有人接？没有这样一个号码？没有这样一个国家？还是乌斯金的声音说"moyo pochtenietse！"（"我的敬意"的奉承的贬称）？毕竟存在着众所周知的远远超过了一百五十岁的斯拉夫人和库尔德人。我父亲书房里的电话（号码是584–51）没有登在电话簿上，我的级主任打算弄明白我健康衰退的情况的努力从来没有得到过什么结果，尽管有时候我一连三天不去上课。

　　我们在公园树木环绕的大道上覆盖着冰雪的白色树枝下漫步。我们在冰冷的长凳上紧紧偎依在一起——先拂去上面的一层整洁的积雪，再脱下我们外面结了一层雪壳的连指手套。我们在博物馆中出没。在工作日的上午，博物馆里面了无生气，人很少，非常暖和，与寒冷的薄雾和悬挂在东窗口上像一轮发红的月亮般的红日形成了鲜明的对照。在那里，我们会找安静的偏僻的房间，没人看的临时性的神话集，蚀刻画，勋章，古文书学的展品，印刷术的故事——诸如此类的可怜东西。我想我们的最佳发现是一个存放扫帚和梯子的小房间；但是在黑暗中突然开始滑落倒塌的一批空框子吸引了一个过分好奇的艺术爱好者，我们急忙逃走了。圣彼得堡的卢浮宫——艾尔米塔什博物馆提供了很好的偏僻角落，特别是在底层的某个大厅里，在装着金龟子科甲壳虫的陈列柜间，在卜塔的祭司长纳纳的石棺背后。在俄罗斯亚历山大三世皇帝博物馆中，有两个收藏着令人反感的传统绘画风格的希施金（《松林中的空地》）和哈拉莫夫的（《青年吉卜赛人的头像》）作品的大厅（在东北角的第三十和三十一号厅），由于有一些放着图画的架子，提供了些许不受干扰的场所——直到一个口出恶言的土耳其战役的老兵威胁说要叫警察为止。就这样，我们逐渐从这些大博物馆到了比较小一些的博物馆，例如苏沃洛夫博物馆，我记得那里有一间最为寂静的房间，里面满是旧盔甲和挂毯、扯破了的丝质的旗帜，还有几个穿着绿军装、头戴假发、脚蹬厚重的靴子的模型人为我们站岗放哨。但是无论我们到哪里去，几次之后，总会有这个或那个满头白发、老眼昏花、穿着毛毡底靴子的管理员心生怀疑，我们就不得不换个地方偷情——到教育博物馆，宫廷马车博物馆，或一个很小的、甚至连导游手册上都没有开列的旧地图博物馆——然后再度进入寒冷，进入某条有着巨大的门和嘴里衔着圆环的绿狮子的小巷，进入在那些日子里我如此深爱的"艺术世界"，Mir Iskusstva——具有多布津斯基、亚历山大·贝努瓦风格的雪景之中。

在傍晚时分，我们坐进涅夫斯基大道上两家电影院（帕利西亚娜和皮卡迪里）中的一家的最后一排座位上。这门艺术在进步之中。海浪被染上了一层病态的蓝色，当它们滚滚而来，在一块黑色的、我记忆中的岩石上击碎成泡沫时（比亚里茨的处女岩——再一次看到我见多识广的童年时代的海滩，我觉得很有趣），有一台特别的机器模仿激浪的拍击声，产生一种水的刷刷声，却永远不能和画面同时停止，而总要在三四秒钟里伴随着下一个景象——比如一场繁忙的葬礼，或者衣衫褴褛的战俘和他们衣着整齐的俘获者。主片的名字往往引自某首流行诗歌或歌曲，可能相当冗长，比如"菊花不再在花园中开放"，或"她的心是他手中的玩具，也像玩具一样碎了"。女明星前额很低，有漂亮的眉毛和眼影涂得很重的眼睛。当时极受欢迎的男演员是莫祖辛。一位著名的导演在莫斯科乡下得到了一座有白色柱子的宅第（和我舅舅的宅子颇为相像），它出现在他导演的所有电影之中。莫祖辛会乘一辆时髦的雪橇来到门前，冷冰冰地注视着其中一扇窗子里的灯光，同时下巴上紧绷着的一小块著名的肌肉在抽动着。

当博物馆和电影院不能给我们以帮助而夜还不深的时候，我们只能去探索这座世界上最令人生畏和神秘莫测的茫茫城市。孤零零的街灯因我们睫毛上冰冷的潮气之故变形成了拥有放射出七彩颜色的脊柱的海怪。当我们穿过巨大的广场时，各种各样建筑的幻影突然悄然耸立在我们面前。当高大的、由整块抛光花岗岩构成的柱子（由奴隶抛光，月亮再抛光，在夜的光滑的真空中平稳地转动着）在我们头顶猛地升起，支撑着圣以撒大教堂神秘的圆顶时，我们吓得浑身冰凉，这一般不是由于高度而是由于深度引起的———道深渊在脚下裂开。我们仿佛在这些石头和金属的充满危险的山岳边缘停了下来，手挽着手，怀着小人国人的敬畏，伸长了脖子看着挡在我们面前的新的巨大景象——一座宫殿的柱廊上的十根灰色有光泽的男像柱，或者在一座花园铁门旁的一个巨型斑岩花瓶，或者顶上有个黑色天使的大圆柱，与其说它装点了、不如说压抑着泛满了月光的宫殿广场，并且向上伸展了又伸展，徒劳地企图伸及普希金雕像的刻着《纪念碑》一诗的基座。

后来，在她少有的忧郁时刻，她声称我们的爱情没有能够经受住那个冬天的巨大压力；她说，出现了裂痕。在所有那些月份里，我一直在写诗给她，为了她，关于她，每周两三首；在一九一六年春天我发表了由这些诗汇集成的一个集子——当她让我注意到在构思这本书的时候我根本没有留意到的东西时，我感到无比震惊。就在那里，那同样不祥的缺陷，那陈腐空洞的口气，轻易地示意既然我们的爱情再也不可能重新捕捉到那最初时刻的神奇感受、那欧椴树在雨中的沙沙涌动、风雨交加的乡野间的同情，便注定是没有前途的。还有——但是当时我们俩谁都没有注意到——我的诗歌是很幼稚的东西，没有什么优点，根本不应该拿来出售。这书（其中一册仍然，咳，存放在莫斯科列宁图书馆的"闭架书库"里）该当受到几个注意到它的评论者在无名杂志中对它的猛烈攻击。我的中学俄国文学教师弗拉基米尔·希皮乌斯，我非常钦佩的一个第一流的、虽然有点难懂的诗人（我认为他在才华上超过了他的比他有名得多的堂姐妹、女诗人和评论家齐娜伊达·希皮乌斯）带了一本到课堂里，对我最为浪漫的诗行进行了辛辣的讽刺，引起班上大多数同学的狂笑。他的著名的堂姐妹在文学基金会的一次会议上请求基金会的主席、我的父亲告诉我，我永远、永远也成不了一个作家。一位善意的、贫困而没有才华的、有理由感激我父亲的记者写了一篇关于我的热情得难以置信的文章，约有五百行文字，漫溢着过分的恭维；文章被我父亲及时截了下来，我记得他和我在读这份手稿的时候咬牙呻吟——我们家的人在面对低级趣味的东西或某人的失态时采取的习惯表示。整个事件永远地消除了我对文学声名的任何兴趣，并可能是我对评论的几乎病态的和并不总是有道理的冷漠的根源，这种冷漠在后来的岁月中剥夺了我身上的据说多数作家都经历过的那种感情。

一九一六年的春天是我认为非常典型的圣彼得堡的春天，我回忆起这样一些具体的形象，如塔玛拉戴着一顶我没有见过的白色帽子，在观看一场争夺得十分激烈的校际足球赛的观众之中，那个星期日，最为光彩夺目的好运气帮助我一次又一次地防止对方得分；一只和我们的浪漫史完全同龄的黄绿蛱蝶，在亚历山大罗夫斯基花园的一条长椅背上，在太阳下晒着它碰伤了的黑色翅膀，翅膀的边缘因冬眠颜色变淡了；大教堂的钟声在寒冷的空气中回响在被风吹皱了的、涅瓦河放浪地摆脱了冰封的深蓝色水面上空；在柔荑花节那一周的期间，在骑兵卫队大道上遍撒着彩色纸屑的雪泥中的集市，和它吱嘎砰啪的喧闹声、它的木制玩具、高声叫卖土耳其软糖和叫做 amerikanskie zhiteli（"美国居民"）的浮沉子——在装满了粉红或淡紫色酒精的玻璃管里上下浮动的玻璃小妖怪，就像真正的美国人（尽管这个外号的意思仅仅是"稀奇古怪"）当办公室的灯光在微带绿色的天空中熄灭以后，在透明的摩天楼的电梯里的那个样子。街道上的熙熙攘攘使人陶醉于对树林和原野的渴望之中。塔玛拉和我尤其渴切地想回到我们常去的老地方，但是整个四月份，她的母亲不断在究竟再次租用那座小别墅，还是省点钱留在城里之间动摇。最后，在某种条件之下（塔玛拉以汉斯·安徒生的小美人鱼的坚忍接受了），租下了小别墅，一个壮丽的夏季立即笼罩了我们，她就在那里，我快乐的塔玛拉，踮着脚尖，试图把一根总状花序的枝条往下拉，好摘下它皱巴巴的果子，整个世界和世界上的树木在她欢笑的眼球中旋转，由于她在太阳下所做的努力，在她举起的手臂下面，她的黄色天然柞蚕丝绸的连衣裙上出现了一片黑影。我们迷失在长满青苔的林中，沐浴于童话般幽深的小湾里，以花冠发誓永远相爱，她和所有的俄国小美人鱼一样，非常喜欢编织花冠。初秋的时候，她搬到城里去找工作（这就是她母亲的条件），在后来的几个月里我根本没有见到过她，我全神贯注在自己认为一个高雅的littérateur[1]应该寻求的那种丰富多彩的经历上。我已经进入了一个过度多愁善感和追求感官享乐的时期，将延续大约十年之久。从我现在所在的高塔上来看，我看到自己同时是一百个不同的青年男子，全都在追逐着一个多变的姑娘，产生了一系列同时发生的或相互交叠的风流韵事，有的愉快，有的肮脏，从一夜风流到旷日持久的瓜葛和掩饰，所带来的艺术方面的效

1　法语，文人。

果也是十分贫乏的。不仅这种经历本身成问题，所有那些迷人的女子的影子在我现在重组自己的过去之时对我毫无用处，而且它造成了一个令人烦恼的散焦作用，无论我如何反复摆弄记忆之螺杆，都无法回忆起我和塔玛拉是怎么分手的。这种模糊不清可能还出于另外一个原因：我们在那之前分别的次数太多了。在乡间那最后一个夏季，在夜的流动的黑暗中，在被遮蔽了的月亮和雾蒙蒙的小河之间的老木桥上，我们在每一次幽会后常常是长久的分别，我会吻着她温暖湿润的眼睑和被雨水浇得冰冷的脸，然后立刻回转到她身边再一次告别——然后是漫长的、摸黑的、摇摇晃晃的骑车上坡，我缓慢吃力地蹬车的脚努力想压下拒绝待在下面的力量无比强大并且富于弹性的黑暗。

不过，我确实是清晰得令人心碎地记得一九一七年夏天的某一个黄昏，经过一个冬天的难以理解的分离以后，我在一列郊区火车上偶然遇到了塔玛拉。在两站之间几分钟的时间里，在一节摇摆着发出刺耳的嘎嘎声的车厢的连接处的过道上，我们并排站着，我处于强烈的局促不安、感到极其后悔的状态下，她在吃一块巧克力糖，有条有理地咬下小小的硬块，谈论着她工作的单位。铁轨的一侧，在微带蓝色的沼泽的上空，泥炭燃烧时的黑烟和残留的已经失去了光芒的日落形成的一片巨大的琥珀色混合在一起。我想，已经发表的记录可以证明，甚至就在那时，亚历山大·勃洛克在他的日记中记下了我看见的那泥炭烟，以及那残留的天空。在我生活中后来有一个时期，我可能会发现，这和我看塔玛拉的最后一眼是有关联的：她在梯级上转过头来看看我，然后下车，走进了一个充满茉莉花香和蟋蟀欢叫声的小站的黄昏之中；但是今天，没有任何在异国所做的旁注能够减弱这份痛苦的纯洁性。

三

当那年年底政府取得政权以后，立即将保持政权置于一切之首，开始了惊人的事业。那时，许多人相信可以斗争，挽救三月革命[1]的成就。我的父亲曾被选进在它的初始阶段曾竭力阻止保证苏维埃权益的立宪会议，他决定尽可能留在圣彼得堡，但却把他的一大家人送到了克里米亚，一个仍然自由的地区（这一自由仅仅多延续了几个星期）。我们分成两批，弟弟和我与母亲及下面三个孩子分开上路。苏维埃时代还只有沉闷的一个星期；自由派的报纸仍在出版；在尼古拉耶夫斯基火车站为我们送行、和我们一起等待着的时候，我那沉着冷静的父亲在快餐店角落的一张桌子前坐下，用他流畅的、"精妙的"（排字工们这样说，对没有任何修改感到极为惊奇）字迹，在特殊的、和印刷栏成比例的、画着横线的长条纸上为行将灭亡的《言论》（或者，也许是什么应急出版物）写社论。就我所记得的，之所以这么迅速地把我和弟弟送走，主要原因是如果我们留在城里，可能被征入新建的"红"军。使我恼怒的是，在十一月中旬采集季节过后很久才去到一个极富吸引力的地区，因为我从来不善于挖昆虫蛹（虽然我最终还确实从我们

---

1 March Revolution，俄历为二月，即二月革命。

克里米亚的花园里的一棵大橡树下挖到了几个）。当父亲在我们每人脸的上方做了个精确的画小十字的动作，不经意地补充说，他很可能，ves'ma vozmozhno，再也见不到我们了的时候，恼怒变成了痛苦；说完后，身上穿着双排扣系腰带的男式雨衣，戴一顶卡其布帽子，腋下夹着公事包的他大步迈进了弥漫着蒸气的雾中，走了。

漫长的南去的旅程开始时还不错，从彼得格勒到辛菲罗波尔的头等卧车里，暖气仍发出嘶嘶声，灯也仍然完好，一位还算有名的歌唱家脸上化着演出的妆，一束包在棕色包装纸里的菊花紧捧在胸前，站在过道上，轻叩玻璃，有个人沿着车窗走过并挥手示意，这时火车开始滑动，没有一点震动表明我们正在永远离开那座灰色的城市。但是一过莫斯科，一切舒适就结束了。在我们缓慢沉闷的行程中，在好几处地方，列车，包括我们的卧车，都有从前线回家的多多少少有点布尔什维克化了的士兵拥入（他们被称做“逃兵”或“红色英雄”，取决于人们的政治观点）。弟弟和我觉得，把我们自己锁在卧车包间里、阻挠想打搅我们的一切努力是很有趣的。几个在车厢顶上旅行的士兵试图把我们包间的通风口当厕所使用，而且还不是没有成功，这就更加好玩了。弟弟是个一流的演员，他装出得了严重的斑疹伤寒的一切症状，在包间门最后被打开时帮了我们的忙。第三天清早，在一个朦胧的车站，我利用了这些快乐进程中的短暂间歇出去呼吸点新鲜空气。我小心翼翼地沿着拥挤的过道前行，跨过打着呼噜的人的身体，下了车。一片乳白色的雾笼罩在一个无名车站的月台上——我们在离哈尔科夫不远的什么地方。我穿着鞋罩，戴一顶圆顶礼帽。我手里拿着的手杖是件收藏品，原来是我舅舅卢卡的，是根浅色的有漂亮斑点的木手杖，球形把手是一个光滑的嵌在金冠中的粉红珊瑚球。如果我是出没在那个车站月台的雾气中的悲惨的流浪汉中的一个，看到有个不经一击的纨绔子弟在那里来回踱步，我是不会抵挡得住把他消灭掉的诱惑的。正当我要上车的时候，它猛地一阵震动，开始移动了；我的脚一滑，手杖被甩到了车轮底下。我对那东西并没有特殊的喜爱（事实上，几年后我很粗心地把它给丢了），但是有人在看着我，青春时代的自尊促使我去做了件无法想象今天的我会去做的事情。我等待着一节、两节、三节、四节车厢开过（俄国的火车加速过程之慢是众所周知的），当铁轨终于出现时，我从两条铁轨之间拾起了手杖后急奔着去追那如噩梦般远去的减震器。一条无产者的结实的胳膊帮助我爬了上去，遵照的是伤感小说的规则（而不是马克思主义的规则）。如果我被留在了那里，那些规则可能会继续有用，因为我就会被带到离塔玛拉不远的地方，她那时也已经搬到南方，住在离那个荒唐事件发生的场所不到一百英里的一个乌克兰小村庄里。

四

她的下落是我在到达克里米亚南部大约一个月后意外地得知的。我家在雅尔塔附近的加斯普拉安顿了下来，离科莱兹村不远。整个地方似乎完全是异邦；气味不是俄国的，声音不是俄国的，每晚正当清真寺的宣礼员开始从村子的光塔（轮廓映在一片桃红色天空中的一座细高的蓝色尖塔）上吟颂时，那头发出叫声的驴肯定是巴格达的。我就在那儿，站在一条白垩质的马道上，靠近一条白垩质的河床，一条条分开的、蛇形曲折流淌的河水浅浅地流过椭圆形的石头——我就在那儿，拿着一封塔玛拉的信。我看着陡峭突兀的亚伊拉山脉，深色的如细羊毛皮般的托洛斯松一直覆盖到它的峭壁顶端；看着在山与海之间的一片连绵着的、像地中海沿岸的灌木丛林那样的常绿植物；看着半透明的粉红色天空，一弯羞涩的新月在那里照耀，近旁只有一颗湿润的孤星；整个很不自然的景色给我的印象是，这是出自《天方夜谭》的一个插图美丽但可悲地删节了的版本里的东西。突然我感到了流亡的一切痛苦。当然，有过普希金的例子——普希金流放时曾在这里、在那些引种的柏树和月桂间漫步——但是，虽然他的伤感诗歌可能给了我某些激励，我并不认为我的激情是一种做作。此后几年里，失去祖国对我来说就是失去我的爱，直到一本小说的创作才使我从那份丰富的感情中解脱出来。

在此期间，我家人的生活完全改变了。除了精明地埋藏在爽身粉容器中正常装的东西里的一些珠宝之外，我们是绝对地破产了。但是这是一件非常次要的事情。当地的鞑靼政府已被一个崭新的政府清除掉了，我们在荒谬的、可耻的、完全缺乏安全的感觉的支配之下。从一九一七和一九一八年间的冬天，直到晴朗多风的克里米亚春天这相当长的一段时间里，极端愚蠢的死亡就在我们身边蹒跚而过。隔上一天，在雅尔塔白色的码头上（你会记得，正是在那儿，契诃夫的《抱叭儿狗的女士》中的女士在度假的人群中丢失了她的长柄眼镜），各种无害的人们被事先在脚上绑上重物后，被为此目的的专门从塞瓦斯托波尔运来的冷酷的水手枪杀。我的并非无害的父亲，在一些危险的冒险之后，此时已经和我们会合了，在那个因肺病专家而著名的地方，他假装成一个医生，但是没有改名字（"简单而优雅"，正如一位象棋评论者会这样评论棋盘上相应的一着）。我们住在一所不显眼的别墅里，是一位好心的朋友索菲娅·帕宁伯爵夫人提供给我们使用的。在某些夜晚，当有刺客来临的传言特别厉害的时候，我们家的男子就轮流在宅子四周巡逻。欧洲夹竹桃叶子细长的影子会在海风中沿着一道灰白的墙小心地移动，仿佛在极其诡秘地指着什么东西。我们有一杆猎枪和一把比利时自动手枪，尽量不把声言非法拥有火器的任何人都将就地正法的法令放在眼里。

命运对我们非常仁慈；除了在一月份的一个午夜，一个土匪模样的人，严严实实地裹在皮革和毛皮里，潜入到了我们中间，使我们吃惊不小之外，没有出过什么事情——但是结果发现他是我们原来的司机齐加诺夫，他觉得大老远从圣彼得堡爬在火车的缓冲器上、搭乘货运车厢、穿过广袤、严寒、荒凉的俄国大片地区，就是为了给我们带来我们的一些好朋友出乎意料地给我们送来的一笔很受欢迎的钱，这样做根本不算个事。他还给我们带来了我们圣彼得堡的地址收到的信件；其中就有塔玛拉的那封信。待了一个月后，齐加诺夫声称克里米亚的景色使他感到厌倦，便离开了——又大老远地回到了北方，肩膀上扛着个大包，里面有各种物件，如果我们知道他垂涎这些东西的话，我们会很高兴地送给他的（例如一个熨裤子褶线的东西，网球鞋，男用衬衫式长睡衣，一只闹钟，一把烙铁，还有几样我已经忘记了的可笑的东西），如果不是被一个他也偷得过她苍白的美貌的贫血的女仆怀着复仇的热情指了出来的话，要逐渐才会发现这些东西不见了。奇怪的是，他劝说我们把母亲的宝石从爽身粉的容器中（他立刻就发现了）转移到挖在花园里一棵有多种用途的橡树下的一个洞里——他离开了以后，宝石全都在原处。

后来，在一九一八年春季的一天，当盛开的扁桃树的团团粉红色花朵使暗淡的山麓生机盎然的时候，布尔什维克消失了，一支安静得奇怪的德国军队取代了他们。爱国的俄罗斯人煎熬于摆脱了本国人而感到的肉体上的轻松和不得不把他们得到的暂时解救归功于外国侵略者——特别是德国人的无奈这两种感情之间。不过，后者在西方正在打败仗，是偷偷摸摸地进入雅尔塔的，脸上带着胆怯的笑容，一支灰色幽灵般的队伍，很容易被爱国的人所忽视，而他们也的确被忽视了，除了对公园草坪上出现的半心半意的"勿践踏草地"的标志的几声不领情的窃笑之外。两三个月后，在修好了政治委员们空出来的各个别墅里的水暖管道设备后，德国人接着也离开了；白军从东边慢慢移动进来，不久就开始和正在从北面攻打克里米亚的红军打起来了。我父亲成了在辛菲罗波尔的地区政府的司法部长，他的家人暂住在雅尔塔附近沙皇过去的领地里瓦季亚庭园中。和白色政权控制的城镇相联系的一种浮华的、狂热的欢乐，以庸俗化了的形式把和平年代的舒适便利带了回来。咖啡馆生意兴隆。各种各样的剧院一片繁荣。一天早晨，在一条山间小道上，我突然遇见了一个骑士，穿着切尔克斯人的服装，紧张的、流着汗的脸涂成古怪的黄色。他不断使劲猛拽他的马，马却不理会他，继续沿着陡直的小路以奇怪的果断步子往下走去，就像一个被触怒的人离开一个聚会时的样子。我看见过脱缰奔逃的马，可是还从来没有看见过一匹走着逃离的马，而当我认出这个不幸的骑士是我和塔玛拉在银幕上如此经常地欣赏的莫祖辛时，我的惊奇更带上了令人高兴的劲头。电影《哈吉·穆拉特》（根据托尔斯泰关于骁勇的、善于驯马的山中首领故事改编）正在那条山脉的高山牧场上排练。"抓住那畜牲 [Derzhite proklyatoe zhivotnoe]，"他看见我时咬着牙说，但就在这时，随着巨大的石头的碾压声和哗啦声，两个真正的鞑靶人跑过来救他，而我拿着我的蝴蝶网继续艰难地向高处的峭壁走去，Hippolyte 眼蝶的黑海亚种正在那里盼着我呢。

一九一八年的夏天，弟弟和我时常去拜访拥有奥莱兹海滨庄园的亲切而古怪的家庭，这里是充满幻想的青年人的可怜的小小绿洲。很快，在我和同龄人莉迪娅·Ｔ之间发展起了说笑戏谑的友谊。总有许多年轻人在那里，四肢棕褐色、戴手镯的美女们，一个叫索林的著名画家，演员们，一个芭蕾男舞者，快活的白军军官们，其中一些将会很快死去。又是沙滩聚会，毯子聚会，又是篝火，月光闪烁的大海和克里米亚麝香葡萄酒的充足供应，许多打情骂俏的乐事就发展了起来；在整个这段时期，在这种轻浮、颓废和不知怎的有些不真实的背景下（我很乐意地相信，是这些使一个世纪前普希金对克里米亚的访问的气氛浮现在了脑际），我和莉迪娅玩我们自己发明的一个小小的绿洲游戏。这个想法包括模仿嘲弄一种被设想为在未来使用的传记的写作手法，从而将华而不实的现在变成一个迟钝的老年传记作者意识中的某种瘫痪了的过去，他透过一层使他茫然的烟霾，回忆他结识的一位伟大的作家，当时他俩都还年轻。例如，或许是莉迪娅，或许是我（完全由偶然的灵感决定），晚饭后在露台上时会说"那个作家喜欢吃过晚饭后走到露台上去"，或者"我将永远记得Ｖ·Ｖ在一个温暖的夜晚说的话。他说，'这是个温暖的夜晚'"；或者，更为荒唐的，"他抽烟前有点香烟的习惯"——所有这些都是以充满沉思的、缅怀的热情说出来的，当时我们感到似乎是滑稽可笑的、无害的；但是现在——现在我会发现自己在想，我们没有在无意之中打搅了某个邪恶的怀恨在心的魔鬼吗？

在所有那些月份里，每一次一袋邮件从乌克兰抵达雅尔塔，就会有一封我的塔玛拉写来的信。信件是如何在难以想象的运送者们的力量下，在内战的不可思议的混乱情况中进行传递，没有什么比这更为神秘的了；但是，只要我们的通信由于那种混乱出现了某种中断，塔玛拉都会表现得仿佛她把信件的传递归入普通的自然现象一类，诸如天气或潮汐，是不受人间事务左右的，她会指责我不给她回信，而事实上在那些月份中我除了给她写信并且想念她之外，什么事情也没有干——尽管我多次背叛了她。

五

　　能够设法把一封年轻时收到的真实的情书保存在一部小说作品中，像一颗无污染的子弹埋嵌在身体松软的肉里，而且在虚构的生命间相对牢靠地待在那里，这样的小说家是幸福的。我真希望自己也像那样保存了我们之间的全部通信。塔玛拉的信持续地召唤出我们如此熟悉的乡间景色。在某种意义上，这些信是对我一度献给她的、表现力远远不如的抒情诗歌的遥远但无比清晰的应答回应。通过使用我从未能够发现其奥秘的不被追捧溺爱的词语，她的中学女生式的散文体能够以凄切动人的力量再现出圣彼得堡乡间湿叶的每一阵拂动，蕨类植物的每一片染上了红褐的秋色的叶子。"下雨的时候我们为什么感到那么高兴？"在最后几封信里的一封中她问道，仿佛回到了纯粹的修辞的源头。"Bozhe moy"（用 mon Dieu[1] ——而不是"My God"），那遥远、光明、令人钟爱的一切，到什么地方去了（Vsyo eto dalyokoe, svetloe, miloe——俄语中此处不需要主语，因为这些是担当抽象名词角色的中性形容词，在空空的舞台上、在减弱了的灯光下表演）。

　　塔玛拉、俄罗斯、逐渐混生进入旧花园中的野生林、我

1　法文，我的上帝。下文"My God"即为"我的上帝"的英语写法。

那北国的白桦树和冷杉树、每一次我们从城里回到乡间度夏时母亲趴在地上亲吻土地的一幕，et la montagne et le grand chêne[1]——这些东西有朝一日被命运胡乱地捆在一起扔进了大海，将我和我的童年彻底割断。不过，我在想，对于更为麻木的命运，对于，譬如说，一种平稳、安全、小城式的、原始而缺乏展望的时间的延续，是不是真有什么值得去称道的。当一个人在五十岁的时候仍然居住在童年时代的薄隔板墙的房子里，每次清扫阁楼时就会看到同样的那堆发黄的旧课本，仍旧和后来积聚起的过时无用的物品堆放在一起；在那里，在夏天的星期日的早上，他的妻子在人行道上停下一两分钟，忍受那可怕的、饶舌的、染过头发的、走向教堂的麦吉家的女人，早在一九一五年的时候，她曾是漂亮、顽皮的玛格丽特·安，有着带薄荷清香的嘴和灵巧的手指。

我自己命运的突变在回顾时给予了我一种我是说什么也不愿错过的眩晕的快感。自从和塔玛拉信件往返以来，思乡对于我一直就是一件易受感官影响的特殊的事情。如今，亚伊拉山上缠结的青草，乌拉尔山脉中的一条峡谷，或者咸海地区的盐碱滩在我脑子里的形象，在思乡和爱国方面对我的影响和（比方说）犹他州的一样多，或者一样少；但是给我任何大陆上的任何和圣彼得堡乡间相似的东西，我的心就融化了。我无法想象真正再看到我过去的环境时会是什么情景。有时我幻想自己

1　法文，以及山岭和高大的橡树。

用假护照、假名字重访它们。这是可以做得到的。

　　但是我想我不会这么做。关于这件事，我痴心妄想得已经太久了。同样，我在克里米亚十六个月的生活的后半段里，我曾如此长久地计划参加邓尼金军队，目的与其说是骑在戴着头盔的战马上，马蹄嘚嘚地冲进圣彼得堡鹅卵石路面的郊区（我可怜的尤里的梦想），不如说是去到在乌克兰的小村庄里的塔玛拉身边，结果等到我做出决定的时候，那支军队已经不存在了。一九一九年的三月，红军在克里米亚北部攻入，在各个港口，反布尔什维克的群体开始了混乱的撤退。在塞瓦斯托波尔湾如镜般的海面上，在岸上疯狂的机关枪的扫射下（布尔什维克的部队刚刚占领了港口），我和家人搭乘一艘运载干果的又小又破旧的希腊船希望号动身前往君士坦丁堡和比雷埃夫斯。我记得，当我们曲折驶出海湾的时候，我力图把注意力集中在和父亲下的棋上———一匹马的脑袋已经掉了，一枚玩扑克牌用的筹码代替了一个丢失了的车——离开俄国的感觉完全被那痛苦的想法掩没了：有红军也罢，没有红军也罢，塔玛拉的信仍会奇迹般地、不必要地寄到克里米亚的南部，会在那里寻找一个逃亡了的收信人，像被释放在一个格格不入的地区里的被搞迷惑了的蝴蝶，在不适合的纬度、在陌生的植物间无力地拍打着翅膀飞过来飞过去。

第十三章

一

　　在一九一九年，一大群纳博科夫家族的人——事实上是三家人——取道克里米亚和希腊逃离俄国到达西欧。弟弟和我被安排到剑桥去学习，靠的是一笔更多是对政治灾难的补偿而不是对才智长处的承认而获得的奖学金。家庭其他的成员预计要在伦敦待一段时期。生活费用由那少量的珠宝来开销，这是娜塔莎，一位有远见的老女仆，在母亲于一九一七年十一月离开圣彼得堡之前的一刻从梳妆台上扫进一个 nécessaire[1] 里，在一小段时间里曾在克里米亚的一个花园里经历了被埋葬，或者也许是某种神秘的成熟过程的那些珠宝。我们离开北方的家园的时候，以为只是一段短暂的等待，在俄国南方的停留地的暂时谨慎的栖息；但是新政权的暴力不肯平息。在希腊的两个春天的月份里，我不怕对我毫不容忍的牧羊犬的始终如一的恼怒，徒劳地寻找着格鲁纳的橙色尖翅粉蝶，黑尔德里希的硫黄色粉蝶，克吕珀的白粉蝶；但是，我所在的地区是找不到这种蝴蝶的。在一九一九年五月十八日（就我而言，早了二十一年），我们乘邱纳德公司的从希腊开往纽约的班轮潘诺尼亚号离开了希腊，但是我们在马赛下了船，不过，我在船上学会了跳狐步

1　法语，盒子。

舞。法国在漆黑的黑夜中哐啷哐啷地疾驰而过。当多佛—伦敦的列车平静地停下时，灰白的英吉利海峡仍在我们体内波动摇摆。维多利亚火车站里肮脏的墙上重复出现的灰色梨树图形为童年时代英国女家庭教师在我身上用过的浴皂做广告。一周以后，我已经和我的第一个英国恋人，一个任性的、苗条婀娜的、比我大五岁的女孩在一场慈善舞会上脸贴着脸地跳起舞来了。

父亲来过伦敦——最后一次是在一九一六年二月，那时，他和另外五个俄国新闻界的知名人士一起，受到英国政府的邀请来查看英国在战争中所做的努力（他们暗示，俄国的舆论对此没有给以足够的赏识）。在路途中，受到我父亲和科尔涅·丘科夫斯基的挑战，要按 Afrika 押韵做诗，诗人和小说家阿列克塞·托尔斯泰（和列夫·尼古拉耶维奇伯爵[1]毫无亲戚关系），尽管在晕船，还是提供了这可爱的对句：

Vizhu pal'mu i Kafrika.

Eto—Afrika.

（我看到一棵棕榈树和一个小矮黑人。

这——就是非洲。）

在英国，客人参观了海军。接着是壮观的、接连不断的晚

1　Count Lyon Nikolaevich，即《战争与和平》的作者列夫·托尔斯泰。

宴和讲话。俄国人适时地占领埃尔祖鲁姆以及即将被采纳的英国征兵法案（"你是一起行军好，还是等到三月二号？"正如招贴画上的同音异义双关语所说[1]）为发言人提供了毫不费力的话题。有过一次由爱德华·格雷爵士主持的官方的宴会，一次对乔治五世[2]的有趣的访问，当时团里的直言不讳的家伙丘科夫斯基坚持问他是否喜欢奥斯卡·王尔德[3]的作品——"dze ooarks of OOald"[4]。他的发音让国王摸不着头脑，而国王反正也从来不曾是个如饥似渴的读者，就巧妙地反问他的客人觉得伦敦的雾怎么样（后来丘科夫斯基常常得意地引用这作为英国式伪善言辞的例子——因一个作家的品行而抵制他）。

最近一次到纽约的公共图书馆去查阅，发现上述事件并没有在我父亲的作品 *Iz Voyuyushchey Anglii*，彼得格勒，一九一六年（《战时英国报道》）中出现——实际上，也许除了描写和H·G·威尔斯打的一场羽毛球（还是英式墙手球？），以及关于到佛兰德的某些一线战壕巡视的一段有趣的叙述——那里的殷勤好客到了允许一枚德国的手榴弹在客人几英尺之内爆炸的程度——在那里面没有多少他惯有的幽默的例子。这份报告在以书的形式出版之前，曾在一份俄国的报纸上连载。在里面，

1 "一起行军"原文为"march too"，"三月二号"原文为"March 2"，读音相同。

2 George V（1865—1936），英国国王。

3 Oscar Wilde（1854—1900），爱尔兰作家，诗人，十九世纪末英国唯美主义的主要代表。

4 英语"the works of Wilde"（王尔德的作品）几个字的不准确发音。

父亲以某种旧大陆式的天真提到了把他的天鹅牌钢笔送给了海军上将杰利科，他在就餐时借用来在一份菜单上签名，称赞了笔尖书写时的流畅和平滑。对钢笔的牌子的不幸揭示立即回响在伦敦的报纸上一家梅比及托德有限公司所做的广告中，里面引用了这一段话的译文，并且描绘了父亲在一场海战的混沌的天空下把公司的产品递交给大舰队的总司令。

但是现在没有宴会，没有演讲，甚至也没有和威尔斯一起打英式墙手球，简直没有办法使这个人相信布尔什维克主义是一种特别残酷和彻底的形式——它本身和沙漠中的沙粒一样古老——而根本不是那么多外国观察家认为的那种令人感兴趣的新型的革命实验。在榆树园花园租住的房子里过了昂贵的几个月之后，父母和三个小一点的孩子离开伦敦到了柏林（在那里，直到他在一九二二年三月去世，父亲一直和同为人民自由党党员的约瑟夫·黑森一起编辑一份俄国流亡者的报纸），而弟弟和我去了剑桥——他上的是基督学院，我上的是三一学院。

二

　　我有两个弟弟，谢尔盖和基里尔。基里尔（一九一一 至一九六四）是最小的，和俄国家庭里常见的那样，也是我的教子。在我们维拉宅的客厅里，在受洗仪式的某个阶段，我小心翼翼地抱着他，然后再把他交给他的教母叶卡捷琳娜·德米特里耶芙娜·丹扎斯（父亲的表姐，普希金那场致命的决斗中的助手 K·K·丹扎斯上校的侄孙女）。基里尔小的时候和我的两个妹妹一起待在那遥远的儿童室，在城里和乡间的住宅中，都和两个哥哥的套间明显地分开。从一九一九年到一九四〇年，在侨居欧洲的这二十年中，我很少见到他，在那以后则根本没有见过，直到我于一九六〇年再度去欧洲，此后是一段非常友好和快乐的短暂的相会时光。

　　基里尔在伦敦、柏林和布拉格上的小学和中学，在卢万上的大学。他和比利时姑娘吉尔贝特·巴尔班森结了婚，在布鲁塞尔经营着（不十分当真但却挺成功）一家旅行社，因心脏病发作，在慕尼黑去世。

　　他喜爱海滨胜地和油腻味浓的食物。他和我一样讨厌斗牛。他能说五种语言。他非常喜欢恶作剧。他生活中唯一的重大现实是文学，特别是俄罗斯诗歌。他自己的诗歌反映了古米廖夫和霍达谢维奇的影响。他很少发表作品，总是不愿谈及他的创作，就像他不愿谈及自己裹在说笑的迷雾中的内心世界一样。

出于各种原因，我发现要谈论我的另外一个弟弟是极端困难的。对塞巴斯蒂安·奈特（一九四〇年）的曲折寻求，连同其凉亭和自我配合的结合，比起在这部回忆录的第一稿中我畏缩停步以及今天正在面对的任务来说，简直算不了什么。除了我在前面的章节中简要地叙述过的那两三件微不足道的小冒险之外，他和我的童年很少交汇。在我最丰富最详尽的回忆中，他仅仅是背景里的一个影子。我备受溺爱；他则是备受溺爱的目击者。他在一九〇〇年三月十二日剖腹产出生，比我晚十个半月，他比我成熟得早，外表也显得比我大。我们很少一起玩，我喜欢的东西他大都不感兴趣——玩具火车、玩具手枪、红印第安人、红纹丽蛱蝶。六七岁的时候，在女士的宽容下，他发展起了对拿破仑的强烈崇拜，拿着他的青铜小胸像上床。小的时候我喜欢吵嚷、爱冒险，有点横行霸道。他安静而无精打采，比我和导师在一起的时间要多得多。十岁时他开始对音乐感兴趣，此后他上了无数的音乐课，和父亲一起去音乐会，在楼上一架近在可以听得清清楚楚的地方的钢琴上一连许多个小时弹歌剧的片断。我会悄悄走到他背后捅他的肋骨——一段痛苦的记忆。

我们上的是不同的学校；他进了父亲以前念过的高中，穿正规的黑色校服，在十五岁时他添加了一点不合法的修饰：鼠灰色的鞋罩。大约那个时期，我在他书桌上发现并读了他的一页日记，出于愚蠢的惊讶我给家庭教师看了，他立即把它给父亲看了，这页日记意外地在回顾时澄清了他的某些古怪行为。

我俩都喜欢的唯一的运动是网球。我们常常在一起打网球，特别是在英国，在肯辛顿的一个不规则的草地球场，或在剑桥的一个很好的黏土球场上打。他是个左撇子。他口吃得厉害，妨碍了对有争议的得分的讨论。尽管他发球不好，缺少真正的反手击球，要战胜他却并不容易，他是那种从不会两次发球失误，而且像一堵练球的墙一样总是把每一个球都回过来的球手。在剑桥，我们比在以前任何地方见面都要多，并且破例地有了几个共同的朋友。我们以共同的学科、同为优等生毕业，毕业后他搬到巴黎去了，在后来的几年里在那里教英语和俄语，正如我在柏林所做的一样。

我们于一九三〇年代在巴黎重逢，从一九三八到一九四〇年保持了亲切友好的关系。他常常到我和你以及我们的孩子在布瓦洛街租住的两间破旧的房间里来聊天，但是碰巧（他离开了一段时间）他在我们离开巴黎去美国以后才得知我们已经离去。我最凄凉的回忆是和巴黎联系在一起的，离开这个地方我感到莫大的宽慰，但是他不得不向一个冷漠的看门人结结巴巴地表示他的惊诧，这使我感到难过。我对战争时期他的生活很不了解。有一段时间他受雇于柏林的一个机关做翻译。作为一个坦率而无畏的人，他在同事面前批评那个政权，他们控告了他。他被捕了，被指控是个"英国间谍"，送到汉堡的集中营，并于一九四五年一月十日因营养不良死在了那里。他的人生是那些无望地要求得到迟来的什么东西的人生中的一个——同情，理解，不管是什么——仅仅承认这样一种需求是不能代替这些东西，也是无法加以弥补的。

妻子在我不知道的情况下，拍下了我在旅馆房间里写小说的这张照片。这是东比利牛斯勒布卢的一家叫Établissement Thermal 的旅馆。时间（从照片上的日历可以看到）是一九二九年二月二十七日。正在写的小说是《防守》，讲的是一个精神错乱的象棋手发明的防守方式。请注意桌布的十分贴切的图案。在墨水瓶和过满的烟灰缸之间可以看出有一包半空的高卢人（Gauloises）牌香烟。放着家人相片的相框靠放在达里的四卷本俄语词典前。我那结实的深褐色笔杆已经给啃得很厉害了（这是小椴木做的一件心爱的工具，我在欧洲从事文学劳作的二十年间一直使用着，可能会在存放在纽约州伊萨卡城迪安家中的大箱子里的一个匣子里被再度发现）。我写字的手部分挡住了一摞昆虫标本板。在阴沉的夜里，春蛾会从开着的窗子里飘进来，落在我左侧的灯光照亮的墙上。我们就这样完好地收集了几种稀有的蛾子，并立即将它们陈列起来（它们现在在一家美国博物馆里）。很少有一张无意之中照出来的相片如此精确而简明地反映了生活。

记得多年前在圣彼得堡，我曾感到一位有轨电车售票员的诗集非常有趣，特别是他的相片，穿着制服，结实的靴子，身旁地板上放着一双新橡胶套鞋，照相师的落地柜上放着他父亲的军功章，诗作者就立正站在这落地柜的近旁。聪明的售票员，有远见的照相师！

妻子拍的我们三岁的儿子德米特里（一九三四年五月十日生）和我一起站在我们在莱赫斯皮里兹的门通城寄宿的房子前的照片，时间是一九三七年十二月初。二十二年后我们又去拜访了那个地方。除了管理人员和廊子上的家具之外，没有任何别的变化。当然，总有追忆已逝岁月时自然而然的激动；不过，除此之外，我并没有从重访那些当年出于偶然去到的国家里流亡者常去的地方中获得什么特别兴奋的感觉。我记得，冬天蚊子十分可怕。我刚把房间里的灯灭了，蚊子就来了，那不祥的哀鸣声的不慌不忙的、悲哀的、谨慎的节奏和这恶魔般的昆虫实际上疯狂的旋转速度形成了如此奇怪的对比。你等待着黑暗中的碰触，从被子下面小心翼翼地伸出一条胳膊——使劲猛拍自己的耳朵，耳朵突然的轰鸣和越飞越远的蚊子的嗡嗡声汇合了起来。但是，第二天早晨，发现吃饱了的折磨自己的蚊子在某处的时候——在天花板的白色间一个深黑的小条纹——我是多么急切地伸手去拿捕捉蝴蝶的网子啊！

三

　　我在剑桥的第一个学期开始得不很吉利。在十月份一个阴暗潮湿的下午临近傍晚的时分,怀着满足某种不可思议的戏剧感的愿望,在第一次正式去见我学院的导师 E·哈里森时,我穿戴上了新得到的深蓝色学位袍和黑色的四方帽子。我走上一段楼梯,敲响了一扇半开着的厚重的门。"进来,"远处的一个声音沉闷而生硬地说道。我穿过一间算是等候室的房间,走进了导师的书房。棕色的黄昏已经抢先而至。书房里光线很暗,只有一个大壁炉里的火光,壁炉旁一个朦胧的身影坐在一把更为朦胧的椅子里。我一边往前走一边说:"我的名字是——"一脚踩翻了放在哈里森先生低矮的柳条扶手椅旁的小地毯上的茶具。他咕哝着从椅子上侧身弯腰把茶壶扶正,然后把打翻的又黑又湿的茶叶捧起放回到茶壶里。就这样,我一生中的大学阶段在难堪的气氛中开始,而且在我三年住校期间它还不断相当顽固地一再出现。

　　哈里森先生认为让两个"白俄"合住是个好主意,因此,起初我在三一巷和一位感到困惑的同胞合住一套公寓房间。几个月后,他离开了学院,我成了那些校外寄宿舍的唯一住宿者。比起我遥远的、此时已经不再存在的家,它们似乎脏得令人难以忍受。我清楚地记得壁炉台上的点缀物(一只玻璃烟灰缸，上面有三一学院的饰章，是过去某个住宿者留下的；一个海贝壳，我在里面找到了囚禁其中的自己的一个海滨夏季的嗡嗡回声），以及女房东的旧机械钢琴，一件可怜的发明，满是断裂了的、压挤了的、交缠起来的乐曲，你试听上一次就再也不会去听了。狭窄的三一巷是条肃穆而且相当凄凉的小街，几乎没有什么车辆行人，但是有着始于十六世纪的悠久而可怖的历史，那时叫芬德西尔弗巷，虽然实际上由于当时它的街沟极端糟糕，人们通常用一个粗俗的名字称呼它。寒冷使我受了不少罪，但是有些人称剑桥宿舍里的极地温度使得脸盆架上水罐里的水结成坚冰，这话并不确实。事实上，只不过在表面上有薄薄的一层冰而已，很容易用牙刷把它敲成叮当作响的碎片，回想起来，这声音对我美国化了的耳朵甚至有着某种节日喜庆的感染力。除此之外，起床就没有任何乐趣了。我骨头里至今仍然感觉到早晨沿三一巷走到浴室时那刺骨的寒冷，你拖着步子，喷出一股股苍白的水汽，睡衣外面穿着一件薄薄的晨衣，胳膊下面夹一个塞得满满的盥洗用品防水袋。世界上没有任何东西能够诱使我贴身穿上使英国人秘密地保持温暖的"羊毛内衣"。穿大衣被认为是女人气。一般的剑桥本科生，无论是运动员还是左派诗人，通常的穿着都有坚固结实和颜色暗淡的特点：鞋子是厚厚的橡胶底的，法兰绒裤子是深灰色的，叫做"jumper"的、穿在诺福克式外衣里面的对开襟针织厚运动衫是保守的棕色的。我想可能被称做同性恋的一帮人穿的是旧的浅口无带皮鞋，极浅的灰色法兰绒裤子，亮黄色的"jumper"

和一套上好的套服的上装。那时，我年轻时对衣着的专注已经开始减弱了，但是，在俄国的正规风气之后，穿着浅口便鞋四处走动，可以免用吊袜带，衣领缝在衬衫上，似乎是件挺好玩的事情——在那些日子，这是大胆的创新。

我懒散地加入的这种微带化装舞会式的活动给我留下的印象太微不足道了，如果按这样的格调写下去会是很乏味的。我在英国的大学生活的故事其实是我努力成为一个俄罗斯作家的故事。我感觉到，剑桥以及它所有著名的特征——古老珍贵的榆树，装饰着纹章的窗子，不停报时的钟塔上的时钟——本身没有什么重要性，它们的存在只是我浓重的思乡之情的背景和证明。感情上我是处于这样的状态，一个刚刚失去了喜爱的女亲属的人，意识到——太晚了——由于被惯例所麻木的人的心灵上的懒惰，他既没有费心去尽可能对她做应有的了解，也没有向她完全表露自己当时还没有十分意识到而如今积压在心中的爱情的痕迹。当我双眼刺痛地坐在剑桥卧室的炉火旁沉思时，余烬、孤独和远处的钟声所具有的一切陈腐却有力的影响紧压着我，扭曲了我脸上的皱褶，正如一个飞行员的脸因其难以相信的飞行速度而变形了一样。我想到了在自己国家中错过的一切，想到如果我曾猜想到我的生活会这样剧烈地转变方向的话，我决不会不去留意和珍视的那些东西。

对于我在剑桥遇到的一些流亡同胞中的几个，我总的感情倾向是非常明显和熟悉的，如果写出来会很平淡，并且几乎会显得是不得体的。和白俄中更为保守的人在一起，我很快发现爱国主义和政治归结起来只剩下了充满咆哮的怨恨，矛头更多的是指向克兰斯基，完全是从物质的困苦和损失出发的。后来我和我的一些英国熟人之间发生了几次相当意想不到的争执，他们被认为是有知识的、思想缜密的、富于同情心的人，但是尽管他们高雅有礼，在谈论到俄国时就会陷入最令人吃惊的幼稚无聊的蠢话之中。在此我要特别举出一个我认识的年轻的社会主义者，一个瘦长的巨人，他的手慢吞吞地不断鼓捣着烟斗，当你和他有分歧的时候，这让你非常恼火，而当你同意他的时候又使你感到愉快平静。我和他有过许多政治方面的争论，但是当我们转向我们俩都喜欢的诗人时，激烈争吵时的不快就肯定会烟消云散。今天，他在同辈中有一定的声誉，我很乐意承认这是个相当缺乏意义的短语，不过，我是在尽我所能地掩盖他的身份；让我用"内斯比特"这个名字称呼他吧，这是我给他起的绰号（或者现在确认给他起过绰号），不仅是因为据称他和马克西姆·高尔基早年的相片相像，高尔基是那个时代的一个平庸的地区性作家，他早期的一个故事（《我的同路人》——又一个恰当的说明）被某个叫 R·内斯比特·贝恩的人翻译过，而且还因为"内斯比特"具有能为"易卜生"提供给予感官之乐的倒读联想[1]的有利条件，而后者正是我将要立即召唤出来的一个名字。

正如一些人所主张的那样，二十年代英美自由主义舆论对

1　内斯比特英语拼法为"Nesbit"，易卜生为"Ibsen"，倒过来拼就是"nesbi"。

列宁主义的同情是受本国政治所左右的，这种看法可能是对的。但是同时也是由于简单的消息上的错误。我的朋友对俄国的过去知之甚少，而仅有的一点了解还是通过被污染了的渠道得到的。当要求他对野蛮的恐怖行为——酷刑室、沾满血迹的墙壁——进行辩护的时候，内斯比特会在火炉围栏的球形把上敲出烟斗里的烟灰，把穿着大而厚重的鞋子、右腿叠在左腿上的两条腿换成左腿在上，嘟囔着说些"协约国的封锁"之类的话。他把各种类型的俄国流亡者，从农民社会主义者到白军将领统统归为"沙皇分子"——很像今天的苏维埃作家挥舞"法西斯分子"这个术语一样。他从来也没有意识到，如果他和其他的外国理想主义者是生活在俄国的俄国人，他和他们就会被政府消灭的，就和兔子被白鼬及农夫消灭掉一样自然。他坚称，比起最黑暗的沙皇时代，在布尔什维克统治下，他严肃地称她是"更少舆论的多样性"的原因是"俄国没有任何自由言论的传统"，这种说法，我相信，他是从那些年代中能言善辩的英美列宁主义者所写的诸如《俄国的黎明》之类的东西里得来的。不过，也许最让我恼火的事情是内斯比特对列宁本人的态度。所有有知识的、有识别力的俄国人都知道，这位狡黠的政治家在美学问题方面的审美力及兴趣大约相当于一个福楼拜的épicier[1]式的普通的俄国中产阶级（借柴可夫斯基低劣的歌剧剧本来欣赏普希金、听意大利歌剧时掉眼泪、被任何有故事性

1　法语，市侩。

的绘画迷住的那种类型的人）；但是内斯比特和他那帮趣味高雅的朋友却在他身上看到了一个最新艺术潮流的敏感的、具有诗人意识的庇护者和倡导者，当我试图解释说，先进的政治和先进的艺术之间的联系完全是字面上的（被苏维埃宣传欣喜地加以利用），并且一个俄国人政治上愈是激进，在艺术上就愈是保守，他们就会傲慢地一笑。

　　我有一些这样的可供使用的事实真相，乐意拿出来说一说，但是，牢牢地固守在无知之中的内斯比特认为那只是想象出来的。俄国的历史（例如，我可能说）可以从两个观点来看（两者不知为何都使内斯比特同样感到恼怒）：第一，作为警察的发展史（一个奇怪地客观和独立的力量，有时在一种真空中工作，有时十分无力，而有时在残酷迫害方面又超过了政府）；第二，作为一种非凡的文化的发展史。在沙皇统治下（我可能会继续说下去），尽管他们统治的特点是本质上的无能和残忍，但一个热爱自由的俄国人有着多得无法比拟的表示自己意见的方式，而且在这样做的时候冒的风险又是少得无法比拟的。从一八六〇年代改革以来，俄国拥有了（尽管并不总是得到遵守）任何西方民主都可以引为骄傲的法制，有能够克制暴君的有力的公众舆论，被广为阅读的形形色色的反映自由主义政治观点的期刊，而且更为突出的是，独立无畏的法官（"哦，得了……"内斯比特会打断说）。当革命者真的被捕并被流放到托木斯克或鄂木斯克（今为鲍姆斯克），比起集中营来，可说是一个宁静的假期。政治流放者轻松得可笑地从西伯利亚逃出来，托洛茨基著名的逃亡就是证明——圣列奥，"圣诞老人"[1]托洛茨基——欢快地乘坐驯鹿拉的圣诞雪橇归来了：前进，火箭，前进，笨蛋，前进，屠夫和闪电！

很快我就意识到，如果我的观点，在国外的俄国民主分子中并不少见的观点，遭到在原地的英国民主分子以痛苦的惊奇或礼貌的嗤笑的对待的话，另一群人，英国的极端保守分子则急切地站在我的一边，但是他们这样做是出自毫不掩饰的反动的动机，这种可鄙的支持只能使我难堪。确实，使我自豪的是，即使在那时，我就已经看出了在今天十分明显的一些征兆。今天，已经逐渐形成了某种同类的圈子，把来自所有国家的代表连接在一起，有在丛林空地上的兴高采烈的对外扩张者，法国警察，不宜提起的德国产品，按时去教堂做礼拜的俄国老好人或波兰的大屠杀参与者，瘦削的美国私刑分子，满嘴烂牙在酒吧或厕所里喷吐反少数族裔的故事的人，以及，在这个次人类圈子的另一点上，那些穿着约翰·赫尔德[2]式的华丽的裤子和高肩外衣的冷酷的、面孔苍白迟钝的机器般的人，那些赫然耸现在我们所有的会议桌旁的椅子里的巨人，苏维埃政权在经过了二十多年的选择性繁育和适应之后，开始在一九四五年前后输出他们——我是否应该说它们？——在此期

1　此处作者用了和"圣诞老人"（Santa Claus）谐音的词"Santa Claws"，"claws"的意思是爪子。

2　John Held（1889—1958），美国连环漫画家，作品是一九二〇年代"爵士乐时代"的缩影。他创造了一些极有特色的人物，如身穿耸肩浣熊皮外衣、裤子后兜里插着酒瓶的男性。

间，国外男人的流行款式有了变化的时间，因此，以取之不尽的布料来做象征就只能引起残酷的嘲笑（正如在战后英国发生过的那样，那时，一个著名的苏联职业足球队恰巧穿着便服招摇而行）。

四

　　很快我不再关心政治，而把精力集中在文学上。我把《伊戈尔远征记》[1]（那十二世纪晚期或十八世纪晚期的无与伦比的神秘史诗）中朱红色的盾牌和蓝色的闪电、普希金和丘特切夫的诗歌、果戈理和托尔斯泰的散文作品，以及那些探索和描写了中亚荒原的伟大的俄国自然主义作家们的作品全都请到了我在剑桥的房间里。在市场的一个书摊上，我意外地碰上了一部俄语著作，一部二手的达里的四卷本《现用俄语解释词典》。我买了下来，并且决定每天至少读十页，匆匆记下可能会特别让我喜欢的字词，我坚持了很长一段时间。我惧怕由于异族的影响，自己会失去或者讹用我从俄国抢救出来的这唯一的东西——她的语言——这种惧怕变成了十足的病态，比二十年后我感到的、觉得永远不可能把自己的英语散文提高到哪怕稍稍接近于我的俄语水平的那种惧怕要令我苦恼不安得多。我常常一熬熬到大半夜，被几乎是堂吉诃德式的可笑的一大堆大部头书包围着，写一些精雅而又很是死气沉沉的俄语诗歌，不是出自某种活生生的强烈感情细胞的驱使，而是围绕着因其本

1　*The Song of Igor's Campaign*，基辅罗斯文学的一部杰作，叙述罗斯王公伊戈尔于一一八五年远征波洛夫人遭到失败的故事。作者不详，成书于一一八五至一一八七年。

身的缘故我想要使用的一个生动的词语或言语表象。如果那时我发现了今天如此清楚地看到的，像驯化了的老鼠一样在我的房间里四处奔忙、纠缠着我的各种同时代的（乔治时代）英国诗歌模式对我的俄语结构的直接影响，我会感到震惊。再想想我付出的劳动吧！突然，在十一月的一天的凌晨时分，我会感觉到那静寂和寒冷（我在剑桥度过的第二个冬天似乎是最冷也是最多产的）。我在其中看见了一场传说中的战斗的红色和蓝色的火焰已经暗淡下来，像在古老的枞树间的北极日落的哀伤的余晖。但我仍然无法迫使自己上床睡觉，害怕的与其说是失眠，不如说是那不可避免的双倍收缩，是因卧具的寒冷而起，也是因为那叫做下肢不宁性焦虑的奇怪的症状，这是一种痛苦的不安宁状态，肌肉的敏感度令人难以忍受地增加，导致四肢姿势的不断改变。因此我会加上更多的煤炭，在冒烟的黑黑的火炉口上放一张摊开的伦敦《泰晤士报》，把炉子无遮盖的凹处完全挡住，好帮助火焰重新燃烧起来。在绷紧的报纸后面会开始发出一种嗡嗡的声音，报纸则会带上鼓面的光滑和被照亮了的羊皮纸的美丽。不久，随着嗡嗡声变成了怒号，在报纸的中央就会出现一个橙色的圆点，不论是哪段文字恰巧在那个地方（例如，"国际联盟并不拥有一分钱或一杆枪"或"……复仇女神对协约国在东欧和中欧的举棋不定已经实行的报复……"），都会以不祥的清晰凸显出来——直到橙色的圆点突然炸裂。这时，燃烧着的报纸，带着解放了的凤凰般的呼呼声，会沿烟囱飞出，加入群星的行列。如果那只火鸟被人看到，就需为此付出十二先令的罚金。

那一帮文学爱好者，内斯比特和他的朋友们，在称赞我夜间劳动果实的同时，却不赞同我所从事的其他各种事情，如昆虫学、恶作剧、女孩子们，尤其是体育运动。我在剑桥从事的运动中，足球一直就像一片受到大风侵袭的空地，处于一段相当混乱的时期。我痴迷于守门。在俄国和拉丁国家中，这项勇武的艺术一直被包围在罕有的魅力的光环中。超然、孤独、冷漠，那出色的门将在街上总有一群着了迷的小男孩跟在身后。作为被兴奋激动地崇拜着的对象，他和斗牛士及王牌飞行员争夺第一位。他的运动衫，他的鸭舌帽，他的护膝，他的露出在短裤后兜外面的手套，使他在球队队员中显得十分突出。他是孤鹰，是神秘的人，最后的守卫者。摄影师们虔诚地一条腿跪下，在他壮观地扑出球门用指尖使一记闪电般低射出的球改变方向的刹那间按下快门，体育场一片欢呼，而片刻间，他直挺挺地在倒下的地方趴着，球门未被攻破。

但是在英国，至少是我年轻时代的英国，全国对自我表现的恐惧和对紧密的团队配合的过于严厉的关注，无益于门将的异乎寻常的技巧的发展。至少这是我对自己在剑桥的运动场上没有大获成功所找出的解释。哦，不错，我有过光辉的、令人振奋的日子——草皮的好闻的气味，大学校际足球赛中那位著名的前锋，闪动的脚尖盘带着那只黄褐色的新球离我越来越近了，然后是有力的射门，幸运的扑救，持久的震颤……但是还有别的、更为值得记忆的、更为隐秘的日子，在阴沉的天空下，球门区里是一片黑泥，足球滑得像葡萄干布丁，而我的头在一夜无眠地进行诗作之后受到神经痛的剧烈折磨。我会严重地漏球——然后从网内取回球来。总算幸运的是，比赛会转到湿漉漉的球场的另一端。一场软绵绵的、令人厌烦的细雨会开始落下，稍稍停顿，然后再继续。低沉的嘎嘎叫声中带着几乎是柔情的低语的落汤鸡般的乌鸦，会围着光秃秃的榆树鼓翅飞来飞去。雾气会积聚起来。这时，球赛会成为在远远的球门附近的许多脑袋的模糊的起伏，可能是圣约翰学院或基督学院的球门，或者不论哪个正在和我们比赛的球队的球门。远处模糊不清的声音，一声叫喊，一声哨音，一声砰的踢球，所有这一切都是绝对的无关紧要，和我无关。与其说我是足球球门的守卫者，不如说我是一桩秘密的守卫者。我两条胳膊在胸前一抱，身子向后靠在左边的门柱上，享受着闭起眼睛的难得乐趣，我会这样倾听自己心脏的跳动，感受隐约的细雨落在脸上和头发里，我听见远处断断续续的比赛声，想象自己是一个在英国足球队员的伪装下的传奇式的外来生命，用没有人能够懂得的语言创作关于一个遥远的国度的诗歌。难怪我不讨别的队员的喜欢。

　　我在剑桥的三年里一次也没有——重复一遍：一次也没有——去过大学图书馆，甚至都没有费心去确定它的位置（现在我知道它的新址了），或弄清楚是否存在着一个学院图书馆，可以把书借回宿舍去看。我逃课。我偷偷到伦敦或别的地方去。我同时和几个人有着恋爱关系。我和哈里森先生的面谈简直糟糕透了。我把二十来首鲁珀特·布鲁克[1]的诗歌、《爱丽丝漫游奇境记》和罗曼·罗兰[2]的《科拉·布勒尼翁》翻译成了俄语。从学习上讲，我要是上了地拉那的矿冶研究院，结果也不会有什么不同。

在比赛后喝茶时吃的茶点热松饼和烤面饼，或在暮色四合的街道上混合在自行车的铃声中的报童伦敦东区口音叫喊的"卖报，卖报！"声，这些当时对我来说比今天似乎更具有剑桥的特性。我不能不意识到，除了突出但多少是短暂的习俗之外，确实存在着比仪典或规律更为深刻的某种剑桥的积淀，许多严肃的校友都试图对此进行界定。我认为这个基本的特性就是，人不断意识到时间延伸的不受约束性。我不知道是否会有人到剑桥去寻找我的足球鞋上突出的防滑钉留在张着大口的球门前黑泥中的印记，或者跟着我方帽的影子穿过四方的院子到我导师的楼梯前；但是我知道，走过这些值得崇敬的墙旁的时候，我怀着比一个旅游者更多的兴奋激动想到弥尔顿，还有马维尔[3]，还有马洛[4]。你看到的任何东西，没有一样从时间的意义上讲是被隔断了的，一切都是进入其中的自然入口，因此你的头脑就逐渐习惯了在一个特别完美和充裕的环境中工作，而

1　Rupert Brooke（1887—1915），英国诗人。

2　Romain Rolland（1866—1944），法国作家，最著名的作品是《约翰·克里斯朵夫》。获一九一五年诺贝尔文学奖。

3　Andrew Marvell（1621—1678），英国诗人，被认为是最优秀的世俗玄学派诗人。

4　Christopher Marlowe（1564 受洗—1593），英国重要诗人和戏剧家，激发了伊丽莎白时代英国戏剧的迅速发展。

且，因为从空间的意义上说，狭窄的小巷、与外界隔绝的草坪、妨碍人通行的幽暗的拱道，对比之下，使得时间那柔软透明的质地备受头脑的欢迎，就好像，即使你对航海没有兴趣，从窗中看到的海景也会使你感到极大的精神上的振奋一样。我对那个地方的历史毫无兴趣，而且相当肯定剑桥对我的灵魂没有任何影响，尽管实际上是剑桥不仅为我特有的俄罗斯思想提供了意外的框架，而且还为之提供了真正的色彩和内在的韵律。环境，我猜想，确实会对生命产生作用，如果在那个生命体内已经有了某种易受影响的微粒或品质的话（我在童年时就吸收了的英语）。我是在即将离开剑桥、我在那里的最后也是最悲哀的一个春季时第一次模糊地意识到这一点的，那时我突然感到，我内心的什么东西和我当时的周围环境有着自然而然的接触，就和我与俄国的过去的接触一样，而这种和谐状态正是在我谨慎地重建我的人造的但出色地精确的俄罗斯世界终于完成的那一刻达到的。我想，我应该为之负责的极少的几件"讲求实际"的行为之一就是使用了那结晶了的材料的一部分，去获得了作为优等生毕业的学位。

五

我记得在剑河上的方头平底船和尖头小划子的梦一般的流动，唱机里夏威夷式的悲鸣缓慢地飘过阳光和阴影，一个姑娘斜倚在我梦幻般操纵着方向的方头船的垫子上，一只手轻轻地转动着孔雀蓝色的发亮的遮阳伞的伞柄。栗子树盛开着粉红色圆锥形的花簇；它们沿着河岸交叠着密密伸展，把天空从河里挤了出去，它们花簇和叶子的特殊形状产生了一种 en escalier[1]的效果，像某种豪华的绿色和浅暗红色挂毯的尖角形的图案。空气和克里米亚的一样温暖，带有某种和我一直无法清楚识别的开花灌木同样的轻柔的香气（后来我在美国南方各州的花园中闻到过些许同样的气味）。一座横跨这条小河的具有意大利风格的桥的三个拱，靠它们在水中的几乎完美的、几乎没有波纹的复制品的帮助，结合起来构成了三个美丽的椭圆。而河水则在桥拱内壁的石头上投下了一片网状的光影，人们的小船从桥拱下轻快地穿过。时而从开花的树上会有一片花瓣向下飘呀，飘呀，飘呀，怀着看到了无论是崇拜者还是偶然的旁观者都不该看到的景象的古怪感觉，你会看到一眼它那迅速升起——比花瓣飘落更为迅速——与之相会的倒影；并且，一瞬

1　法语，楼梯状。

间，你会害怕这一招不灵，那幸运的油不会被点燃，倒影会错过了花瓣，花瓣会独自漂走，但是每一次那精巧的相聚都会发生，有着一个诗人的词语迎合自己的、或读者的回忆时那神奇的精确。

在离开将近十七年之后重访英国时，我犯了一个可怕的错误，不是在复活节那个学期光辉的末尾去剑桥，而是在一个只能使我回想起自己混乱的旧乡愁的阴冷的二月天。我正在无望地力图在英国找一个在大学里教书的工作（我在美国如此容易地得到这类工作，回想起来，是使我持久不断的感激和惊喜的根源）。这次访问无论从哪个方面看都不成功。我和内斯比特一起在一个小地方吃午餐，这里本应是充满了回忆的地方，但是却由于各种变化而并非如此。他戒了烟。岁月使他的容貌变得柔和了，他不再像高尔基或者高尔基的翻译者，而有点像去掉了猿猴般浓密的胡子的易卜生。一件意外担心的事情（帮他管家的表姐妹还是一个没结婚的姐妹刚被送到了比奈诊所之类的事）似乎使他不能集中在我想和他谈的非常个人和急迫的事情上。《笨拙》周刊的合订本堆放在类似一间小前厅里的桌子上，那里原来放着一缸金鱼———切看上去是这样的不同。不同的还有女侍者穿的俗艳的制服，她们哪个也没有我如此清楚地记得的那个具体的姑娘漂亮。仿佛在和厌倦做斗争，眼前的这个易卜生不顾一切地大谈开了政治。我预料到他会说些什么。在二十年代初内斯比特错把自己奔放的理想主义当成了恐怖统治中浪漫而人道的东西。涉及了他青年时代的英雄的大清

洗的晴天霹雳给了他一个有益的震惊。他怀着恐惧说出叶若夫
和雅戈达的名字——但是却忘记了他们的前辈乌里茨基和捷尔
任斯基。时间使他对当前苏维埃事务的判断有了提高，但他却
没有费心去重新思考青年时期的先入为主的观念，仍然在短暂
统治中看到一种令人向往的尼禄[1]式的五年。

　　他看了看他的手表，我看了看我的手表，我们分手了，我
在雨中在城里闲逛，然后去了大学在剑河沿岸的校园，盯着看
了一会儿光秃秃的榆树交织成的黑网间的乌鸦，和沾满雾珠的
草地上初开的番红花。当我在那些被咏唱的树下漫步时，我试
图使自己带着迷醉的怀旧心情对待我的大学岁月，和我在那些
年代里对自己的童年所体会到的一样，但是我所能唤起的只是
片断的小画面：M·K，一个俄国人，因消化不良而咒骂着在
学院大厅里吃的一顿饭的后果；N·R，另一个俄国人，像个
小孩子一样地嬉闹；P·M拿着一本刚从巴黎偷带过来的《尤
利西斯》闯进我的房间；J·C悄悄地进来告诉我他也刚刚失
去了父亲；R·C令人愉快地邀请我和他一起去瑞士的阿尔卑
斯山游玩；那个叫某某克里斯托弗的，得知他的搭档是个印度
人后设法推脱掉了一场计划好的网球双打；一位年老体弱的侍
者T在餐厅里把汤洒在了A·E·豪斯曼[2]教授的身上，后者随
即像个冲出恍惚状态的人突然站了起来；S·S和剑桥根本没

1　Nero（37—68），五十四至六十八年为罗马皇帝，即位初期的五年施行
仁政，后转向残暴统治。

2　A. E. Housman（1859—1936），英国学者和著名诗人，下文《什罗普郡
一少年》即他的诗集。

有任何关系，但是，因为在一次文学聚会上（在柏林）打盹，被一个邻座捅了捅，也突然站了起来——在某人朗诵一个故事正读到一半的时候；刘易斯·卡罗尔[1]的睡鼠出人意料地开始讲故事；E·哈里森出人意料地送给我《什罗普郡一少年》，一本关于年轻男子和死亡的小小的诗集。

索然寡味的一天逐渐缩减成了灰暗的西天的一抹浅黄色，这时，在一时冲动之下，我决定去拜访我的老导师。我像个梦游者那样走上了熟悉的楼梯，机械地敲了标有他的名字的半开着的门。他用少了些许突兀、多了一点沉闷的声音叫我进去。"我不知道你是不是记得我……"我穿过昏暗的房间向他坐着的靠近舒适的火炉的地方走去时开口说道。"让我看看，"他说着在矮椅子里慢慢转过身来，"我好像不太……"一声沉闷的踩踏的嘎吱声，一阵命中注定的清脆的碎裂声：我一脚踩在了放在他的柳条椅腿旁的茶具。"啊，对了，当然啦，"他说，"我知道你是谁了。"

1　Lewis Carroll（1832—1898），英国数学家，逻辑学家。原名道奇森，他以卡罗尔为笔名所写的两部童话《爱丽丝漫游奇境记》和《镜中世界》备受儿童及成年人的欢迎。"睡鼠"是故事中的"人物"。

图为小蝴蝶，上方为淡蓝色，下方为淡灰色，其两个模式种（左图为雄性正模标本，正反面，一后翅稍损；右图为雄性副模标本，正反面），保存于美国自然历史博物馆，现第一次由该馆根据照片绘制成图，命名为 Plebejus (Lysandra) cormion Nabokov。名字的第一个词是属名，第二个词是亚属名，第三个词是种名，第四个词是第一次做出分类学说明的人的名字，我的这一分类学说明发表于一九四一年九月（《纽约昆虫学会期刊》第四十九卷，二六五页），后又绘制了副模的生殖器（一九四五年十月二十六日，《娥》，第五十二卷，插图一）。很可能，正如我所指出的，我的蝴蝶源自 Plebejus (Lysandra) coridon Poda（广义而言）和 Plebejus (Meleageria) daphnis Schiffermüller 之间的杂交。活的生物对于物种或亚属的差异不如生物分类学家那么敏感。我挑选了两只带花纹的雄性蝴蝶，并又见到至少两只（但没有雄性），一只在一九三八年七月二十日（副模），另一只在七月二十二日（正模），是在滨海阿尔卑斯省默利奈村子附近海拔四千英尺的地方。也许它的地位尚未高到足以给它起名，但是无论它是什么——正在形成的一个新种，一个显著的变种，一个偶然的杂交——它依旧是一个重要而令人兴奋的珍奇品种。

第十四章

一

　　螺旋在实质意义上是一个圆。在螺旋的形式下，那个圆伸
开、松展后就不再有恶性循环；它被解放了。这是我还是个小
学生的时候想出来的，我还发现，黑格尔的哲学三段论法（在
旧俄国非常流行）表述的只是一切事物在和时间的关系上其本
质上的螺旋性。旋转跟着旋转，每一个合题都是下一个系列的
命题。如果我们考虑一下最简单的螺旋，可以从中区分出三个
阶段，和三段论法相对应：我们可以把从中心开始盘旋结构的
那小的曲线或弧称做"命题"；把在继续第一个弧的过程中形
成的处在第一个弧相对位置的较大的弧称做"反题"；把沿着
第一个弧的外沿继续着第二个弧的更大的弧称做"合题"。依
此类推。

　　一个小玻璃球里的彩色螺旋，我就是这么看待自己的一
生的。我在俄罗斯祖国度过的二十年（一八九九——一九一九）
就是那命题弧。在英国、德国和法国二十一年的自愿流亡
（一九一九——一九四〇）提供了明显的反题。在我的移居国度
过的时期（一九四〇——一九六〇）构成了合题——以及新的命
题。目前我关心的是我的反题阶段，特别是于一九二二年从剑
桥毕业后在欧洲大陆的生活。

　　当我回顾那些流亡的岁月时，我看到自己，以及成千上万

个其他俄国人，过着一种奇怪但完全不能说是不愉快的生活，处于物质的贫困和思想的奢华之中，在小人物、幽灵般的德国人和法国人之间，我们，流亡者们，碰巧居住在他们多少有点梦幻似的城市里。这些原住民在我们心里和用玻璃纸剪出来的人形一样单调透明，我们虽然使用他们精巧的装置，给他们爱开玩笑的人鼓掌，采摘他们路旁的李子和苹果，但是我们和他们之间不存在真正的、像在我们自己人中如此广泛存在的那种极富人情味的交流。有的时候似乎是我们无视他们，就像一个傲慢或极端愚蠢的侵略者无视一群杂乱的、无法辨认的当地人一样；但是偶尔，其实还是相当经常地，那个我们通过它平静地展示我们的伤心事和我们的艺术的幽灵般的世界会产生一种可怕的动乱，使我们明白谁是无形的囚徒，而谁又是真正的主人。我们肉体上对这个或那个冷漠地给予我们政治避难的国家的绝对依赖，在必须获得或延长某个毫无价值的“签证”或极其恼人的“身份证”的时候，变得令人痛苦地明显，因为那时，一个劲头十足的官僚主义地狱就会力图包围住这个申请人，他会枯萎下去，而他的档案则在长着老鼠胡须的领事和警察的办公桌里变得越来越厚。有人说，证件，是俄国人的胎盘。国际联盟给失去了俄国公民身份的流亡者配备了所谓的“南森”[1]护照，一个非常低等的、有令人不快的微绿色的证件。

1　Fridtjof Nansen（1861—1930），国际联盟难民救济高级官员，因领导遣返战俘、国际赈济难民等工作，获一九二二年诺贝尔和平奖。“南森护照”是第一次世界大战后经南森要求由国际联盟发给无国籍难民的旅行护照。

它的持有者比假释的罪犯好不了多少，每一次想从一个国家到另一个国家去都不得不经受最可怕的折磨，国家越小，他们越是小题大做。当局的内分泌腺的深处分泌出了这样的想法，即无论一个国家——比方说，苏维埃俄国——可能有多坏，任何从那里逃亡出来的人本质上都是可鄙的，因为他生存在一个国家的管理之外；因此他受到了一种和某些宗教团体看待非婚生子时同样荒唐的非难对待。并不是我们所有的人都同意成为杂种和幽灵的。一些俄国流亡者对他们如何侮辱或愚弄了各个部、Préfectures[1] 和 Polizeipraesidiums[2] 里的高级官员们的珍贵回忆是甜蜜的。

在柏林和巴黎这两个流亡之都，俄国人形成了密集的聚居区，他们文化上的协同因素大大超过了他们坐落其中的、必然更为冲淡了的外国人社区中的文化平均值。他们在这些聚居区中不多与人交往。当然，我所想到的是俄国的知识分子，多数属于民主团体，而不是每当提起"白俄"时美国俱乐部女会员立刻就会想到的那些"你知道，他们是沙皇的顾问啦什么的"、华而不实的一类人。在那些社区里，生活是如此充实和紧张，以致这些俄国的"intelligenti"（这个字比在美国使用的"intellectuals"[3] 一词更具社会理想性而较少自以为趣味高雅的含义）既没有时间也没有理由到他们自己的圈子之外去寻求

---

1 法语，警察局。

2 德语，警察局。

3 英语，知识分子。

联系。今天，在一个新的、挚爱的世界里，我就和不再禁止自己玩扑克牌接七那样，轻松地学会了感到无拘无束，我偶然向一些好交往的或见多识广的人提到这些过去的事情，他们认为我是在开玩笑，或者当我坚持说，我在欧洲度过的几乎五分之一个世纪的过程中，在我认识的少数的德国人和法国人中（大多是女房东和文学人士），总共只有不超过两个好朋友的时候，他们便反过来指责我势利。

　　不知怎的，我在德国的与世隔绝的岁月里，从来没有碰到过屠格涅夫小说中的那些往昔的文雅的音乐家，在夏夜演奏他们的狂想曲直到夜深；也没有碰到过那些把猎物别在帽子顶上的快乐的老猎人，理性时代[1]曾如此取笑过他们：拉布吕耶尔[2]的为一条受寄生感染的毛毛虫掉眼泪的绅士，盖依[3]的"严肃胜于睿智的哲学家们"，竟然"从蝴蝶中找到了科学"，还有，不那么具有侮辱性的是蒲柏[4]的"好奇的德国人"，他们"如此珍视"那些"美丽的昆虫"；或者就是那些所谓的健全友好的老百姓，在上一次战争中来自中西部的思乡的士兵们对他们的喜爱大大超过了狡黠的法国农民和节奏轻快的《马德龙之二》[5]。相反，当我在记忆中清理自己两次世界大战之间极少量的非俄

1　Age of Reason，尤指十八世纪欧洲进步思想家推崇理性的时代。

2　Jean de La Bruyère（1645—1696），法国写讽刺作品的道德学家。以法国文学杰作之一《品格论》一书著称于世。

3　John Gay（1685—1732），英国诗人兼剧作家，以《乞丐的歌剧》闻名。

4　Alexander Pope（1688—1744），英国十八世纪前期最重要的讽刺诗人。

5　*Madelon* Ⅱ，第一次世界大战法国士兵中流传的歌曲《马德龙》的俗语版。

国人和非犹太人的朋友时，我发现的最为生动的形象是一个年轻的德国大学生，很有教养，娴静，戴副眼镜，他喜爱的话题是死刑。我们第二次见面的时候，他给我看了一批相片，其中有一套买来的相片（"Ein bischen retouchiert"[1]，他皱了皱长着雀斑的鼻子说），上面展示了执行例行的死刑时的一连串的过程；他非常内行地评论那把杀人的刀之壮观，以及刽子手和罹难者之间完美的合作精神，这合作精神的高潮是从拍摄得非常清楚的被砍掉了头的脖子里喷射出来的雾灰色的名副其实的鲜血的喷柱。这位年轻的收藏人相当富有，所以能够有钱旅行，而他也确实在所读的人文学的博士课程的间隔中旅行。但是他抱怨说老是运气不好，并补充说如果他不能很快看见真正的好东西，很可能会承受不了这份紧张。他出席了巴尔干的几次还算过得去的绞刑，以及巴黎阿拉戈大道上的一次广为宣传的、虽说相当乏味的机械式"guillotinade"[2]（他喜欢使用他认为是口语体的法语）；但是不知怎的，他从来没有接近到能够仔细观察一切，而那极其昂贵的藏在雨衣袖子里的微型照相机没有像他希望的那样有效。虽然患着严重的感冒，他还是旅行到使用斧子进行暴力砍头的雷根斯堡；他对那个景象抱着巨大的希望，但使他深为失望的是，死刑犯显然已经被麻醉了，几乎没有任何反应，仅仅在戴着面罩的刽子手和他笨手笨脚的助手扑向他时在地上无力地扑腾了几下。迪特里希（我这位

1　德语，有一点修饰。

2　法语，断头处决。

熟人的名字）希望有朝一日能够到美国去亲眼见证几次电刑
（electrocutions）；他无知地从这个字得出了派生形容词"cute"[1]，
这是从他的一个去过美国的亲戚那里学来的。迪特里希渴望而
担心地微皱起眉头，想要知道在施行电刑的时候，是否真的
会从受刑者身体的自然洞孔里喷出阵阵令人兴奋的青烟。在我
们第三次也是最后一次见面的时候（还有一些关于他的零碎情
况，我想要存档以备必要时使用），他悲哀多于愤怒地对我说，
有一次他花了整整一个夜晚耐心地观看他的一个决定用枪自杀
的好朋友，此人同意面对着他这位有此癖好的人，在光线良好
的地方向自己口腔内的上颌开枪，但是因为缺乏抱负和荣誉
感，他喝得烂醉如泥。虽然我很久以前就和迪特里希失去了联
系，却仍能想象出当他新近（也许就在我写这件事的时刻）把
从来没有想到过会这么丰富的宝贝——他在希特勒统治时期拍
摄的绝对 wunderbar[2] 的照片——拿出来给他的拍着大腿、粗野
地狂笑着的老战友们看的时候，他冷冰冰的蓝眼睛里那平静满
足的神情。

1　英语，娇小可爱、聪敏，源自另一个词"acute"。
2　德语，精彩。

二

　　我在自己用俄语写的小说、特别是其中最好的一部 *Dar*
（最近以英语出版，书名《天赋》）中已经充分地说到了流亡生
活的忧伤和辉煌；但是在这里很快地扼要重述一下可能会提供
一些便利。除了极少的几个例外，一切思想自由的具有创造力
的人——诗人、小说家、评论家、历史学家、哲学家等等——
都离开了俄国。那些没有离开的人不是在那里凋零了，就是服
从国家的政治要求而玷污了自己的才能。沙皇们从来没有能够
做到的，即按照政府的意志对思想进行彻底的控制，这个国家
在知识分子的主要队伍逃往国外或被消灭之后立刻就做到了。
幸运的移居国外的这群人现在能够这样安然无恙地从事自己的
事业，以至于，事实上他们有时自问，他们这种享受着绝对的
思想自由的感觉，会不会是因为他们在一个绝对的真空中工作
的缘故。的确，在流亡者中有着足够的好的读者，有理由使俄
语的书籍杂志得以在柏林、巴黎及其他城市以相对较大的规模
出版；但是既然这些作品都不能在苏联境内发行销售，整个事
情就具有了某种脆弱的不真实的气氛。书种的数量比任何一个
作品销售的数量要大，出版公司的名字——猎户座、宇宙、理
性等等——有着出版占星学或性生活常识的作品的公司所具有
的狂热的、不牢靠的，而且有点不合法的外表。然而平静地回

顾起来，单从艺术和学术标准来衡量，流亡作家在真空中创作的作品在今天看来，无论具体的书有着什么缺点，似乎要比在同样的年代中出现的、由一个父亲般的国家提供墨水、烟斗和套头衫的年轻的苏维埃作家们所写的那些毫无独创性的、少有的褊狭和陈腐的政治意识流的作品都更持久、更适合人类的消费。

《舵》日报的编辑（也是我最早的一些作品的出版者）约瑟夫·弗拉基米洛维奇·黑森极其宽容地允许我用自己不成熟的诗作填补他的诗歌栏。柏林的忧伤的黄昏，街角开花的栗子树，轻浮，贫困，爱情，微带橘黄色的商店中过早点亮的灯光，以及对仍然新鲜的浓烈的俄罗斯气味的肉体上的痛苦渴望——所有这一切都放进韵律之中，抄写出来，送到了编辑的办公室，在那儿，眼睛近视的黑森会拿着这首新的诗作贴到脸前，在这个短暂的、多少是触觉的认知行为后把它放在办公桌上。到一九二八年的时候，我的小说的德文译本开始带来一些收入，在一九二九年的春天，你和我到比利牛斯山去捕蝶。但是只是在一九三〇年代末我们才永远地离开了柏林，尽管早在那之前，我经常到巴黎去为公众朗诵我的作品。

和流亡生活的流动性和戏剧性相一致的、具有相当特点的一面，是那些在私人家中或租用的大厅里进行的文学朗诵会的反常的频繁。各种类型的表演者非常清晰地在我脑子里进行着的木偶戏中呈现出来。有那个眼睛像宝石的人老珠黄的女演员，她把一团紧捏着的手绢在火热的嘴上压了片刻后，开始将某段著名的诗篇置于她缓慢清澈的声音的半剖析半爱抚的作用之下，以唤起对莫斯科艺术剧院的怀旧的共鸣。有那个无可救药的二流作家，他的声音艰难地在韵律散文的迷雾中跋涉，他把读完的每一页塞在还没有读的纸页下面，这样他的手稿在整个朗诵期间都保持着可怕而又可怜的厚度，他在这样做的时候，你都能够看见他可怜的、笨拙的，但是小心翼翼的手指的紧张的颤抖。有那个年轻诗人，他的嫉妒的兄弟们不禁在他身上看到令人不安的一丝天才的影子，和臭鼬的条纹一样引人注目；他挺直地站在台上，脸色苍白，目光呆滞，手里没有任何东西能够将他维系在这个世界上，他会把头一仰，用令人很不愉快的起伏的声音吟诵他的诗歌，在结尾处突然停下，砰地关上了最后一行诗的大门，等待着掌声填满那一片静寂。有那个上年纪的亲爱的老师，将他读了无数遍的绝妙故事的一个又一个精彩部分娓娓道来，而且总是以同样的态度，一脸挑剔厌恶的表情，和他的文集的扉页上那张相片中他高贵的布满皱纹的脸上的表情一样。

　　我觉得，一个超脱的观察者要取笑这些几乎无法触摸到的人是一件很容易的事情。他们在外国的城市里模仿一个死亡了的文明，模仿一九〇〇至一九一六年（即使在那时，在二十年代和三十年代，它们听起来就像是公元前一九一六至公元前一九〇〇年）之间的圣彼得堡和莫斯科那遥远的、几乎是传奇式的、几乎是苏美尔[1]式的幻景。但是，至少他们和

1　Sumer，已知最早文明的发祥地，位于底格里斯河与幼发拉底河之间、美索不达米亚的最南部分，即后来成为巴比伦尼亚的地区。

从俄罗斯文学存在之时起的大多数俄国重要作家一样是叛逆者，流亡作家们忠实于他们的正义和自由感所渴望的这种反叛状态，和当年在沙皇压迫之下的渴望同样强烈，他们认为受到过分照顾的苏联作家的行为、这些作家对政府的每一个法令的每一层含义的奴性十足的反应是极端非俄罗斯式的和为人类所不齿的；因为奴颜婢膝的艺术在那里正和政治警察的日益增强的效率严格地成正比发展，成功的苏联作家是那个灵敏的耳朵早在官方建议尚未被大吹大擂之前就捕捉住了有关它的窃窃私语的人。

由于他们的作品在国外发行量很小，即使是老一辈的、名声在革命前的俄国已经巩固确立了的流亡作家，也不能指望自己能够靠作品生活。为一家流亡报纸每周写一篇专栏向来不够让人吃饱肚子再写文章。偶尔，作品被翻译成其他语言会带来意外的一笔钱；不过，除此之外，各种流亡组织的资助、公开朗诵的收入和极为慷慨的私人慈善赠与使得上年纪的作家能够继续生存下去。年纪轻一些的、不那么有名但却更能适应环境的作家靠从事各种职业获得偶尔的补贴。我记得我教过英语和网球。我耐心地挫败了柏林商人顽固地把"business"说成和"dizziness"押韵的习惯；我像一个灵巧的机器人，在漫长的夏日缓慢移动着的云朵下面，在覆盖着尘土的网球场上，把一个又一个球喂给网那边他们晒得黑黑的、剪着短发的女儿们。我从我的俄语版《爱丽丝漫游奇境记》挣了五美元（在德国通货膨胀期间是相当的一笔钱了）。我帮助编纂了一本外国人学俄语的语法书，里面的第一个练习是以 Madam, ya doktor, vot banan（夫人，我是医生，这是香蕉）开始的。最棒的是，我曾为一家流亡者的日报、柏林的《舵》编制最早的俄语纵横填字谜，我给它取名叫 krestoslovitsï。我发现，回忆那段不正常的生活给我一种古怪的感觉。写书籍护封上简介的人深爱的是一个年轻作家（写关于生活和思想的——这当然比仅仅是"艺术"要重要得多了）干过的一系列多少带点现实性的工作：报童、卖冷饮的、修士、摔跤手、炼钢厂工头、公共汽车司机，等等。唉，这些职业里没有一个是我干过的。

我对好作品的热情使我和国外的各色俄国作家有着密切的联系。那时我年轻，对文学的兴趣比现在要强烈得多。当时流行的散文和诗歌，璀璨的行星和黯淡的星系一夜又一夜地从我顶楼的窗前飘过。有年龄和才能各不相同的独立作家，有作家的小团体和派系，里面一些年轻的或者年少的作家，有的很有天分，聚集在一位卖弄哲学大道理的评论家周围。这里面最为重要的人是超常的智能和平庸的道德的结合体，对现代俄罗斯诗歌具有一种不寻常的有把握的鉴赏力，而对俄罗斯经典作品的知识却是支离破碎的。他的小团体认为，仅仅是对布尔什维克主义的否定和具有西方民主的一般理想都不足以建立起一种流亡文学能够依靠的哲学。他们就像被囚禁的瘾君子渴望得到他宠爱的天堂一样渴望有自己的教义。他们可怜巴巴地羡慕俄国的神秘主义如此明显缺乏的，而巴黎的罗马天主教团体具有的成熟的深奥。陀思妥耶夫斯基式的蒙蒙细雾无法和新托马斯[1]主义思想相抗衡；但是难道就没有其他的途径了吗？他们发现，对一种信仰体系的渴望，在某种被接受的宗教的边缘上的不断摇摆，产生了一种本身特有的满足。只是在很久以后，在四十年代，这些作家中的某些人才终于发现了一个明确无误的、可以用多少有些屈从的姿态滑下来的斜面。这个斜面就是热烈的国家主义，它可以称一个国家（此处是斯大林的俄国）是好的、可爱的，仅仅因为它的军队打胜了一场战争。然而在三十年代早期，国家主义的这面峭壁只是被隐隐地意识到，这些神秘主义的传播者仍然在安享那不稳定的悬置状态造成的激动之中。他们对待文学的态度是奇怪的保守；对于他们来说，首要的是拯救灵魂，其次是相互吹捧，最后才是艺术。今天回头一看，你会注意到这个令人惊奇的事实，这些在国外的自由的纯文学作家们在模仿国内的被束缚的思想，他们认定，作为一个团体或时代的代表要比做一个个体的作家更为重要。

弗拉季斯拉夫·霍达谢维奇在二十和三十年代总是抱怨，说年轻的流亡诗人借用了他的艺术形式，却又在流行的angoisse[2]和灵魂重塑上追随一些主要的派系。我对这个牢骚满腹的人逐渐产生了强烈的好感，他是由冷嘲热讽和金属般的天才铸就的，他的诗歌和邱特切夫或勃洛克的诗歌一样，是个复杂的奇迹。他看上去病恹恹的，鼻孔带着轻蔑的神情，眉毛蓬

1　Thomas Aquinas（1224—1274），意大利神学家，托马斯主义是他发展的一种哲学和神学体系。他身后的注释者和现代复兴者被称为新托马斯主义者。

2　法语，焦虑。

松悬垂，他在我的脑海中出现时，从来没有从坐着的硬椅子上站起来过，他瘦削的腿交叠着，两眼闪烁着恶意和睿智，细长的手指把半支未经干燥处理的黑色烈性烟草的香烟转动着塞进烟嘴里。现代世界的诗歌中很少有能比得上他的《沉重的七弦竖琴》里的诗歌的，但是，对于他的声名来说，遗憾的是，他在用言语表达他的厌恶的时候，一味毫无掩饰的坦率使他在最强有力的批评界的小集团里树立了一些可怕的敌人。不是所有的神秘主义的传播者都是陀思妥耶夫斯基式的阿辽莎们；在小团体里也还有几个斯梅尔贾科夫们，而霍达谢维奇的诗歌就在报复性喧闹的彻底性中被故意贬低了。

　　另一个独立作家是伊凡·蒲宁。比起他著名的散文体作品来，我总是更偏爱他少为人知的诗歌（它们在他作品的体系中的相互关系使人想起哈代的情况）。那时候，我发现个人衰老的问题使他极为心烦意乱。他对我说的第一件事就是得意地说他的体态比我好，尽管比我大将近三十岁。他正处在刚刚获得诺贝尔奖的愉快气氛之中，邀请我到巴黎某个奢华而时髦的就餐去处去谈谈心。遗憾的是，我恰恰对餐馆和咖啡厅有一种病态的厌恶，特别是巴黎的——我讨厌人群、备受折磨的侍者、放荡不羁的文化人、用味美思酒调制的饮料、咖啡、涂鱼子酱的小三明治和烟熏香肠等的拼盘、夜总会里的表演等等。我喜欢以斜靠着的姿势（最好在长沙发上）并且在静默中吃一点东西、喝一点酒。谈心、陀思妥耶夫斯基式的忏悔也不是我感兴趣的。我没有对在童年时代吃够了的花尾榛鸡做出反应，这使得蒲宁，一个充满活力的、具有丰富和不文雅的词汇的老先生感到迷惑不解，我拒绝和他讨论世界末日论的问题使他恼怒。那餐饭快要吃完的时候，我们相互已经彻底厌倦了对方。"你会在极度的痛苦和完全的孤独中死去，"我们向衣帽间走去的时候蒲宁尖刻地说道。一位妩媚动人、样子虚弱的姑娘接过我们的大衣寄存牌，不一会儿就抱着大衣倒在低矮的柜台上。我想要帮助蒲宁穿上他的插肩式大衣，但是他张开手做了一个傲慢的手势阻止了我。我们表面上仍在拉扯着——现在他拼命想要帮我穿——进入了巴黎冬日暗淡的萧瑟之中。我的伙伴正要扣上领子的时候，突然一种惊奇和痛苦的神情扭曲了他英俊的脸。他小心翼翼地解开大衣，开始拽在腋下的什么东西。我去帮他，终于我们一起从他的袖子里拽出了我的羊毛长围巾，那姑娘把围巾塞错了大衣。围巾一英寸、一英寸地出来；活像除掉木乃伊身上的包裹物，在这个过程中我们不断慢慢地绕着对方转，受到三个街头妓女不堪入耳的取笑。然后，当行动结束以后，我们一言不发地走到了街角处，握手告别。此后我们常常见面，但总是有别人在场，一般是在 I·I·方达明斯基的家里（一位道德高尚的、勇敢的人，他对俄国流亡文学的贡献比任何人都要大，后来死在一座德国监狱里）。不知怎的，蒲宁和我采用了一种戏谑而又相当抑郁的谈话方式，是美国式"开玩笑"的俄国品种，这妨碍了我们之间任何真正的交流。

我还遇见了其他许多俄国流亡作家。我没有见到过英年早逝的波普拉夫斯基，他是近处的巴拉莱卡琴中的一把遥远的小提琴。

睡吧，啊莫雷利亚，鹰般的生活多么可怕

我永远不会忘记他回荡的音调，也永远不会原谅自己那篇火爆性子的评论，我在里面因他尚未成熟的诗歌中的小毛病抨击了他。我遇见了聪明、拘谨、令人愉快的阿尔达诺夫；衰老的库普林，小心地拿着一瓶廉价葡萄酒穿过雨中的街道；埃亨瓦尔德——俄国版本的沃尔特·佩特[1]——后来死于有轨电车轮下；玛丽娜·茨维塔耶娃，一个双重间谍的妻子，天才的诗人，在三十年代后期回到俄国，死在了那里。但是最使我感兴趣的作家自然是西林。他和我是同一代人。在流亡中产生的年轻作家中，他是最孤独和高傲的一个。从他的第一部作品在一九二五年出版开始，在此后的整个十五年中，直到他奇怪地出现，同样又奇怪地消失为止，他的作品不断引起评论家激烈的而且是相当病态的兴趣。正如一八八〇年代旧俄国的马克思主义时评家会谴责他对社会的经济结构缺乏关心一样，流亡文学的神秘主义的传播者们责备他缺乏宗教上的洞察力和道德上的关注。有关他的一切必然会冒犯俄国的社会习俗，特别是俄国的那种举止得体感，就像——比方说，今天一个美国人在享有殊

1　Walter Pater（1839—1894），英国文艺批评家，散文作家，主张"为艺术而艺术"。

荣的苏联军人面前恰巧两只手插在裤子口袋里懒洋洋地溜达是一种很危险的冒犯一样。相反，西林的崇拜者们又强调了、也许是过分地强调了他的与众不同的风格、出色的精确、有效的意象，及诸如此类的东西。在坚实的直接明确的俄国现实主义下抚育成长并称颓废派艺术家的虚张声势是欺骗的读者们，钦佩他的清晰但古怪地令人产生误解的句子所具有的镜子般的角度，以及这样的事实，即他作品的真正生命流淌在他的修辞手段之中，有一个评论家将此比做"向连成一片的世界开启的窗子……一个转动着的必然结果，一系列思想的影子"。西林，用一个趋向保守的明喻来形容，像一颗流星划过流亡的黑暗天空消失了，在身后只留下了一种模糊的不安感。

三

在我二十年的流亡生涯中，我把大量的时间花在了编制棋题上。在棋盘上精心设计一种阵式，要解决的问题是如何在规定的几步之内把黑棋将死，一般是两三步。这是种美丽、复杂、呆板的艺术，它和普通象棋游戏的关系只相当于，比方说，一个球体的特性既被变戏法的人用来编排一个新的短节目，也被一个网球运动员用来赢得一场比赛。事实上，大多数下象棋的人，业余棋手和大师都一样，对这些高度专门化的、花哨的、漂亮的难题只不过稍感兴趣，尽管他们会欣赏一个难对付的问题，要他们编制一个棋题却会完全被难住。

伴随着想出这样一种象棋排局的过程的是一种半音乐、半诗歌，或者确切地说是诗歌数学式的灵感。常常在一天令人愉快的中午时间，在某件琐碎工作的外围、不经意地尾随在脑子里的一个一掠而过的念头之后，在没有任何预兆的情况下，一个棋题的花蕾会在我脑海中怒放，有指望能给我以一夜的努力和幸福，我就会体会到一阵精神上的快乐的刺痛。它可能是一种将非同一般的战略手段和一种非同一般的防守方针结合起来的新方法；它可能是人的实际配置的一瞥，会最终以幽默和宽厚呈现出我以前未能表达的一个困难主题；或者它可能仅仅是我心灵的迷雾中由棋子代表的各种力量单位做出的姿态——一种快速的哑剧，暗示了新的和谐和新的冲突；无论是什么，它都属于特别令人兴奋的感觉级别，今天我对它的唯一抱怨是，在我最奔放最多产的岁月中，对雕塑的棋子或它们在我心中的副本的疯狂操纵，吞噬了我那么多的本可以用在激动人心的文字活动上的时间。

专家们划分出了棋题艺术的几个学派：把精确的结构和令人眼花缭乱的主题模式结合在一起，并拒绝受任何传统规则限制的英美派；粗犷壮观的日耳曼派；严格遵守某些人为的条件，高度精致但其成果却枯燥且华而不实得令人不快的捷克风格；达到了这门艺术的光辉顶点的俄国古老的终局研究，和所谓"任务"型的机械的苏联棋题，它将主题费力地开发到最大限度，代替了艺术的策略。象棋的主题，可以这样解释，是布局、后撤、牵制、摆脱牵制等这样的一些手段；但是只有在它们以某种方式结合起来的时候，棋题才是令人满意的。达到了恶魔程度的骗术，以及几乎处于荒唐边缘的创新都是我观念中的策略；虽然在结构问题上，只要可能，我都力图遵循传统的规则，如节省力量、整体性、清除无用的部分等，我总是情愿为了极其出色的内容的急迫需要而牺牲形式上的纯洁，导致形式像一个装着狂怒的小恶魔的海绵包那样膨胀爆裂。

构想出一个布局的主要走法是一回事，而编制出来是另外一回事。对头脑的负担是十分可怕的；人的意识中完全没有了时间的因素；构筑棋局的手在盒子里摸索着一个卒子，捏在手里，而脑子仍在考虑是否需要一个迷阵或权宜之计，当拳头张开之时，也许整整一个小时已经过去，在谋划者白热化的大脑活动中烧成了灰烬。他面前的棋盘是一个磁场，一个压力和深渊的世界，一片繁星点点的苍穹。象如同探照灯一般在上面移动。这个或那个马是个施压的手段，经过调整和试验、再调整再试验，直到这个棋题被调试达到了具有必要的美和惊奇的水平为止。我曾多少次竭尽全力去束缚白后的可怕力量，以避免出现两种可能的结局！要明白，棋题里的比赛并不真正在于白方和黑方之间，而是在编制者和假想的解题者之间（正如在第一流的小说作品中，真正的冲突不是在人物之间，而是在作者和世人之间），因此，棋题价值大部分在于"尝试"的次数——具有欺骗性的开步，错误的迹象，似是而非的着棋步骤，全都是狡猾地、煞费苦心地准备好了的，以便把未来的解题者引入歧途。但是不管我对制作棋题这件事能够说些什么，似乎都没有足够地表达出其过程的令人心醉神迷的本质，以及它和具有创造力的头脑的各种其他的、更为明显和富有成效的活动之间的关联点。这些活动从绘制危险海域的海图到创作出一本那种难以置信的小说，其中作者在一阵清醒的疯狂之际，怀着一个神明用最不可能的成分——岩石、碳和盲目的搏动——建造一个有生命的世界的那种热忱，为自己制定了某些他要遵守的独特规则、他要克服的噩梦般的障碍。至于构建棋题，它还伴有一种甘美的肉体的满足，尤其是当棋子在倒数第二次的演习中开始充分展现出了制作者的梦想之时。有一种温暖舒适的感觉（它回溯到你的童年，在床上计划游戏，而玩具的组成部分都容纳在你脑子的角角落落里）；有把一个棋子埋伏在另一个棋子后面，在一个不受注意的舒适温暖的方格里的好办法；还有在两个交叉着的手指将一枚棋子轻提又轻放的接触下轻捷地转动的一台润滑得很好的、擦得亮亮的机器的平稳运动。

我记得自己一连好几个月努力构思的一个特别的棋题。一个晚上，我终于设法表达出了那个特别的主题。它是为极端内行的解题人的享受而制作的。想法天真的人可能完全领会不到这个棋题的要点，没有经历过为老练的人准备的愉快的折磨就发现了它的相当简单的、"正题"式的答案。而后者在一开始时就会被一个建立在时髦而前卫的主题的基础上的迷惑人的行棋模式所欺骗（把白棋的王暴露在被将军的局面下），而这正是制作者最为煞费苦心"埋下"的伏笔（一个不起眼的小卒子只要默默地走一步就能击败它）。经过了这"反题"的地狱后，这时已经是超老练的解题者会领悟到那简单的关键一步（象走到c2），正如某个白费力气的追逐者可能从奥尔巴尼取道温哥华、欧亚大陆、亚速尔群岛到纽约一样。绕道而行的愉快经历（陌生的景物，铜锣，老虎，异国风俗，一对新婚夫妇绕黏土火盆中燃烧的圣火转三圈）会充分报答他受骗的痛苦，此后到达的那简单的关键一步，将会给予他具有强烈的艺术愉悦的合题。

我记得从专注的象棋思路的迷醉中慢慢浮出，而在那里，在一个巨大的奶白和深红色相间的英国皮质棋盘上，完美无瑕的棋阵终于像星座般平衡了。它行得通了。它生存下来了。我的斯汤顿棋子（父亲的英国化了的弟弟康斯坦丁送给我的，已经有二十年的历史了）是黄褐色或黑色木制的、巨大而漂亮的棋子，高达四又四分之一英寸，展现出他们光亮的轮廓，仿佛意识到自己所扮演的角色。唉，如果仔细察看，就能看出有的棋子已经磕碰出了瑕疵（那些年里，当它们在盒子里经历了我变换五六十个租住地的旅行之后）；但是国王的车的顶端和马的前额上仍然露出画在上面的一个小小的红冠，让人想起一个快乐的印度人额上的圆形印记。

比起棋盘上的如冰封的湖泊般的时间，我表上显示的三点半只是一条小溪。季节是五月——一九四〇年的五月中旬。前一天，在好几个月的请求和咒骂之后，贿赂的催吐剂提供给了该给的办公室里那个该给的小人，终于结果是一份 visa de sortie[1]，而它是获得允许横渡大西洋的条件。突然之间，我感到随着我的棋题的完成，我生活中整整的一个时期获得了一个满意的结束。周围一片寂静；似乎被我如释重负的感觉激起了些许涟漪。在隔壁的房间里睡着你和我们的孩子。我桌子上的灯罩着圆锥形的蓝色纸罩（一个可笑的军事防备措施），使得在弥漫着烟草的盘旋缭绕的烟雾的空气中的灯光染上了一种月光的色彩。不透光的窗帘把我和灯火管制下的巴黎隔绝开来。一张从椅座上垂下的报纸的大标题提到了希特勒对低地国家[2]的进攻。

1　法语，离境签证。

2　Low Countries，指西欧的荷兰、比利时、卢森堡三个国家。

在我面前的是那张在那个巴黎之夜我在上面画棋题排局的纸。白方：国王在 a7（意思是第一纵格第七横格），王后在 b6，车在 f4 和 h5，象在 e4 和 h8，马在 d8 和 e6，卒在 b7 和 g3；黑方：国王在 e5，车在 g7，象在 h6，马在 e2 和 g5，卒在 c3、c6 和 d7。白方先走，两步就将了军。那引人犯错误的线索、那难以抗拒的"尝试"是：卒走到 b8，成了马，紧跟着三次漂亮的将军以回击黑方的将军，但是黑方不将白方的军、而在棋盘的别处走一步小小的缓棋，就能够战胜整个高超的局面。在画着棋局的纸的一角，我注意到有某种打上去的印记，它也装饰着我在一九四〇年五月从法国带到美国去的其他各种纸张和书籍。这是一个圆形的印记，颜色是光谱的终极色彩——violet de bureau[1]，在它的中心有两个十二点活字大小的大写字母 R.F.，意思当然是 République Française[2]。其他围绕着四周的更小型的字母写的是 Contrôle des Informations[3]。然而，只是在今天，在多年以后，那个检查允许通过的、隐藏在我象棋符号中的信息才有可能，而事实上也确实才得以透露出来。

1　法语，盖签证章的办公室所使用的紫色。

2　法语，法兰西共和国。

3　法语，信息核对处。

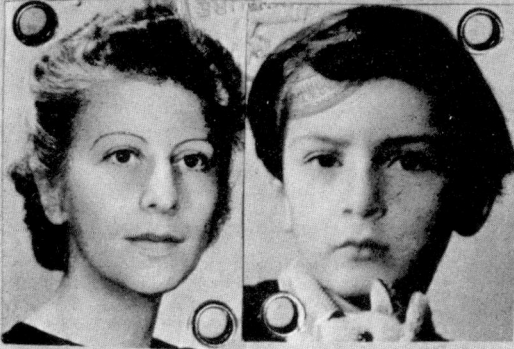

作者妻子薇拉和五岁的儿子德米特里的南森护照像，
一九四〇年四月摄于巴黎。我们欧洲阶段生活的最后一章
将在几周以后的五月份如本书中所叙述的那样结束。

第十五章

一

它们在逝去，急速地、急速地，那悄悄流过的岁月——借用贺拉斯式的撕人心灵的抑扬来形容。岁月在流逝，亲爱的，很快就没有人会知道你我知道的事情了。我们的孩子在长大；帕埃斯图姆[1]、雾气笼罩的帕埃斯图姆的玫瑰已经消失了；醉心机器的笨蛋们在胡乱摆弄和干预大自然的力量，温和的数学家们私下惊奇地感到，他们似乎已经预示过这个力量；因此，也许是到了仔细观察古老的点滴见解、洞穴里的火车和飞机的壁画、壁橱里乱堆着的层层玩具的时候了。

我们还要回溯到更早的时候，到一九三四年五月的一个早上，围绕这固定的一点绘制柏林的一个地区的平面图。我在那儿，在早晨五点，正从巴伐利亚广场附近的产科医院步行回家，两个小时前我把你送到了那个医院里。在一家卖相框和彩色相片的商店的橱窗里，春天的花朵装饰着兴登堡和希特勒的照片。激进的麻雀群在丁香和欧椴树上举行闹哄哄的晨会。清澈的黎明已经完全揭开了空荡荡的街道的一侧。在另一侧，房屋看上去仍然冷得发青，各种长长的影子正在以年轻的白昼从黑夜中接过一个修饰得整整齐齐、水浇得很足的城市时所特有

1 Paestum，意大利古代城市，以它的希腊废墟和古典希腊壁画著名。八七一年被废弃，十八世纪城址重被发现。

的实际的方式逐渐被缩短，在这里，绿荫树汁液的气味盖过了沥青人行道的刺鼻气息；但是对我来说，事情的视觉部分显得相当的新鲜，就像餐具的某种不寻常的摆放一样，因为我以前从来没有在黎明时看见过这条街道，尽管，另一方面，在阳光照耀的黄昏，在我还没有孩子的时候，曾常常经过那个地方。

在这比较不熟悉的时刻的纯净与空无中，影子都在街道不该在的一侧，并被街道赋予了一种并非不优美的颠倒感，就像人们在理发馆的镜子里看到的映照出来的橱窗，那忧郁的理发师一面在磨刀皮条上磨着剃刀，一面把视线转向这橱窗（他们在这种时刻都这么做），以及被框在这映照出的橱窗里的一段人行道，它将一队漠不关心的行人调转了方向、进入到一个抽象世界之中，突然它不再离奇可笑，并且释放出了一股恐怖的洪流。

每当我开始想到我对一个人的爱的时候，我习惯于立刻从我的爱——从我的心脏、从一个私人事件的温柔的核心——画出半径，直及宇宙极端遥远的地点。有什么东西驱使我以这样无法想象、无法计算的事物——例如星云（它的极度遥远本身似乎就是一种形式的荒唐）的行为，永恒中可怕的危险，超越了未知、无助、寒冷、空间和时间那令人厌恶的错综复杂和相互渗透的不可知——来衡量我意识到的爱。这是一个有害的习惯，可是我对它毫无办法。可以将它和一个失眠症患者的舌头在黑洞洞的嘴巴里控制不住地抽动着去检查一颗有深缺口的牙齿，在这样做的时候擦伤了自己但是仍然坚持不懈相比。我认识这样的人，他们在无意中碰到什么东西———一根门柱，一堵墙——的时候，必须经过手和房间里各种表面一连串的某种十分迅速和有步骤的接触之后才能恢复到一种平衡的生活。没有办法；我必须知道自己的位置，你和我儿子的位置。当爱那慢动作的、无声的爆炸在我体内发生、展开了它熔化着的边缘、以比任何能够想象得出的宇宙中的物质或能量的积聚都要巨大得多、持久得多的某种东西的感觉吞没我的时候，那么我的脑子就不得不掐掐它自己，看看自己是不是真正醒着。我不得不迅速将宇宙编制出一份清单来，就像一个梦中人试图以弄清楚自己在做梦来容忍自己处境的荒谬。我必须要所有的空间和所有的时间都参与到我的感情、参与到我凡人的终有一死的爱中来，为的是减弱它的不能永存性；以此帮助我反抗在一个有限的存在中发展起了无限的感情和思想的这种十足的丢脸、荒谬和恐怖感。

　　既然就哲学观念而论，我是个坚定的非联合主义者，不喜欢到拟人化的天堂去作组团旅行，于是就被听任自便了，当我想到生活中最美好的事物的时候，这可不是个无关紧要的小本事；就像现在，在我回顾起我对我们的宝宝几乎是拟娩[1]般的关切的时候。你记得我们的发现（据说是所有的父母都有过的发现）：你默默地给我看的、像搁浅的海星躺在你手掌里的小手上那微型指甲的完美形状；四肢和面颊皮肤的肤质，我们用

1　couvade，某些原始部落的风俗，丈夫在妻子分娩时也模仿分娩，卧床并禁食。

朦胧的、遥远的口气把注意力引向它，仿佛温柔的触摸只能通过距离产生的温柔来表达；虹膜那深蓝色中游动着的、斜斜的、难以捕捉的某种东西，似乎仍然保留着它吸收的古老、传奇的森林的影子，在那里，小鸟多于老虎，果实多于荆棘，在那里某个斑驳的深处，诞生了人的思想；尤其是，一个婴儿进入下一个层次、进入眼睛和可触及物体建立起新联系的第一次旅行，那些从事生物统计学或搞老鼠迷宫行骗的专业人员认为自己能够解释这一切。我突然想到，能够获得的思想诞生的最接近的模拟，就是伴随着当你凝视缠结一团的树枝和树叶时，突然意识到，原来似乎是那个缠结物中的天然构成部分的，竟然是一只伪装得令人叹为观止的昆虫或飞鸟的那一刻而生的那一阵惊异感。

通过假定在本性其余部分的生长中有一段放浪的停顿时期，首先是允许诗人形成的懒散和游荡——没有了它就不可能进化形成智人，以此来揭开人的思想最初展开之谜，这样做也存在着强烈的快乐（科学研究究竟还会有什么别的结果呢？）。什么"为生活而斗争"！战斗和劳作之祸将人类引回到野猪、回到这种发出呼噜声的野兽对觅食的疯狂着魔。你和我经常议论家庭主妇狡黠的眼睛扫掠过食品杂货店的食物，或环顾肉店的陈尸处时那狂热的闪光。世上的劳作者们，解散吧！古老的书籍错了。世界是在一个星期日创造出来的。

二

　　在我们的儿子整个幼年时期，在希特勒的德国和马其诺[1]的法国，我们差不多总是手头很紧，但是了不起的朋友们保证他享有能够得到的最好的东西。虽然我们没有能力做太多的事情，你我仍共同小心留意提防着在他的童年和我们自己往昔富足的摇篮时代之间可能出现的任何裂缝。这就是那些友好的命运之神起到了作用的地方，每当那裂缝有开裂的危险时就将其修补好。而且，养育孩子的科学也取得了和飞行或耕耘同样惊人的、高效率的进步——我在九个月大的时候，没有喂给过我一顿一磅滤掉了水的菠菜，也没有一天喝过一打橘子挤的汁；并且，你采用的儿童卫生措施，比我们幼儿时代的老保姆能够想象出来的，更精致和严格。

　　我认为中产阶级的父亲们——穿着燕子领衬衫、细条纹裤子的庄重的束缚在办公室里的父亲们，和今天年轻的美国退伍军人或十五年前的快乐、无业、生在俄国侨居外国的人士是这样的不同——不会理解我对我们的孩子的态度。每当你把他抱起，喂足了温暖的婴儿配方奶、庄严得像尊偶像，等待着喂奶后那解除警报的一个嗝，好把一个竖着的婴儿横放下来的时

1　André Maginot（1877—1932），一九二〇年代任法国陆军部长等职。马其诺防线即以他的名字命名。

候，我总是既与你一起等待，又对被我夸大了的他吃得太饱感到紧张，因此，当在我认为是一种痛苦的折磨，而你认为会很快消除时，我对你的乐观的信心颇感愤愤然；而当那直截了当的小泡泡终于从他严肃的嘴里嘣出来的时候，我总是体验到一阵愉快的轻松，而你，一面发出喃喃的祝贺声，一面弯下身子把他放进光线昏暗的白边摇篮之中。

你知道，我的手腕仍能感到推婴儿车人的某些小窍门的反响，例如，为了让童车往上翘好爬上路缘时你若无其事地施加在把手上的往下的压力。先是一辆精巧的比利时制造的鼠灰色的婴儿车，有粗大的轮胎和极其舒适的弹簧，大得进不了我们小不点儿的电梯。它带着缓慢庄重的神秘气氛行驶在人行道上，仰卧着的婴儿深陷其中，严严实实地盖在羽绒被、丝绸和毛皮下面；只有他的眼睛在小心翼翼地移动着，有时，显眼的睫毛迅速一掠，眼睛向上看，追寻向后退去的有树枝图案的蔚蓝色，它从半竖着的车篷边缘流逝，不久，他就会朝我脸上投来狐疑的一瞥，看看那逗弄他的树木和天空，是否也许和拨浪鼓以及父母的情绪同为事物的常规。跟着是一辆较轻的童车，他坐在里面兜风的时候，会想要站起来，把安全带绷得紧紧的；手紧抓住车子的边缘；站在那里，不怎么像一条游艇上的站立不稳的乘客，而更像宇宙飞船里的一个入迷的科学家；环视一个鲜活的、温暖的世界的斑驳杂乱的一团；怀着哲学家式的兴趣注视着他设法扔到了童车外面的枕头；有一天一根安全带绷断了，他自己也摔了出去。再往后，他坐的是一种叫做折叠式婴儿小推车的小玩意儿；从最早的富有弹性和安全的高度，孩子越降越低，直到他大约一岁半的时候，他向前滑出了座位，脚沾到了推动着的折叠式小推车前面的地上，用脚跟踹着人行道，期待着在某个公园里被放出来。新的一道进化的浪潮开始涌动，逐渐又把他举离地面，在他两岁生日的时候，他收到了一辆四英尺长、漆成银色的、像风琴一样由在车里的脚踏板蹬动的梅赛德斯赛车，他常常在这辆车里，发着气筒的打气声和叮当声在选帝侯大街的人行道上来回行驶，与此同时，从打开的窗户里传来一个独裁者被放大了的咆哮声，他仍在我们远远留在了身后的尼安德特河谷捶打着自己的胸膛。

探寻男孩子对有轮子的东西、特别是火车的热情的种系方面的因素可能会是有意义的。当然，我们知道那个维也纳的冒牌行家[1]对这个问题的看法。我们就由着他和他的同路人在他们思想的三等车上，穿过性神话的警察国家（顺便提一句，独裁者们无视精神分析是个多么大的错误啊——本来用这种方法可以这样容易就把整整一代人腐蚀掉的！），摇晃着向前吧。迅速的生长，跃进式飞速发展的思想，循环系统的急转突变——一切生命力的形式都是快速的形式，难怪一个生长发育中的孩子渴望以最大的空间乐趣填满最短的一段时间，从而比自然还要自然。在人心灵的最深处，是从在较量中胜过和超越地心吸力、克服或重新制定地球的引力的可能性中获得的精神

---

1 指弗洛伊德。

快乐。光滑的圆形物体只是用不断的滚动征服太空，而不是为了前进而费力地抬起沉重的肢翼，这神奇的、与通常的信念相悖的状况，必定给了年轻的人类最为有益的震动。这个充满幻想的小野蛮人光着屁股蹲在那里凝视着的那篝火，或笔直地向前推进的森林大火——这些，我想，也背着拉马克[1]，以西方遗传学家不愿解释的神秘方式对一两个染色体产生了影响，正如职业的机械唯物论者不愿讨论本性的外表、曲度的所在一样；因为每一维都以一个它能够在其中活动的媒介为先决条件，而如果，在事物的螺旋式展开的过程中，空间扭曲成了类似于时间的某种东西，而时间又转而扭曲成了类似于思想的东西，那么，肯定随之会有另外一维——也许是个特殊的空间，我们相信不是原来的那个，除非螺旋又变成了恶性循环。

但是不管真相是什么，我们永远都不会忘记，你和我，我们永远都会在这个或某个另外的战场上，保卫我们一连好几个小时和我们的小儿子（两岁到六岁之间）一起在上面等待一列火车从下面经过的那些桥梁。我看见过较大一些的、没有这么快乐的儿童停下片刻，为的是探出栏杆，向恰巧从下面经过的火车头的发出呼哧呼哧声音的烟囱里吐口水，但是你和我都不乐意承认，两个儿童中更为正常的，是极其实际地解决掉了朦胧的冥想带来的盲目兴奋的那一个。当我们的孩子怀着无限的乐观和耐心期盼着臂板信号机发出咔嗒声，期盼着在远处房屋

1　Jean-Baptiste Lamarck（1744—1829），法国生物学家，最先提出生物进化理论。

白色的后墙的空当间、所有的那许多铁轨汇聚的地方，一个越来越大的火车头逐渐呈现出来的时候，你没有采取任何行动来缩短或合理地改变在当风的桥梁上的那些长达一个小时的停留。在寒冷的日子，他穿一件羊皮大衣，戴一顶相仿的帽子，两者都是一种里面杂有霜一般的灰色的浅棕色，这些，以及连指手套，以及他的信念的炽热使他一直满面红光，也使你温暖，因为，为了防止你娇柔的手指冻僵，你只需要把他的手交替着握在你的右手和左手里，每一分钟左右换一次，并且惊讶于一个大的幼儿的身体所产生的难以置信的热量。

三

　　每一个孩子，除了对速度的梦想，或者与之有关的事物之外，也还都有着重塑地球、影响脆弱的环境（除非他是具死尸，顺从地等待着环境来改造他）的人类的基本冲动。这就解释了孩子喜欢挖掘，为自己最喜爱的玩具筑路修隧道的原因。我们的儿子有一辆马尔科姆·坎贝尔爵士[1]的蓝鸟车的小模型，钢制涂漆，有可拆卸的轮胎，他会无尽无休地在地上玩它，太阳会把他偏长的金发照得如一道光轮，把他赤裸的后背晒成中褐色，上面交叉着他针织的海军蓝短裤的背带（脱掉衣服后，看得见在短裤下面的屁股和背带下面是自然的白色）。我这一辈子还从来没有像那些日子里那样，坐在这么多的长凳和公园的椅子、石板和石阶、露台的矮挡墙和喷泉池沿上过。柏林绿树林公园中的湖边很受欢迎的长着松树的沙土灌木地我们很少去。你质疑一个到处有这么多的垃圾、比邻近的城市的光洁的、自觉的街道上的废弃物要多得多的地方自称森林的权利。在这个绿树林公园里会发现很奇特的东西。看到一张铁床架在一片林中空地的中央展示着它弹簧的结构，或女装裁缝的黑色人体模型躺在开花的山楂树丛下，人们会奇怪究竟是什么人不

1　Sir Malcolm Campbell（1885—1948），英国赛车和摩托艇运动员。

怕麻烦地把这些和其他散布得到处都是的东西运到一片没有路的森林中这么偏僻的地方来。有一次，我看见了一面外形损坏严重但仍然很警觉的、里面满是森林的映像的镜子——仿佛是喝啤酒和芳香草白兰地的混合饮料醉了——带着超现实主义的时髦风度斜靠在一棵树干上。也许，对这些市民的游乐场所的这种侵扰是将要到来的混乱的片断景象，毁灭性大爆发的警世噩梦，有点像预言家卡廖斯特罗[1]在一座皇家花园的暗墙中瞥见的一堆死人的头。夏天，在离湖近一些的地方，特别是在星期日的时候，到处充满了处于不同程度的裸露和日晒状态的人体。只有松鼠和某些毛毛虫还保留着身上的衣服。脚丫子发灰的主妇们穿着有背带的长衬裙坐在滑溜溜的灰色沙子上；令人生厌的、穿着灰暗的游泳裤、有海豹样声音的男人四处蹦跳嬉戏；注定要在几年后——确切地说，是在一九四六年初——突然生下一批在他们无辜的血管中流淌着突厥或蒙古血液的婴儿的出众地漂亮但是打扮得极糟的女孩子们，被人追逐着拍打屁股（挨了打她们就会大叫"嗷-哇！"）；这些可叹的欢乐嬉闹的人们和他们脱下来的衣服（整齐地摊放在地上各处），混合着死水的臭气，构成了一个气味的地狱，不知怎的，我还从来没有在任何别的地方发现这种气味重复出现过。在柏林的公共花园和城市公园里，人们是不许脱衣暴露的；但是可以解开衬衫的纽扣，会有一排排明显具有北欧日耳曼民族特征的年轻男

1　Alessandro Cagliostro（1743—1795），意大利江湖骗子、魔术师和冒险家。因触犯刑律被判无期徒刑。

子，闭着眼睛坐在长凳上，把他们前额和胸脯上的粉刺暴露在全民称道的太阳的作用之下。在这些记载中存在的神经质的、可能还是夸大了的厌恶，我想可能是出于对我们生活其中的、某种会影响到我们的孩子的污染的持续的恐惧。你向来认为，那种觉得小男孩为了讨人喜欢，就应该讨厌盥洗、热爱杀戮的观念陈腐得令人憎恶，并且还有一种特殊的市侩味道。

　　我希望记住我们一起去过的每一个小公园；我希望有哈佛大学和阿诺德树木园的杰克教授对学生说的他具有的能力，闭着眼睛，仅凭嫩枝在空气中摇动时发出的沙沙声，就能够将它们分辨出来（"鹅耳枥，忍冬，钻天杨。啊——一个折叠起的副本"）。当然，我经常能够通过某种特有的特征或者特征的组合断定这个或那个公园的地理位置：沿着狭窄的碎石小路边的矮黄杨树，所有的小路都像剧中人物那样相遇在一起；紧靠着长方形的紫杉树篱的一条低矮的蓝色长凳；周边镶嵌着天芥属植物的方形玫瑰花坛——这些特征显然是和柏林郊区街道交汇处的小公园区联系在一起的。同样明显的，一张薄铁皮椅子，它的蛛网似的影子落在它下面稍稍偏离中心的地方，或者一个令人愉快地目空一切的、虽说明显有点变态的旋转洒水装置，在它喷出在晶莹的青草上方的水雾中悬着一道属于它的彩虹，这就是巴黎的一个公园；但是，正如你能够很好理解的那样，记忆的目光是这样坚定地聚焦在一个蹲在地上的小小人影身上（往玩具大货车里装石子，或琢磨花园里浇水用的软管的发亮的湿橡皮，上面有软管拖过时沾上的碎石），以至于那各种各样的地点——柏林，布拉格，法朗曾斯巴德，巴黎，里维埃拉，又是巴黎，安提贝角，等等——失去了一切的独立的主权，将它们僵化了的通常特点和落叶汇合在一起，牢固地建立起它们交织的小径之间的友谊，联合成了一个光和影的联邦，裸露着膝盖的风度翩翩的孩子们穿着呼呼转动的旱冰鞋在其间飘然滑行。

时不时地，被辨明的历史背景的碎片有助于确认地点——并以其他的联系取代了个人所见产生的联想。在柏林（在那儿，当然，没有人能够避开和无所不在的元首像的亲密接触）那个微风拂面的日子，我们的孩子想必快要三岁了，当我们，他和我，站在苍白的三色堇花坛前，每一朵花仰起的脸上都有一片像八字胡样的发黑的污痕，在我相当愚蠢的怂恿下，我们议论起它们和一群脑袋上下摆动的小希特勒的相像之处时，感到开心极了。同样，我能够说出巴黎一个鲜花盛开的花园的名字，在一九三八或一九三九年，我在那里注意到一个十岁左右的安静的女孩，她有着毫无表情的白色的脸，穿着黑色的、破旧的、不合时令的衣服，看上去好像是从孤儿院里逃出来的（和我的猜测一致，后来我瞥见她被两个衣衫飘垂的修女簇拥着带走了），她灵巧地把一只活蝴蝶拴在一根线上，正在用那调皮的绳子扯动（也许，那是在那所孤儿院里大量精巧的针线活计的副产品）那只漂亮的、无力地扑动着的、稍稍受伤的昆虫进行炫耀。我们在比利牛斯山或阿尔卑斯山旅行期间，在我不带感情地从事昆虫学研究的时候，你常常指责我不必要的冷酷无情；因此，我把我们孩子的注意力从那未来的泰坦尼娅[1]身上引开，不是因为我可怜她的红纹丽蛱蝶（俗称 Admiral），而是因为在她愠怒的消遣中有着某种隐约令人反感的象征意义。事实上，它可能会使我想起法国警察所耍的简单而老式的花招——无疑现在还在耍——当他们把一个红鼻子的工人，一个在星期日闹事的人带到监狱去的时候，会把一种小鱼钩钩在那人被忽视然而敏感和有反应的肉体上，将他变成了一个非常驯服，甚至是乐意的追随者。你和我尽我们所能，以带有警惕的温柔包围我们的孩子轻信的温柔，但是不可避免地会遇到这样的事实：年轻的无赖们留在儿童游乐场沙地里的污秽只是可能的恶行中最轻的，前代人将其视作时代错误、在心理上已经抛弃了的，或者认为只会在遥远的可汗统治地和帝王时代发生的恐怖事物，在我们周围到处都存在着。

随着时间的过去，笨蛋创造的历史的阴影甚至破坏了日晷的精确性，我们更加焦躁不安地在欧洲搬来搬去，似乎不是我们，而是那些花园和公园在旅行。勒诺特尔[2]的辐射式的大道和复杂的花坛被留在了身后，就像岔道上的火车。我们在一九三七年春天去布拉格，让我母亲看看我们的孩子，那里有斯特洛莫夫卡公园，自由的波动起伏的僻静氛围越过人工修整的藤萝架。你也会回忆起那些种着高山植物——景天属和虎耳

1　Titania，中世纪民间传说中的仙后。

2　André Le Nôtre（1613—1700），法国园林建筑师，曾设计枫丹白露、凡尔赛等的园林。

草——的假山庭院，可以说是它们把我们带进了萨瓦[1]的阿尔卑斯山，和我们一起度假（费用由卖出了我某个作品的翻译们提供），然后跟着我们回到平原上的城镇中。疗养胜地的古老的公园里，钉在树干上的带袖口的木手指着传来乐队演奏的音乐的低沉的嘭嘭声的方向。一条聪明的步道伴随着主车道；不是在所有的地方都和它平行，而是自由地认清它的引导，从鸭塘或睡莲池蹦跳着回过头来，在这儿或那儿公园发展起了对城市元老的反常依恋后凭空修建起一座纪念碑的地方，加入梧桐树的行列。根，记得的绿色植物的根，记忆和有刺鼻气味的植物的根，总之，根能够越过一些障碍、穿透另一些障碍，巧妙地爬进狭窄的缝隙，从而横跨漫长的距离。就这样，那些花园和公园和我们一起横跨了中欧。碎石小路汇集并终止在一个rond-point[2]，看着你或我弯下身皱着眉，在水蜡树树篱下寻找一个球，在那里，在潮湿的黑土上，除了能够发现一张打过洞的紫色的电车票或者一小块脏纱布和棉花之外，什么别的东西也没有。围着一棵粗大的栎树会有一圈座位，能够看到谁正坐在对面，结果发现那里有一个情绪低落的老头在读一张外语报纸和挖鼻孔。叶子有光泽的常青植物围着一块草坪，我们的孩子在那里发现了他一生中的第一只活青蛙闯进修剪成形的树木的迷宫，你说你觉得要下雨了。在更为往后的某个阶段，在不这么阴沉铅灰的天空下，有一片美妙的景象：玫瑰谷和交织的小

---

2 法语，环形广场。

径，花格凉亭上的匍匐植物摆动着，如果得到机会就会变成有圆柱的棚架上的藤蔓，或者，如果没有机会，就会暴露出古怪有趣的公厕中最为古怪有趣的一座，一个拙劣的瑞士农舍式的东西，不太干净，在门廊上守着一个穿着黑色针织衣服的女服务员。

走下一片斜坡，石板路穿过一个蝴蝶花园，在石板路上小心迈步，每一次都先伸出同一只脚；到山毛榉树下；然后变成了一条可以在上面迅速移动的泥土路，路面印着粗乱的马蹄印痕。我们孩子的腿长得越长，花园和公园似乎随之移动得越来越快，在他大约四岁的时候，树木和开花的灌木坚定地转向了大海。就像人们看到的独自站在某个火车并不停靠的小站的被速度缩短了的站台上的厌倦了的站长一样，这个或那个穿着灰色衣服的公园看守渐渐远去，随着公园不断流动，把我们带向南方，朝着橘子树和野草莓树和雏鸡绒毛般的金合欢树以及一片无可挑剔的天空的 pâte tendre[1]。

山坡上的梯级式花园，那是一系列从每一级石阶都会弹射出一只艳俗的蚱蜢的平台，一层一层地往大海而下，橄榄树和欧洲夹竹桃急着要看上一眼海滩风景，简直倒在了彼此身上。我们的孩子一动不动地跪在那里，在一片颤动着的雾蒙蒙的阳光下以闪烁的大海为背景照相，在我们保留的快照中，海是模糊的乳白色的一片，但是实际上是泛银白的蓝色，远处有

1　法语，柔软的面团，引申为柔软的白色云团。

大片的紫蓝色，是暖流造成的，配合和证明了表达力丰富的老诗人和他们欢快的明喻（听到了在退去的海浪中滚动的卵石了吗？）。在大海舔食过的糖果球般的玻璃——柠檬、樱桃、薄荷——以及有斑纹的卵石和有着光泽的内壁的有沟槽的小贝壳之间，有时候会有陶瓷的碎片出现，釉层和色彩仍然很美丽。这些会被拿来给你或我查看，如果上面有靛蓝的锯齿形图案，或者叶形装饰条纹，或者任何欢快的标志，并且被判定是珍贵的，它们就会咔嗒一声落入玩具桶中，如果不是，一声扑通和一道闪光标志着它们重返大海。我并不怀疑，在我们的孩子发现的那些稍带凸圆形的意大利锡釉陶器的碎片中，有一片上面的涡卷装饰的边缘和我在一九〇三年在同一个海滩上发现的一片上面的图案完全吻合一致并且是延续下去的，这两片又和我母亲于一八八二年在门通海滩上发现的第三片吻合，和她的母亲一百年前发现的同一件陶瓷上的第四片吻合——依次类推，直到各种碎片，如果全都被保留下来了的话，可能重新拼合成完整的、绝对完整的一只碗，那是被某个意大利小孩在天知道的什么地方和什么时候打碎，现在被这些铜铆钉补了起来。

一九三九年的秋天我们回到了巴黎，在次年的五月二十日前后，我们又一次来到了海边，这回是在法国的西海岸的圣纳泽尔。在那儿，最后的一座小花园环绕在我们周围，你和我和在我们中间的孩子，这时已经六岁了，穿过它到码头去，在那里，在面对着我们的建筑物的背后，尚普兰号班轮正等待着把我们送去纽约。那座花园按法国人的语音称做 skwarr 而俄国人称做 skver，也许因为它是通常在英国的公共广场里或附近会发现的那种东西。它展开在过去的最后界限和当今的边缘上，仅仅作为几何图案留在了我的记忆里，如果我不慎打破了我从一开始就不去打搅、并恭顺地倾听的纯粹记忆的寂静（也许除了由于我自己的疲惫心情的压力造成的偶尔的耳鸣以外），无疑我可以很容易地用貌似可信的花朵的颜色来填补进去。我真正记得的有关这个颜色不确定的开着花的图案的，是它和大西洋彼岸的花园和公园有着巧妙的主题关联；因为，突然，当我们来到小路的尽头的时候，你和我看见了某种东西，我们没有立刻指给我们的孩子看，为了充分享受这极乐的震惊、狂喜和欢快，当他发现在澡盆里玩弄的各种各样的巨大得不真实、真实得不现实的玩具舰船的原型在他面前时，将会体验到这一切。在那里，就在我们面前，一排不连贯的房子耸立在我们和港口之间，在眼睛碰到各种各样的花招的地方——诸如在晾衣绳上跳阔步舞的浅蓝和粉红的内衣，或者，一辆女式自行车和一只条纹猫奇怪地共享着一个很初级的铸铁阳台——最令人满足的，是从屋顶和墙壁的错杂的角之间辨认出一艘辉煌的巨轮的烟囱，它像一幅杂乱的画里——找出水手藏起来的东西——的某种东西那样从晾衣绳后面呈现出来，找到的人一旦看见了它，就再也不可能看不见它了。

索　引

B

Colored hearing

　有色听觉

　　22, 23（又见 Stained glass）

Conclusive Evidence

　《确证》

　　III

Crimea

　克里米亚

　　168, 228, 238, 239, 268, 326, 327, 329, 330, 331, 332, 333, 337,

　　341

Cummings, Mr.

　卡明斯先生

　　98, 102, 104

D

Dachshunds

　达克斯小猎狗

　　17, 38, 120

Danzas, Ekaterina Dmitrievna

　叶卡捷琳娜·德米特里耶芙娜·丹扎斯

　　345

Danzas, Konstantin Konstantinovich

　K·K·丹扎斯

　　345

Defense, The (Zashchita Luzhina)

　《防守》

　　VII